大家小书

译余偶拾

杨宪益 著

北京出版集团公司
北京出版社

图书在版编目（CIP）数据

译余偶拾 / 杨宪益著. — 北京 ：北京出版社，2019.3

（大家小书）

ISBN 978-7-200-14504-5

Ⅰ. ①译… Ⅱ. ①杨… Ⅲ. ①史学—中国—文集
Ⅳ. ①K207-53

中国版本图书馆 CIP 数据核字（2018）第 278598 号

总 策 划：安　东　高立志　　特邀编辑：韩慧强　　责任编辑：高立志

·大家小书·
译余偶拾
YI YU OU SHI
杨宪益　著

出　　版　北京出版集团公司
　　　　　北京出版社
地　　址　北京北三环中路 6 号
邮　　编　100120
网　　址　www.bph.com.cn
总 发 行　北京出版集团公司
印　　刷　北京华联印刷有限公司
经　　销　新华书店
开　　本　880 毫米 ×1230 毫米　1/32
印　　张　13.5
字　　数　230 千字
版　　次　2019 年 3 月第 1 版
印　　次　2019 年 12 月第 2 次印刷
书　　号　ISBN 978-7-200-14504-5
定　　价　48.00 元

如有印装质量问题，由本社负责调换
质量监督电话　010-58572393

总　序

袁行霈

“大家小书”，是一个很俏皮的名称。此所谓“大家”，包括两方面的含义：一、书的作者是大家；二、书是写给大家看的，是大家的读物。所谓“小书”者，只是就其篇幅而言，篇幅显得小一些罢了。若论学术性则不但不轻，有些倒是相当重。其实，篇幅大小也是相对的，一部书十万字，在今天的印刷条件下，似乎算小书，若在老子、孔子的时代，又何尝就小呢？

编辑这套丛书，有一个用意就是节省读者的时间，让读者在较短的时间内获得较多的知识。在信息爆炸的时代，人们要学的东西太多了。补习，遂成为经常的需要。如果不善于补习，东抓一把，西抓一把，今天补这，明天补那，效果未必很好。如果把读书当成吃补药，还会失去读书时应有的那份从容和快乐。这套丛书每本的篇幅都小，读者即使细细地阅读慢慢地体味，也花不了多少时间，可以充分享受读书的乐趣。如果把它们当成补药来吃也行，剂量小，吃起来方便，消化起来也容易。

我们还有一个用意，就是想做一点文化积累的工作。把那些经过时间考验的、读者认同的著作，搜集到一起印刷出版，使之不至于泯没。有些书曾经畅销一时，但现在已经不容易得到；有些书当时或许没有引起很多人注意，但时间证明它们价值不菲。这两类书都需要挖掘出来，让它们重现光芒。科技类的图书偏重实用，一过时就不会有太多读者了，除了研究科技史的人还要用到之外。人文科学则不然，有许多书是常读常新的。然而，这套丛书也不都是旧书的重版，我们也想请一些著名的学者新写一些学术性和普及性兼备的小书，以满足读者日益增长的需求。

“大家小书”的开本不大，读者可以揣进衣兜里，随时随地掏出来读上几页。在路边等人的时候，在排队买戏票的时候，在车上、在公园里，都可以读。这样的读者多了，会为社会增添一些文化的色彩和学习的气氛，岂不是一件好事吗？

“大家小书”出版在即，出版社同志命我撰序说明原委。既然这套丛书标示书之小，序言当然也应以短小为宜。该说的都说了，就此搁笔吧。

代序，博大精深，高瞻远瞩①

王敦书

杨宪益先生是中外驰名的大学者。他将西方古典名著《荷马史诗》译成中文；又将《楚辞》《聊斋志异》《儒林外史》《红楼梦》，以及部分《史记》与《资治通鉴》译成英文，在外国广为流传。1993年3月，香港大学因他“对开拓学问知识和人类福祉有重大贡献，在文学和历史学上的杰出成就”而授予他名誉博士学位，一同享此殊荣的还有菲律宾前总统阿基诺夫人和诺贝尔和平奖获得者、在印度拯救贫民的阿尔巴尼亚籍特雷莎修女，可见其规格档次之高。

1990年，笔者有幸攀识杨老，翌年又蒙赐赠1983年出版的大作《译余偶拾》一书②。该书辑录了杨宪益在20世纪40年代所写的文史考证，特别是中西交通史方面的文章和笔记，这些

① 本文原载于作者《贻书堂史集》，中华书局2003年版。

② 杨宪益：《译余偶拾》，生活·读书·新知三联书店1983年版。

文章的内容都是孤陋寡闻的我以前所不知或知之甚少的，读后获益匪浅。杨宪益在序言中谦虚地说：“重读这些青年时笔记，觉得内容上问题不少。”然而，他指出：“但是也有些考证，如关于‘萨宝’是湿婆崇拜，《西域记》的摩醯罗炬罗即吐谷浑的慕利延，以及一些关于东罗马和古代中国的交往，则今天我还是认为可以成立的。所以也许还值得重新出版一次。”可惜，我国研究拜占庭（即东罗马帝国）史的学者在介绍与评述中国的拜占庭研究时却对杨宪益在这方面的成就只字不提。例如，在郑玮的《中国学者对拜占庭史研究综述》[①]和陈志强的《拜占庭学研究》[②]第1章第2节“中国的拜占庭学”中都看不到杨宪益的名字、著作和观点。因此，不揣愚陋，仅就个人所知，对杨宪益在研究中国与拜占庭关系史方面的贡献进行探讨。

这里，必须做三点说明：（1）说杨先生“博大精深、高瞻远瞩”，是就他的全部学问而言，其中自然包括其拜占庭与中国关系研究，但并不专指此。（2）所谓“贡献”，是指他根据对原始文献的研究和对语言学、历史学、地理学的掌握，对

---

① 郑玮：《中国学者对拜占庭史研究综述》，《史学理论研究》2000年第1期。

② 陈志强：《拜占庭学研究》，人民出版社2001年出版。

照中外各家学者的看法，提出自己的见解，得出独立的结论，成一家之言，启人深思，推动了学术的讨论和研究，并不是说他的观点全部正确，完美无缺。（3）笔者对中西交通史和拜占庭史是门外汉，毫无研究。因此，本文只是依据杨宪益的作品，以中国史学前辈著名学者张星烺的名著《中西交通史料汇编》[①]第1册中的有关论述和齐思和的力作《中国和拜占庭帝国的关系》[②]为参照，提出杨宪益在这方面的看法和观点，不可能、也不必要评论其正确或可商榷之处。如果说了一些话，仍然属于介绍性的皮相之谈，只是抛砖引玉而已。若万一在某种程度上能为概括半个世纪前中国的大学者们乃至一些外国汉学家在本领域的研究成果，并辨别其异同做出点滴工作，供新一代学者了解，略有承上启下之意，则超过了笔者的期望。

《译余偶拾》共收97篇文章，内容极其广泛，其中与东罗马帝国有关者大致是：《秦王〈破阵乐〉的来源》《大秦道里考》《大秦异名考》《大秦国的制度与风俗》《唐代东罗马遣

---

① 张星烺：《中西交通史料汇编》（朱杰勤校订）第1册，中华书局1977年版，以后简作《汇编》，只列页码，不注明第1册。

② 齐思和：《中国和拜占庭帝国的关系》，《北京大学学报》（哲学社会科学版）1955年第1期；其单行本另由上海人民出版社1956年出版，以后简作《关系》，页码据单行本。此文又收入北京大学历史系世界史专业编：《北京大学百年校庆世界史文集》，北京大学出版社1998年版，第72—101页。

使中国考》《宋代东罗马遣使中国考》《〈岭外代答〉里关于东罗马的记载》《明代拂菻通使考》《清初见于中国记载的东罗马》《东罗马的鸦片贸易》《汉武帝与拂菻》，等等。这里准备分成六个方面来考察。

一、犁轩、大秦、拂菻、安都等地名及其方位

从《史记·大宛传》到《明史·拂菻传》，历代史书多次提到犁轩、大秦、拂菻等地名或国名。外国汉学家纷纷进行考证，提出了众多的推测和看法。张星烺、冯承钧和齐思和引经据典地分析诸家异说，并表明自己的态度。张星烺认为犁轩即犁靬，又称大秦。他偏向爱德京斯（J. Edkins）之说，以为大秦实指罗马帝国及东罗马帝国，但历代正史所记似确各有不同。犁轩原音即由Rome（罗马）而来。《隋书》及《唐书》的拂菻为东罗马帝国。至于拂菻之原音，张星烺采俄国学者白莱脱骨乃窦（Bretschneider）之说，主张拂菻是法兰克人（Farang）的译音（《汇编》，第11—13页、79—85页）。齐思和认为张星烺关于犁靬乃Rome和Latium译音的看法可备一说。大秦确为罗马帝国。西罗马帝国灭亡后，东罗马帝国仍自称罗马帝国，因之中国仍沿用大秦之称，但当时实指拜占庭而言。至于拂菻，乃指东罗马帝国。他采法国学者狄尔和沙畹之说，以为东罗马人对君士坦丁堡通称Polis或Polin，意为首都。

拂菻即此字的译音。中国古无轻唇音，“拂”古读重唇音，与原音正相吻合（《关系》，第4—6页）。冯承钧在《大秦考》和《拂菻考》（皆见《景教碑考》，第90—97页）中认为，大秦是罗马帝国，拂菻则为东罗马，但不信拂菻由希腊文Polis而来[①]。

杨宪益在《大秦道里考》和《大秦异名考》中认为，大秦和犁轩在安息西北方向，不可能是西南方的叙利亚、亚历山大城或罗马。张骞通西域时西亚的大国尚为希腊而非罗马，因此犁轩一名必与希腊有关。犁轩之名初见《史记》，而《史记》中匈奴呼天曰“撑犁”，“撑犁”即突厥语Tengri的对音，可知当时用“犁”代表Gri音。犁轩又称犁靬和犁鞬，轩字既通靬，又通鞬，则其字必代表Kien或Kia音。犁轩相连为Grikien或Grikia音，即希腊。大秦一名在张骞时尚不存在，97年甘英去西域时始为人知。黑海西南地方包括拜占庭在内原为希腊殖民地，曾保持独立到77年始降罗马，罗马改其地为一省，省名Bithynia，或简称Thynia，因当地原属Thyni族人。大秦名既为97年左右事，当即为Thynia的对音。拂菻一名“拂”字为But，与希腊文Polin不同。“菻”字可能为“森”字误写，唯“林”

① 转见齐思和：《关系》第5、7页。南开大学图书馆藏之冯承钧《景教碑考》一书已亡失，故只好转按齐文所引。

字古读亦可若掺，东汉晋时似有“C”音。《汉书》引司马相如《大人赋》“丽以林离”，颜师古注林读若掺。占城古名林邑，亦可作林字读若占的证明。如此拂菻为Byzantium（拜占庭）的对音似有相当的证据。杨宪益关于犁轩和大秦初指希腊，后指以拜占庭为中心的东罗马，拂菻为拜占庭之对音的这些看法颇独特，不同于张星烺、冯承钧、齐思和以及大多数外国汉学家之说，可谓别出心裁。

《魏书·西域传》（《魏书》卷一〇二）载：“大秦国一名犁轩，都安都城。”张星烺同意德国学者夏德（F. Hirth）的看法，认为安都即叙利亚首府安梯俄克（Antioch）。唐末阿拉伯地理学家麻素提称回教徒征服叙利亚时，安梯俄克之读音已缩为安梯（Ant或Anta）。《魏书》之安都与安梯正同。《魏略》作安谷城，盖取其首尾二音。宋代赵汝适《诸蕃志》大秦国条，亦作安都（《汇编》，第12、48—49、149页）。齐思和接受张星烺说，认为安都是安梯俄克，但驳夏德以大秦为叙利亚的论调（《关系》，第6—9页）。

杨宪益独排众议，在《大秦异名考》中指出若熟悉拜占庭历史，即知罗马Septimus Severus于163年（可能印刷错误，应为196年——笔者）改拜占庭城名为Augusta Antonina或简称Antonina，此名用到330年始改为君士坦丁堡，故大秦都城安都即是Antonina的译音，与安梯俄克城无关。杨氏此说值得重视。

拂菻之名在正史上最早见于《隋书·裴矩传》，但《汉书·武帝纪》（《汉书》卷六）说武帝后元二年“立皇子弗陵为皇太子”。杨宪益在《汉武帝与拂菻》中认为弗陵一名甚奇，颇似外国字译音。皇子弗陵即后日昭帝，昭帝生于太始三年（公元前94年）。《汉书·武帝纪》还说太始三年“春正月，行幸甘泉宫，飨外国客”，而《史记·大宛列传》又说安息王“以大鸟卵及犁靬善眩人献于汉”。犁靬既指以拜占庭为中心的黑海方面的希腊殖民地，而拂菻为拜占庭之对音，因此太始三年“飨外国客”中可能有拂菻方面的犁靬善眩人，皇子弗陵恰生于太始三年，则因年岁的相合，弗陵与拂菻或不无关系。随后，杨宪益又引相传东方朔所著《海内十洲纪》和张华《博物志》的有关记载，主张武帝行幸甘泉射虎必为太始三年正月事，与《汉书·武帝纪》所载“飨外国客”事相合，此外国客当为拂菻方面人，昭帝幼名弗陵与拂菻有关，似为合理的假设。杨宪益的这一发现和联想饶有兴味。若此说成立，则拜占庭与中国的关系可上推至太始三年（公元前94年）。

二、大秦国的制度与风俗

从《后汉书·西域传》起，历代正史对大秦和拂菻的地理、风俗、制度有愈来愈详细的描写。张星烺（《汇编》，第93—100页）和齐思和（《关系》，第11—16页）对《旧唐书·拂菻传》所记东罗马帝国的风土人情都做了较详细的考证和说明。

杨宪益在《大秦国的制度与风俗》中将《后汉书·西域传》和《魏略·西戎传》中有关大秦国的记述，对照罗马帝国和东罗马帝国的实际状况进行了比较，指出《后汉书》与《魏略》关于大秦的详细记载，与罗马当时情况大致相符，并无过分夸张之处。其后，晋魏隋唐等书《西域传》里对大秦国则有相当夸张的描写，但一些外国学者认为这些记载的内容全属虚构，夏德首创此说，白鸟库吉继之，此等意见不可以不辩。杨宪益又引《旧唐书·拂菻传》描写大秦富丽景象的大段记载，认为其与西方史家所记的东罗马亦相符，且有西方记载中所无者，诚足珍贵。

杨宪益最后做出结论："总之，诸史关于大秦的记载略有夸张则有之，完全不确则绝无，外国学者如白鸟库吉等所以感觉中国史料不真实者，还是因为不熟悉罗马史籍的缘故。一般说起来，还是西方人多幻想，而中国人比较崇实，中国古代史料所以有价值亦在于此。"应该说，杨先生的评论是相当中肯的。

三、唐代拜占庭与中国的关系

《旧唐书·拂菻传》(《旧唐书》卷一九八)关于拜占庭帝国遣使来唐记载如下:

> 贞观十七年,拂菻王波多力遣使献赤玻璃、绿金精等物,太宗降玺书答慰,赐以绫绮焉。自大食强盛,渐陵诸国,乃遣大将军摩栧伐其都城,因约为和好,请每岁输之金帛,遂臣属大食焉。乾封二年,遣使献底也伽。大足元年复遣使来朝,开元七年正月,其主遣吐火罗大首领献师子、羚羊各二。不数月,又遣大德僧来朝贡。

这段记载很重要,齐思和指出:“因《旧唐书·拂菻传》内容颇为明确,而其中所载拜占庭与唐朝通使事,可以补充西方各国历史研究方面史料的缺略,因之欧洲拜占庭史专家已将此传作为研究拜占庭史的基本资料之一。”(《关系》,第16页)然而,其中尚有一些地方值得推敲探讨。

1. 贞观十七年(643年)遣使来华的拂菻王波多力何许人也?

按拜占庭帝国各朝皇帝世系表,643年前后东罗马皇帝是Heraclius(610—641)、Constantine Ⅱ(641),

Heraclonas（Heracleon, 641）和Constantine Ⅲ（Constans Ⅱ，641—668）[①]。这些皇帝的名字与波多力之音相去太远。张星烺指出："波多力究为何人，至今西国学者，尚无一定之说。"他列举各家说法后，采取法国鲍梯（Pauthier）之说，认为波多力三字，乃Papas Theodorus之讹音。Papas讹成"波"字，为圣父之义，近人译作教皇。Theodorus则仅余独罗（dorus）二音，与波多力音相近（《汇编》，第97—98页）。齐思和则以为波多力似指拜占庭皇帝赫拉克利斯，他在受阿拉伯人威胁的紧急情势下遣使通声气，并不足奇，但当时交通困难，使臣643年才得见唐太宗，而赫拉克利斯已死去两年（《关系》，第15—16页）。

杨宪益在《唐代东罗马遣使中国考》中，根据自己对拜占庭历史和制度的了解，对波多力提出了全新的看法。他说643年左右东罗马没有名为波多力的皇帝，当时皇帝君士坦丁二世（Constans Ⅱ）在位才十四岁，无实权，当时拥有军权的诸贵族才是东罗马实际的君主。在赫拉克留（Heraclius）朝，东罗马实权在诸节度使手上，当时东罗马分为三大军

① 瓦西里耶夫：《拜占庭帝国史》（Vasiliev, *History of the Byzantine Empire*）第二卷，威斯康星大学出版社1964年版，第728页。Heraclius，齐思和译作赫拉克利斯，杨宪益译为赫拉克留。

区，即中央（Opsikioi）、阿蛮尼亚（Armeniakoi）与阿那多尼亚（Anatolikoi）。后两军区的节度使实为国家领袖，这种拥军权的贵族被称为Patrice①，波多力正是Patrice的对音。显然，当时遣使中国的不是君士坦丁二世，而是其代理人，一个拥有军权的贵族。赫拉克留临死时，曾将东方军政大权交给一位贵族瓦兰丁（Valentin），瓦兰丁后来也曾一度称帝。笔者觉得，杨宪益的波多力乃Patrice对音说，是有一定说服力的。不妨打个不见得恰当的比方和设想，日本历史上有所谓幕府时期，当时天皇名存实亡，大权掌握在幕府大将军之手，假设大将军遣使去遥远的国家，在不明真相的情况下，对方修史者将遣使的大将军称号当成了天皇的名字，这不是不可能的。

2. 大食的大将军摩栧为何人？拜占庭当时是否“臣属大食”？

张星烺认为，阿拉伯哈利发摩维亚（Khalif Moawiyah）在671年攻君士坦丁堡，摩维亚即摩栧，但战争继续七年之久，阿拉伯兵疲财尽，不得已与拜占庭议和，结果阿拉伯人承认三十年不侵扰东罗马，岁输东罗马金银、奴仆、良马，故应为大食臣属于拂菻，而非拂菻臣属大食。《唐书》所记结果与西史相

① Patrice原为古罗马拉丁文Patricius一词，意为贵族。Patricius一词的意义和实际地位不断演变，在拜占庭时有新变化，笔者拟另文探讨。

反，或为史官登记误载（《汇编》，第98—99页）。齐思和的看法与张星烺相同，认为战争是674—680年阿拉伯人第一次围攻君士坦丁堡之役，拜占庭最后用“希腊火”大破阿拉伯军，围遂解（《关系》，第16页）。

杨宪益也认为大食主将摩栧即Caliph Moawiya，其进攻东罗马时间据Theophanes记载在673—677年间，据Elmacin记载则在668—675年间。他对拜占庭臣属大食问题未直接涉及，但对“希腊火”进行了探讨。主张火药发明于中国，隋代已普遍使用，隋炀帝在宴会中用烟火爆竹向外国人夸耀，故西方人的火药知识当得自中国，“希腊火”很可能是东罗马使臣从中国带去。相传“希腊火”为加利尼科（Callinicus）所造，而此人相传来自叙利亚的希利奥城（Heliopolis），此城又名Bambyke，即《魏略·西戎传》所载的汜复，汜复是大秦丝路的西方终点，故来自汜复的加利尼科很可能来自中国（《唐代东罗马遣使中国考》）。

3. 乾封二年（667年），拜占庭使臣所献底也伽究为何物?

张星烺指出：《本草纲目》和《本草品汇精要》皆载底野加，亦即底也迦。夏德（Hirth）谓欧洲上古和中古著名的therioc，即底也迦之原音。鸦片最早即混在此药中输入中国（《汇编》，第99页）。齐思和未对底也伽进行探讨，所列自拜占庭传入中国的物品中，也没有包括鸦片或底也伽。

杨宪益在《东罗马的鸦片贸易》中，说鸦片或作阿片或作阿芙蓉，原来是希腊字，古代希腊人与罗马人以之入药，由来已久。Theriaca（底野迦）也是希腊字，大约原指以若干虫兽配合而成的药剂，罗马学者普林尼亦言此为六百种不同物品混合而成的丸药，后成为一般解毒剂的通称，后日鸦片成为此药的主要成分，故Theriaca乃成为鸦片的代名词。此药在隋唐时业已传入中国。朝鲜《医方类聚》引《五藏论》云：“底野迦善除万病。”《五藏论》见《隋书·经籍志》，故此以鸦片为主体之药剂，至晚在隋代已传入中国。唐显庆年间（656—660年）苏恭等奉敕撰新修《本草》云：“底野迦味辛苦平无毒……出西戎……胡人时将至此。”由此看来，拜占庭“乾封二年（667年）遣使献底也伽”，底也伽与底野迦当为同名的异译，是以蛇胆和鸦片为主要成分的赤黑色丸药。

4. 拜占庭为何由公元643年（贞观十七年）至719年（开元七年）不到一百年间多次遣使来华[①]，以后断绝？

杨宪益提出了这个问题，并进行了分析。他认为，继波斯

① 按《旧唐书·拂菻传》记载，从贞观十七年到开元七年，拂菻共五次遣使来唐。据《册府元龟》卷九七〇和卷九七一，拂菻国还在景龙二年（708年）和天宝元年（742年）两次通唐，张星烺和齐思和皆记之。

而成为东罗马新敌人的就是641年灭波斯的大食，同时东方中国成为亚洲的霸主，在大食威迫下，波斯余众及中亚诸国都向中国乞援，东罗马亦不例外，这就是数次遣使中国的原因。进一步看，第一次东罗马来使时大食方战败东罗马军，侵入叙利亚、西里西亚而达黑海与君士坦丁堡附近。第二次来使为大食首次围攻东罗马的前一年，第三次来使正当大食第二次进犯之时，第四次与第五次来使正当大食二次围攻东罗马时。此后，东罗马用希腊火击退大食，大食未再能进犯东罗马国都，东罗马亦未再遣使中国（《唐代东罗马遣使中国考》）。

5. 如何从《旧唐书》这段记载反过来了解当时拜占庭的内政与外交情况?

杨宪益写道："我们由此可知赫拉克留的后裔多无实权，当时的贵族节度使是东罗马真正的领袖，外交政策都由他们决定施行，遣使中国也是他们的政策。我们也可以知道当时东罗马一贯的外交政策是联合东方的强国以对抗较近的敌人，最初请突厥以抗波斯，后来突厥降为中国的附庸，波斯为大食所灭，则又请中国与之联盟以抗大食，数次遣使当即此意。在7—8世纪中国在中亚的进取政策，其事终因高仙芝在西元751年的失败而中止，可能即为东罗马数次遣使的结果，此外中国曾否与东罗马以实际帮助，则史缺有间，无从考证。"（《唐代

东罗马遣使中国考》）

四、宋代拜占庭与中国的关系

关于宋代拂菻国情况及其与中国往来的重要史料有二：《宋史·拂菻国传》和宋人周去非《岭外代答》中有关大秦的记述。

我们首先考察《宋史·拂菻国传》（《宋史》卷四九〇），其记述如下：

> 拂菻国东南至灭力沙，北至海，皆四十程，西至海，三十程。东自西大食及于阗、回纥、青唐乃抵中国。历代未尝朝贡，元丰四年十月，其王灭力伊灵改撒始遣大首领你厮都令厮孟判来献鞍马、刀剑、真珠。言其国地甚寒，土屋无瓦，产金、银、珠、西锦、牛、羊、马、独峰驼、梨、杏、千年枣、巴榄、粟、麦，以葡萄酿酒。乐有箜篌、壶琴、小觱篥、偏鼓。王服红黄衣，以金线织丝布缠头。岁三月则诣佛寺……贵臣如王之服……城市田野皆有首领主之……元祐六年其使两至，诏别赐其王帛二百匹、白金瓶、袭衣、金束带。

张星烺指明：青唐在青海境内，今作柴达木。“历代未尝朝贡”谬甚，因为汉、晋、唐皆通使。对于拂菻国王灭力伊灵改撒其人，他列出西方学者各家看法，自己未明确表态（《汇编》，第142—143页）。齐思和认为：“西至海，三十程”“历代未尝朝贡”“其国地甚寒，土屋无瓦”等记载都与拜占庭情形不合，因之以前的历史学家都疑《宋史》中的拂菻并非古代的大秦，此说颇有可能（《关系》，第17页）。

杨宪益在《宋代东罗马遣使中国考》中指出，《宋史》这段记载颇有若干地方值得注意。其中关于拂菻国当时情况的描写与西史所载相同。例如，英国著名史学家吉朋（Gibbon）关于10世纪东罗马的服饰就说东罗马皇帝“最喜欢辉赫的红色与较柔和的绿色，纺织多用金线……希腊贵族也模仿他们的君主”。王所去的佛寺当指圣莎飞亚大寺（St. Sophia），其所以在三月当指复活节的盛典而言。“城市田野皆有首领主之”，当指当时初兴的贵族，即十字军时代欧洲的诸侯爵。

关于“历代未尝（常）朝贡”，杨宪益未直接涉及。但他认为，唐时数次出使都在一百年内，此后三百年间未见来使，而元丰四年（1081年）到元祐六年（1091年）十年间，其使三至，其中原因值得思考。其原因就在于此时塞尔柱突厥势力大张，东罗马失去其最重要的阿那多尼亚州，突厥建其鲁迷国（Roum）于小亚细亚，东起幼发拉底河，西抵君士坦丁堡，北接黑海，南达叙利亚，并征服耶路撒冷。拜占庭在此危急情况下曾向西方欧洲国家乞援，以后引起十字军东征。与此同时，拜占庭三次遣使中国，显然也为同一目的向中国乞援。其使臣可能曾请中国出兵以图夺回阿那多尼亚州，故详告此州的财富。阿那多尼亚州出银铁铜铅，产葡萄粟麦，多牛羊名马，与《宋史》所言“产金、银、珠、西锦、牛、羊、马、独峰驼、梨、杏、千年枣、巴榄、粟、麦，以葡萄酿酒”的情况相合。

杨宪益说明，“灭力沙”为Melik Shah的对音，即塞尔柱突厥当时的君主。拂菻王灭力伊灵改撒，应如法国学者沙畹所考证，是1080年在位的拜占庭皇帝Melissenus Nicephrous Kaisar。关于使臣大首领你厮都令厮孟判，西方汉学家有若干猜测。杨宪益发前人所未发，独具慧眼地指出当时欧洲贵族的尊称为Maistre，此极可能为“你厮都令”的本字。此名最后二字“孟判”令人又想起当时最著名的一门望族，即De Montfort。著名的十字军英雄Simon de Montfort的曾祖亦名Simon，此可能即为“厮孟”的原字。Simon de Montfort一世的时代正与拜占庭遣使中国的时代相合，故极可能为当时来中国的大使。至此，杨宪益不无得意地宣布：“因此，我们考证你厮都令厮孟判即为Maistre Simon de Montfort的译音。”

其次，我们再考察宋人周去非《岭外代答》卷三中有关大秦的记载：

> 大秦国者，西天诸国之都会，大食蕃商所萃之地也。其王号麻啰弗……递年大食国王号素丹遣人进贡。如国内有警，即令大食措置兵甲，前来抚定……天竺国其属也。国有圣水，能止风涛。若海扬波，以琉璃瓶盛水，洒之即止。

此段文字后又被赵汝适抄入《诸蕃志》。

对于这段宝贵的史料，张星烺以“周去非记大秦国”和“赵汝适记大秦国”为篇名，收入《汇编》（第147—149页），并对《岭外代答》的书名和成书年代做了说明，但未对记载内容多加考证，仅在赵汝适的记载中加注曰：“赵汝适之《诸蕃志》所言之大秦国，其为叙利亚一带地方可无庸疑。安都城即Antioch之译音。麻啰弗为Mar Aba之译音。Mar译言可尊敬，Aba译言父也。此乃古代聂斯脱里派总主教之称呼。”齐思和提到了此段记载，未做分析，即断言：“周去非仅据航海者的传说，赵汝适则撮钞旧书，两书中并无新的资料。”（《关系》，第17页）

杨宪益在《〈岭外代答〉里关于东罗马的记载》中对于这

段资料进行了认真的研究和考证。

第一，杨指出《岭外代答》成书于1178年，赵汝适《诸蕃志》著于1225年，约晚于《岭外代答》50年。外国学者夏德和白鸟库吉以为本段材料原出《诸蕃志》，遂以《诸蕃志》的时代作为根据进行考据，因而结论完全错误。他叹道："博学如二君，竟未看过《岭外代答》，真可骇异。"

第二，杨认为，大秦为东罗马，其王麻啰弗必是《岭外代答》成书时1178年左右的东罗马皇帝。当时拜占庭帝国的皇帝是Manuel Comnenus（1143—1180年在位），麻啰弗当即Manuel的对音。夏德以麻啰弗为Melek的译音，白鸟以为是Muktodi的译音，其说极牵强附会。杨未提张星烺关于麻啰弗是Mar Aba（聂斯脱里派总主教的称呼）的说法，笔者以为杨说似乎更为合理。

第三，杨提出大食素丹遣人进贡，东罗马国内有警，即令大食抚定之事乍看似不可能，因大食为东罗马宿敌，不过当麻啰弗在位时，东罗马确实曾与大食联盟。1097年欧洲十字军恢复东罗马东南地方，此后大食不再为东罗马患，东罗马又感受十字军威胁，反与大食成立秘密联盟。麻啰弗的继承人爱薛（Isaac Angelus）自言与沙拉丁（Saladin）通好，而为富浪人所责。1097年后十字军占领原属拜占庭的于罗国（Edessa），其国王谛奥多罗（Theodorus）为希腊人，由东罗马皇帝任命，但每年也向大食纳贡。十字军首领保德文伯爵（Baldwin）杀此王而据其国。1151年麻啰弗在位时，大食遣将占金（Zengthi）夺回了于罗国，交还东罗马，只取若干金币作为酬报。所谓“国内有警，即令大食……抚定”，当即指1151年大食恢复于罗国事。杨宪益对拜占庭当时国际关系了若指掌，从而证实《岭外代答》此段史料之真实可靠和重要，足见其功力之深。

第四，杨认为，天竺是大秦属国的话似难解释，实则天竺当作天方，亦即阿拉伯的旧名，当地人民为东罗马臣属，9—11世纪，东罗马得天方助，曾屡败富浪人。至于圣水，据《瀛涯胜览》在蓦底纳（Medina），《事林广记》谓在墨伽（Mecca），当从《事林广记》。

五、明代拜占庭和中国关系

《明史·拂菻传》（《明史》卷三二六）关于明朝与拂菻通使事如下：

> 元末，其国人捏古伦入市中国，元亡不能归。太祖闻之，以洪武四年八月召见，命赍诏书还谕其王……已而复命使臣普剌等赍敕书、彩币招谕，其国乃遣使入贡，后不复至。

张星烺（《汇编》，第319—320页）辑入本段，仅加注曰："捏古伦一去不返，究竟已达欧洲否，莫得知也。其后使臣普剌等复奉命赍敕书彩币，招谕其国。普剌等似已达其国，故以后乃遣使入贡也。惜其无详细纪行书以留后世也。由普剌之名观之，其非汉人可断然也。普剌岂亦捏古伦之同国人欤？捏古伦吾人既承认为Nicholas之译音，普剌岂Paul（今译作保罗）之译音欤？"齐思和（《关系》，第17—18页）仅提到双方遣使往来之事，未加说明和考证。

杨宪益在《明代拂菻通使考》中指出，捏古伦原文当是Nicholas，但此人为东罗马商人，此名又极普通，故难以考证。夏德以为此人是Nicholas of Bantra，又有人以之为1333年的北京主教，皆难成立。

杨宪益认为明使臣普剌其人其事应加注意。普剌似为波斯文Pulad的译音，如此则为波斯人。此名在蒙古文中又作孛罗（Bolod），如《拂菻忠献王神道碑》所言1285年出使波斯不回的孛罗丞相，及1314年奉使波斯的另一孛罗丞相，当皆为波斯人，元史宰相表又记有1330—1340年的另一孛罗丞相，很可能此数人原是同宗，为明太祖出使的普剌也许就是《元史》中孛罗丞相的后裔，因其家熟悉西域地理而被遣。

杨宪益进一步提出东罗马最后一次遣使来中国在洪武四

年（1371年）以后若干年，其时东罗马皇帝约翰（Paleologus）或麻努弗（Manuel）在位，突厥素丹白牙即的（Bayazet）已占东罗马领土大部。当时中亚帖木儿帝国勃兴，东罗马与中国通使当经帖木儿地。《明史》“哈烈”条言：“元驸马帖木儿既君撒马尔罕，又遣其子沙哈鲁据哈烈，洪武时撒马尔罕及别失八里咸朝贡，哈烈道远不至。二十五年遣官诏谕其王，赐文绮、彩币。”杨认为这似乎就是普剌使拂菻事，如此则普剌出使当在洪武二十五年（1392年），亦即东罗马皇帝麻努弗即位次一年。东罗马遣使入贡当在此后数年内，其时帖木儿方与白牙即的对战，据Clavijo记载，当时东罗马曾遣使至帖木儿帝国，遣使来中国可能即在同时。

附带再提一下，拜占庭帝国亡于1453年，清朝已不可能与拜占庭有任何交往。杨宪益在《清初见于中国记载的东罗马》中认为：清代图理琛的《异域录》里的控噶尔、拱喀尔，椿园氏的《新疆外藩纪略》中的控噶尔，俞正燮的《俄罗斯长编稿·跋》引佛书中所说的洪豁尔，赵翼的《檐曝杂记》中的龚国，以及松筠的《绥服纪略》诗注中说的空噶尔都是指过去的东罗马。

六、秦王《破阵乐》的来源

《秦王〈破阵乐〉的来源》一文是杨宪益先生的精心之

作，其内容与拜占庭有间接的关系。

《旧唐书·音乐志》（《旧唐书》卷二九）载：

> 《破阵乐》，太宗所造也。太宗为秦王之时，征伐四方，人间歌谣秦王《破阵乐》之曲。及即位，使吕才协音律，李百药……等制歌辞。百二十人披甲执戟，甲以银饰之，发扬蹈厉，声韵慷慨，享宴奏之。

又说（《旧唐书》卷二八）：

> 贞观七年，太宗制《破阵乐图》，左圆右方，先偏后伍，鱼丽鹅鹳，箕张翼舒，交错屈伸，首尾回互，以象战阵之形。令吕才依图教乐工百二十人，披甲执戟而习之。凡为三变，每变为四阵，有来往疾徐击刺之象，以应歌节。数日而就，更名《七德之舞》。

杨宪益引上文并与《隋唐嘉话》和《资治通鉴》中有关秦王《破阵乐》的记述相对照，指出《破阵乐》原来是唐太宗为秦王时在军中流行的一种武舞，李世民即位后进行加工，用来模拟战阵的动作，以夸张太宗的武功。

杨宪益认为这种武舞流行于秦王军中，为前代所无，其中应有胡乐，或完全是移植于中国的胡乐。唐初与突厥关系密切，当时文化中突厥成分甚多，尤其是在军士的服饰和音乐方面。所以，《破阵乐》很可能由突厥方面传入中国，而突厥西疆直达东罗马帝国边境。杨宪益发现，古罗马著名诗人魏吉（Vergilius，公元前70—公元前19年，今译名维吉尔）在其史诗中有大段关于罗马古代武舞的描写，这种武舞在罗马称突罗戏（Ludus Troiai），大概传自古希腊。古希腊也有一种武舞名霹雳戏（Pyrrhichius），大概就是罗马突罗戏的前身。杨宪益将维吉尔史诗关于突罗戏的描写，与《旧唐书·音乐志》中关于《破阵乐》的记述相比较，发现其形式十分相像。二者都是模拟战阵的武舞，都是用戟击刺，都戴金或银的胸饰，都以若干人为一队做战阵状，都有若干交错屈伸回互之变，若干来往疾徐击刺之象，又都做出战斗的声音。由此看来，《破阵乐》可能就是罗马的突罗戏或霹雳戏，通过东罗马，由突厥方面传入中国。中国当时，尤其是太宗的军队，与突厥有极密切的联系。东罗马当时也与突厥信使往还。太宗即位前数十年，东罗马皇帝茹斯丁第二（Justin Ⅱ）（565—578年）且遣使至金山谒突厥王。所以罗马的武舞，经突厥的媒介传入中国，并不是不可能的。

杨宪益在此基础上进一步推论，如果霹雳戏是突罗戏的另一名称，《破阵乐》的前身又是突罗戏，则破阵二字，也可能是霹雳戏（Pyrrhichius）的音译。他还推论，中国称罗马为大秦，所以秦王《破阵乐》如果是由东罗马传过来，所说的秦王也许原来是指大秦王，而不是曾为秦王的唐太宗。

综上所述，我们可以看出，杨宪益对于拜占庭与中国关系的历史，根据中外各种史籍，运用历史学、语言学和地理学的知识，进行了全面、系统、深入地研究和考证，分析中外学者的诸家看法，提出了自己的独到的见解，对中国的拜占庭研究做出了重要贡献，功不可没。其学问的渊博，视野的广阔，分析的透辟，联想力的丰富，令人钦佩。

杨宪益先生还是一位诗人，旧体诗极佳，与一些著名的文化人、他的二流堂故交如吴祖光、黄苗子、邵燕祥等经常赋诗唱和。这里引他的一首与秦王《破阵乐》有关的诗作为本文的结尾。诗曰：

突厥唐家本一支，两邦友好复奚疑。
红旗影里听腰鼓，想见秦王破阵时。

此诗写于1950年在南京出席苏联大使馆庆祝中苏友好晚

会。关于此诗的背景和主旨，杨老在1995年出版的诗集《银翘集》内此诗后加了一个注，予以说明："当时有统战部同志指出，此诗以突厥比苏联不妥，且有大汉族主义倾向，然唐初曾有突厥是兄、大唐为弟之语，与日后称苏联为老大哥亦无不同也。"①

① 杨宪益先生的诗情、史识、文采和风趣跃然纸上，使吾人叫绝。

目 录

一 零墨新笺

二　译余偶拾

一　零墨新笺

关于苏祇婆身世的一个假设

《隋书·音乐志》上关于开皇乐议的记载，是我国音乐胡化的重要历史资料。这段记载里，提到一位西域乐工，名叫苏祇婆。他是第一个介绍印度乐调到中国来，而促成了中国旧乐的改革的，所以在中国音乐史里，他是一位极重要的人物。可是我们知道关于他的事情太少，根据《隋书·音乐志》的记载，他是龟兹人，在北周武帝时，从突厥皇后入国的；他的父亲在西域是一位著名的音乐家，此外更无其他关于他的记载。在这种情形下，推测他的身世，似乎不甚容易，所以下面我们关于他身世的推测，只是一个假设，这个假设是否能成立，仍有待于专家的研究。

我们如果相信《隋书·音乐志》的记载，他是随突厥皇后入国的，那样我们就可以考定，他来中国的年月，是北周武帝天和三年三月癸卯。也就是568年。因为《周书·武帝纪》

说："天和三年三月癸卯，皇后阿史那氏至自突厥。"关于这件事，《北史·突厥传》说：突厥王"俟斤（Djigin）先许进女于周文帝，契未定周文崩，寻而俟斤又以他女许武帝……天和二年，俟斤又遣使来献。陈公纯等至，俟斤复贰于齐；会有风雷变，乃许纯等以后归。"可见当时突厥皇后来周，是颇经了波折的。若不是因了天时的变化，突厥皇后也许会到了北齐。这对于苏祇婆至少是非常有利的，因为当时北齐皇帝，似乎对于胡乐颇为重视，善弹琵琶的，甚至开府封王，如《北史·恩幸传》所载："武平时有胡小儿，俱是康阿驮、穆叔儿等富家子弟，简选黠慧者数十人以为左右，恩眄出处，殆与阉官相埒，亦有至开府仪同者。其曹僧奴、僧奴子妙达，以能弹胡琵琶甚被宠遇，俱开府封王。"而北周皇帝对于音乐之欣赏，则似乎略差，且也不如此重视乐人，所以《隋书·音乐志》下说："始齐武平中，有鱼龙烂漫、俳优、朱儒、山车、巨象、拔井、种瓜、杀马、剥驴等，奇怪异端，百有余物，名为《百戏》。周时，郑译有宠于宣帝，奏征齐散乐人，并会京师为之。"由此可见，北周皇帝对于胡乐的兴趣，大概还是郑译引起的，郑译我们要记得，也就是苏祇婆的学生，他的关于乐调的发明，是由于苏祇婆的七调。我们不妨假设，他在宣帝时（579年），已经认识苏祇婆了。虽然《旧唐书·音乐志》

上说：“周武帝聘虏女为后，西域诸国来媵，于是龟兹、疏勒、安国、康国之乐，大聚长安。”这大概也是指北齐灭亡后，北周宣帝时的事。

苏祇婆在北周，大概是不甚得意的，所以《周书》上，也没有关于他的记载。而当时北齐皇帝，我们方才已经提过，却非常喜爱胡乐，重视乐人，所以苏祇婆实在有投奔北齐的可能。假设苏祇婆到了北齐，他既然善胡琵琶，大概是可能得到开府封王的宠遇的。我们方才已经提到，齐武平中（570—576年），胡乐工开府封王的，有曹僧奴和他的儿子曹妙达。这两个名字，我们细细一看，就可以知道是由梵文转译的：僧奴当然是僧迦达沙（Sangha Dasa）的意译，因为僧伽可译作“僧”或“众”，达沙的意思则是“奴”。这是一个相当常见的梵文名字。我们再研究妙达这一个名字，可发现一件非常有趣而奇怪的事。原来“妙”字普通是梵文“苏”（Su）的意译，而“达”字含有生遂诸义，也就是梵文的“祇婆”（jiva）。他们的姓曹是国名，不是真的姓，正如当时其他胡人的姓氏一样，如上面提到的康阿驮的“康”，穆叔儿的“穆”，这在我国历史上，是很常见的，不必细说。总之曹妙达的名字，如果音译，也正是苏祇婆。这样在同一时代，在差不多同一地方，居然有了两位善弹胡琵琶的西域乐人，都名叫苏祇婆，天下哪里有这样巧的事情？除非我们假设，北齐的曹妙达就是北周的苏祇婆。我们暂且如此假设，看看事实能否符合。关于他们所在的地方的差异，这是没有多少问题的，因为当时北周都长安，北齐都邺，两国时有往来，北周的人到北齐去，是非常容易的事。

关于他们的时代，也没有多少问题，因为根据《隋书·音乐志》的记载，苏祇婆来中国，大概是568年，而曹妙达开府封王，则是570年到576年中间的事。不过《旧唐书·音乐志》里有一段记载说："后魏有曹婆罗门，受龟兹琵琶于商人，世传其业，至孙妙达，尤为北齐高洋（550—559年）所重，常自击胡鼓以和之。"如这段记载可靠，则曹妙达在突厥皇后来中国的前几年，已经在北齐了。可是《旧唐书》成书较晚，未必有《北史》和《隋书》的记载可靠，而且其所称北齐高洋实是后主高纬之误，据《新唐书·李纲传》云："齐高纬封曹妙达为王，以安马驹开府，有国家者，可为鉴戒。今新造天下，开太平之基，功臣赏未及遍，高才犹伏草茅，而先令舞胡鸣玉曳组，位五品，趋丹地，殆非创业垂统，贻子孙之道也。帝不纳。"这里明明说宠幸曹妙达或苏祇婆的是后主高纬，而不是高洋。不过即使是突厥皇后的媵从，也可能早来几年，因为北周聘突厥王女的事，两方交涉了十来年，而且其间信使往来甚多。突厥皇后且几乎改去北齐，所以曹妙达也可能是先突厥皇后而来的。现在唯一的问题，就是《隋书·音乐志》说，苏祇婆是龟兹人，而曹妙达，据他的中国姓看来，则当然是西域的曹国人。可是我们要知道，龟兹是古代中印交通北道的要冲；安息、康居以及北印度诸国与中国的往来，都取北道，而必通过龟兹，所以古代从西域传来的胡琵琶，被称为龟兹琵琶，实则胡琵琶并不是龟兹所创造，只是因为我国的胡琵琶，是由那里传来的，所以人多以为胡琵琶是龟兹的乐器。西域的胡琵琶，既然被称为龟兹琵琶，弹胡琵琶的西域乐师，被误认为龟兹人，更是再自然不过的了。前面所引《旧唐书·音乐志》的记载，也说曹妙达先祖是曹国的婆罗门，而且曾受龟兹琵琶于商人，所以这是很容易弄错的。

根据《旧唐书·音乐志》的记载，当时龟兹乐工与康居（即曹国地）乐工的服饰，独独完全相同，都是皂丝布头巾，绯丝布袍，锦领，而与西凉、高昌、安息、疏勒等其他国乐工的服饰又都不同，所以更容易使人误认。再则我们要知道，古曹国是在中亚的粟弋（Sogdiana）地方。《北史·西域传》说："曹国都那密水（Zarafshan）南数里，旧康居地。国无主，康国王令子领之。"可知曹国本是康居的属国，也可以说是康居的一部。《北史·西域传》又记载，康居国"有大小鼓、琵琶、五弦、箜篌……奉佛”。韦节《西蕃记》又说：“康国人并善贾，男年至五岁，则令学书，少解则遣学贾，以得利多为善。其人好音声。”粟弋是古时中亚的文化中心，又是中亚的商业中心。从后汉到魏晋，康居人民，或为经商，或为避国难，或为宣扬佛教，来到中国的，非常之多。著名的如吴赤乌十年（247年）来建业的康僧会；隋京师静法寺释智嶷，本姓康，先祖归魏，已经十余世；齐建武中的释慧明，本也姓康，先祖已于三国时来中国等。这些人都是康居属国的粟弋人，曹妙达也属于这一种族。古代康居人爱好音乐，乐器有琵琶的事实，可以解释曹妙达的音乐天赋，不是没有其背景的。因为古代康居人，多经商在外，而且国中常有变乱，人民往往为避国难，而去他处，所以我国历史上记载的康居人，国籍常常被载错误，如魏嘉平中，洛阳白马寺的康僧铠，本是康居人，曾游学天竺，《诸经录》就称他为天竺国沙门；东晋末的高僧支昙谛，也本是康居人，然而人都冠他以支姓，变成月氏人了。就这些例子看来，曹妙达既也是康居人，同样被人认为龟兹人，是很可能的。据历史记载，在4世纪中叶，康居变成了哌哒的属国。《北史·西域传》说：“其人凶悍，能斗战，西域康居、于阗、沙勒、安息及诸小国三十许，皆役属之。”曹妙达的先祖既是婆罗门，而哌哒又是不信佛教的，也许那时曹妙达的先世，为避国难，就到了龟兹，也是可能的。总之，从4世纪中叶起，康居人民就失了国籍，同现在的犹太人差不多，所以被误认为他国人民是很容易的。哌哒后来又被突厥所破，这正是曹妙达时代的事。《北史·突厥传》说：“俟斤（就是进女于北周皇帝的那一位突厥王，前面已提到）又西破哌哒，东走契丹，北并契骨，威服塞外诸国。”曹妙达同他的父亲变成突厥的臣属，当然就在此时，所以他们的地方、时代和国籍，都没有问题，我们可以认为曹妙达就是苏祇婆。

曹妙达就是苏祇婆的假设既然成立，我们就可以再进一步推测他的身世。因为《隋书·音乐志》说：苏祇婆的父亲，在西域称为知音，是有名的乐人，可能有若干事迹可以考得出来的。我们如果相信苏祇婆就是曹妙达，那样苏祇婆的父亲也就是曹僧奴。我们现在可以看看当时西域有无名叫僧奴，或僧伽达沙的大贤。我们知道，除了中国典籍以外，关于古代西域诸国的外国史籍是很少的；其中最重要的，要算伽难那（Kalhana）纂辑的《罽宾王志》（*Rajitarangihi*）。罽宾也就是迦湿弥罗，在古代是印度学术的渊薮，而且古印度治声明的著名学者波黎尼（Panini）的弟子，曾在此敷行教化，古印度的大音乐家马鸣（Asvaghota）据说也曾在此草《毗沙论》（*Vibhasa*），所以这里音乐的研究，是非常发达的。西域的学者，也多来这里研究学问。我们知道龟兹的鸠摩罗什，就曾在迦湿弥罗治小乘学，师事犍陀罗名德沙门盘头达多（Vandhudatta）。在5世纪中叶，犍陀罗国著名大德无著（Asanga）的兄弟——世亲（Vasubandhu）也曾在此治有部教义（Sarvastivadin）。据《罽宾王志》，世亲有一著名弟子，名叫僧伽达沙，在5世纪末年，来迦湿弥罗，弘布大乘，曾建一宝护伽蓝（Ratnagupta Vihara），后即死于此地。这位大德僧伽达沙，既是精通声明的西域学者，又与曹僧奴名同，时代亦同，可能就是曹僧奴。唯一的问题，就是《罽宾王志》说他死于迦湿弥罗，而据《北史·恩幸传》所载，曹僧奴是在北齐开府封王的。不过《罽宾王志》这部书，是后代纂的，其中颇有错误，而且《北史·恩幸传》的话，也许不甚可靠，因为《北史·万宝常传》里，只提到曹妙达能造曲，为一时之妙，《隋书·音乐志》也只提到曹妙达，而没有提到他的父亲，除去前录的一段记载外，又说："（炀帝）令乐正白明达造新声……因语明达云：'齐氏偏隅，曹妙达犹自封王。我今天下大同，欲贵汝，宜自修谨。'"可见当时北齐封王的，似乎只有曹妙达一人。恐怕曹僧奴根本没有到中国来，不过他的声名，颇为时人所知，所以人误认他也开府封王了。

我们既然解决了曹僧奴的问题，就可以再继续推测曹妙达即苏祇婆在北齐开府封王以后的事实。我们知道北齐为北周所灭是在北齐幼主承光元年，即577年。在北齐灭亡的前夕，后主还在欣赏胡乐；《北史》说他盛为无愁之乐，自弹琵琶而唱之，传和之者以百数，人间谓之无愁天子。《隋唐·音乐志》也说："后主唯赏胡戎乐，耽爱无已。于是繁手淫声，争新哀怨，故曹妙达……之徒至有封王开府者，遂服簪缨而为伶人之事。后主亦自能度曲，亲执乐器，悦玩无倦，倚弦而歌。别采新声，为《无愁曲》，音韵窈窕，极于哀思，使胡儿阉官之辈齐唱和之，曲终乐阕，莫不陨涕。"这时曹妙达大概还在北齐。同时我们应当提到，我国音乐界的一位天才万宝常，当时也在北齐为乐户，所以万宝常一定认识曹妙达，而且他的关于乐律的发明，恐怕也是受曹妙达影响的，所以除郑译以外，万宝常要算是曹妙达即苏祇婆的学生。北齐灭亡时，在北周武帝建德六年。后两年，宣帝立，是为大成元年；未几，静帝立，改元大象（579年）。前面提到郑译在宣帝时，奏征齐散乐人，并会京师，就是这一年的事。这时曹妙达即苏祇婆，同万宝常又入周为乐工。又过了一年多，静帝大定元年（581年）二月，周禅位于隋，周亡。这是隋高祖开皇元年。这时曹妙达同万宝常，又随着郑译归隋，于是就有了著名的“开皇乐议”。可惜当时又提倡复古，尊崇雅乐；主张全盘西化的郑译的意见，终不为隋高祖所采用，就连合成派的万宝常，也不受人欢迎，所以曹妙达那时更不得意。这从《隋书·音乐志》里，可以看得很清楚：“开皇中……有曹妙达……等，皆妙绝弦管，新声奇变，朝改暮易，持其音技，估炫公王之间，举时争相慕尚。高祖病之，谓群臣曰：‘闻公等皆好新变，所奏无复正声，此不祥之大也。自家形国，化成人风，勿谓天下方然，公家家自有风俗矣。存亡善恶，莫不系之。乐感人深，事资和雅，公等对亲宾宴饮，宜奏正声。声不正，何可使儿女闻也！’帝虽有此敕，而竟不能救焉。”从这段记载里，我们可以看出，曹妙达的胡乐，颇为朝廷所反对。同时也可以看出，当时胡乐在民间，已建立了不可动摇的势力。我们今日如果为我们的音乐天才万宝常叫屈，我们就更应当为曹妙达叫屈。因为当时朝廷对他的攻击，不是因为他的乐调本身有什么缺点，而只是由于传统的偏见，因为他是深目高鼻的外国人。《北史·恩幸传》里就这样说：“至于胡小儿等，眼鼻深险，一无可用，非理爱好，排突朝贵，尤为人士之所疾恶。”中国自古以来，就有一部分人，专门喜欢国粹，怕外国的东西，以为无论是好是坏，凡是外国的，就要不得。所以我们也不必独独责备当时的大人先生们。总之，曹妙达在隋即不得意，郑译本来是把他认为奇货可居的，皇帝既不欣赏，他也就对曹妙达冷淡了。《隋书·音乐志》说："开皇初，并放遣之（指齐散乐人）。"曹妙达可能也在放遣之列，此后也就再没有关于他的记载。但他并没有回西域，而且以后还仍被朝廷相当重用。"开皇乐议"是开皇二年（582年）的事，后来隋高祖诏当时的复古派学者牛弘、辛彦之、何妥等议正乐，积年议不定。可见当时的复古派学者，只知道反对新乐，自己却毫无可行的办法。到了开皇七年（587年），隋高祖忍不住了，大怒曰："我受天命七年，乐府犹歌前代功德耶？"欲罪弘等，治书侍御史李谔谏而止。又诏求知音之士，集尚书参订音乐。这时复古派学者相当丢脸，主张新乐的又渐渐抬头，苏衹婆又被朝廷任用，大概就在这时候。开皇九年（589年）置清商署，以管理所获宋齐旧乐。开皇十四年（594年）乐定，定乐之前，在太乐教习清庙歌辞的，是齐乐人曹妙达，也就是苏衹婆。可见苏衹婆已成为当时最重要的乐人。原有的迎神七言像《元基曲》，献奠登歌六方像《倾杯曲》，送神礼毕五言像《行天曲》，定乐时，"弘等但改其声，合于钟律，而辞经敕定，不敢易之"。其实牛弘等对于这些乐曲恐怕毫无贡献，只是指点指点，假充内行而已，实际的工作大概都是苏衹婆一人做的。

苏祇婆不但本人对于隋唐音乐有贡献，而且在唐代他的后裔也都是琵琶名手，对当时音乐颇有影响，《乐府杂录》载贞元中有曹保，保子善才，其孙曹钢。这些大概都是曹婆罗门苏祇婆的后裔。《乐府杂录》说，曹钢“善运拨若风雨，而不事扣弦”。同时有裴兴奴长于拢捻类，“时人谓曹钢有右手，兴奴有左手”。武宗初朱崖又有乐吏廉郊，曾师于曹钢，尽钢之艺。可见其影响之大。

总结上面的推测，我们关于苏祇婆的身世，可做如下的假设：苏祇婆就是北齐的曹妙达，他的父亲名僧伽达沙，是西域曹国的大德，曾在迦湿弥罗治声明及大乘学，是犍陀罗国大德世亲的弟子，又曾在迦湿弥罗国建立一伽蓝，名为宝护。苏祇婆幼年为突厥所虏，因家学渊源，精通乐理，颇为突厥王俟斤所重。周武帝天和三年三月癸卯（568年），或前数年，以突厥皇后的随从乐人的资格，来到北周。他在北周不甚得意，又到了北齐，在那里认识了万宝常，并可能有助于万宝常对于音乐之研究。570年后数年间，因善弹琵琶，得到北齐后主的宠幸，位至开府封王，然而忌妒他的人也不少。北齐亡于577年，在国亡的前夕，他还继续得到北齐幼主的宠爱，所谓幼主自造的《无愁曲》，可能经过苏祇婆的润色。579年，他又入周为乐工，与万宝常同为郑译的门下客。581年，北周亡，他又随着郑译归隋。582年，郑译根据他的理论，作八十四调（郭沫若先生说，这是万宝常的特创，恐未必），奏请修乐，当时反对的甚多，“乐议”积年不定。苏祇婆的胡乐，也不为隋高祖所喜，认为是亡国之音；郑译也就不再看重他，结果也许一度同其他乐工均遭遣散之列。但不久苏祇婆仍为朝廷所重用而为当时最重要的乐人，其后裔也都是琵琶名手，对当时音乐均有很大的影响。他实是在隋唐音乐史上一位最重要的人物。

秦王《破阵乐》的来源

据《旧唐书·音乐志》："《破阵乐》，太宗所造也。太宗为秦王之时，征伐四方，人间歌谣秦王《破阵乐》之曲，及即位（627年），使吕才协音律，李百药、虞世南、褚亮、魏徵等制歌辞。百二十人披甲执戟，甲以银饰之，发扬蹈厉，声韵慷慨，享宴奏之，天子避位，坐宴者皆兴。"又说："（贞观）七年（633年），太宗制《破阵舞图》，左圆右方，先偏后伍，鱼丽鹅鹳，箕张翼舒，交错屈伸，首尾回互，以象战阵之形。令吕才依图教乐工百二十人，披甲执戟而习之。凡为三变，每变为四阵，有来往疾徐击刺之象，以应歌节。数日而就，更名《七德之舞》。""自《破阵舞》以下，皆擂大鼓，杂以龟兹之乐，声震百里，动荡山谷。""享郊庙，以《破阵》为武舞，谓之七德。"

燕飨及凯乐都用到《破阵乐》。"其凯乐用铙吹二部，笛、觱篥、箫、笳、铙、鼓，每色二人，歌工二十四人。乐工等乘马执乐器，次第陈列，如卤簿之式，鼓吹令丞前导，分行于兵马俘馘之前，将入都门，鼓吹振作，迭奏《破阵乐》等四曲。”这样看起来，《破阵乐》是唐太宗时的一种武舞，用来模拟战阵的动作，来夸张太宗的武功的。

关于《破阵乐》的来源，《隋唐嘉话》里说：“太宗之平刘武周，河东士庶，歌舞于道，军人相与为秦王《破阵乐》之曲，后编乐府。”这样看起来，《破阵乐》在编入乐府之前，已盛行于太宗的军中，所以军人相与为秦王《破阵乐》之曲。于是我们也知道这种乐舞并不是太宗独创的，而是他的军士所熟知的。《资治通鉴》上记载：“七年春正月，更名《破阵乐》曰《七德舞》。癸巳宴三品以上及州牧蛮夷酋长于玄武门，奏七德九功之舞。太常卿萧瑀上言：七德舞形容圣功，有所未尽，请写刘武周、薛仁杲、窦建德、王世充等擒获之状。上曰：彼皆一时英雄，今朝廷之臣，往往北面事之，若睹其故主屈辱之状，能不伤其心乎？瑀谢曰：此非臣愚虑所及。魏徵欲上偃武修文，每侍宴，见《七德舞》，辄俛首不视。”把这一段记载同《旧唐书·音乐志》的记载参看。可知《破阵乐》虽是太宗在贞观七年（633年）所造，可是《破阵乐》实际在太宗为秦王时便已经流行于军中了。我们由《资治通鉴》里的记载，又可以看出《破阵乐》的来源，并不是如《隋唐嘉话》里所说由于刘武周的败灭，也不是由于薛仁杲、窦建德、王世充的授首。这只是当时军中流行的一种武舞，太宗用来形容他一般的武功的。

我们既然知道《破陈乐》是太宗为秦王时流行于军中的一种武舞，又知道前代没有这种乐舞，我们就可以假设它至少含有胡乐的成分，或者完全是移植于中国的胡乐。我们知道唐朝初年与突厥有极密切的关系，太宗即位前后的武功也以平定突厥为最著。当时突厥的西疆直达东罗马帝国的边境，东疆到了中国北部。中国当时文化里突厥成分相当大，尤其是在军士的服饰和音乐等方面，前者可由当时的石刻里看出，后者则可由当时的文学记载里看出，所以《破阵乐》很有可能是由突厥方面传入中国的。

古罗马诗人维吉尔（Vergilius，公元前70—公元前19年）在他著名的史诗里有一段关于罗马古代武舞的记载：

按照习惯他们发上都戴着金圈，
他们都拿着两支以铁为端的戟。
一部分肩上有箭囊，正当着前胸。
有屈曲的金饰环绕着他们的颈。

他们分成三队，一共有三位将军。
每位将军后面有十二少年随从，
同样的领袖辉煌的各率领部队……
他们分队驰过。那三个部队分开
作散兵式又重新召集起来部队，
然后转过身相对持着戟来冲锋。
然后他们转变方向又转变方向，
相对击刺，又彼此回互交错着，
做出两军相遇时候战斗的声音；
忽而背向着敌人逃去，忽而转身
击刺，忽而又和解了平行着前进……
古代的人以此教子弟，赫赫罗马
把它保留下来作为祖先的礼节；
现在这种少年的舞人名为突罗，
以此武舞尊荣他们先祖的威灵。

——《埃尼亚纪》（*Aeneid*），第五卷

这种武舞在古代罗马普通名为突罗戏（Ludus Troiai），在每年季节的赛会里时常举行，来源很古，大概是古希腊方面传来的。古希腊也有一种武舞，性质和形式大概与突罗戏相同，

名为霹雳戏（Pyrrhichius）。霹雳戏的详细形式虽无从查考，然而大概就是罗马突罗戏的前身。霹雳戏的名称起源可能由于古希腊名王阿戏留（Achilleus）的儿子霹雳（Pyrrhius）。他在攻突罗城（Troia）时建有战功，后来他死后，国土又为突罗王的后裔所得。古罗马人相传就是突罗人的后裔，罗马的突罗戏相传也是古代突罗人流传下来的，我们从罗马史诗的记载里，可以看出古罗马的突罗戏与《破阵乐》的形式是十分相像的。二者都是模拟战阵的武舞，都是用戟击刺，都戴着金或银的胸饰，都是以若干人为一队作战阵状，都有若干交错屈伸回互之变，若干来往疾徐击刺之象，又都发出战斗的声音，“声震百里，动荡山谷”。如果霹雳戏是突罗戏的另一名称，我们又可以看出《破阵乐》的“破阵”两个字，也可能是霹雳戏的音译。这样看起来，《破阵乐》可能就是罗马的突罗戏或霹雳戏，由突厥方面传过来的。

古代我国与东罗马本有若干文化的交流。一般认为汉桓帝延熹九年（166年）遣使来中国的大秦王安敦就是罗马皇帝Marcus Aurelius Antoninus。古代我国人称罗马为大秦，所以《破阵乐》如果是由东罗马传过来的，所说的秦王也许原来是指大秦王，而不是曾为秦王的唐太宗。古印度人称我国为秦地（Cinasthana），又统称雪山以北诸地为秦（包括中亚及我国西北）。《三藏法师传》里记载印度的戒日王见玄奘时曾问："师从支那来，弟子闻彼国有秦王《破阵乐》，歌舞之曲，未知秦王是何人，复有何功德，致此称扬？"可见《破阵乐》的名称已为当时印度人所知，而秦王是谁，他们却不清楚。所以当时在雪山以北的突厥地方，可能《破阵乐》也流行的。前面已经提过，突厥在当时是中国与东罗马西方文化的媒介。中国当时，尤其是太宗的军队，与突厥有极密切的联系。东罗马当时也与突厥信使往还。太宗即位前数十年，据西史记载，东罗马皇帝茹斯丁第二（Justin Ⅱ）（565—578年）且遣使臣至金山谒突厥王，所以罗马的武舞，经过突厥的媒介，被带到中国来，并不是不可能的事。

附记：

这一篇写于1944年前后。当时我才到重庆北碚国立编译馆工作不久，是梁实秋把我拉去的。文章大概是发表在上海中华书局编的《新中华》杂志上。我当时之所以写过一些有关音乐史的文章是受了两位音乐家的影响。其实我对中西音乐都是外行。当时在北碚住的宿舍，除我一家外，邻居还有杨仲子先生和杨荫浏先生，住的宿舍杨仲子戏名为"三羊楼"，或"三杨楼"，取"三阳开泰"之意。说起"秦王《破阵乐》"来，我又想起新中国成立初期我在南京庆祝中苏同盟友好典礼时，在苏联大使馆看了一次我国的腰鼓舞，当时忽然想起“秦王《破阵乐》”，即兴写了四句：

突厥唐家本一支，两邦友好复奚疑。红旗影里听腰鼓，想见秦王破阵时。

唐朝初年，曾有“突厥是兄，大唐为弟”的话。解放初期，我们也称苏联为老大哥，故有此联想。回想这前五十来年的事，很有意思，当时把毛主席比作唐太宗，还不算失敬，把苏联比作突厥，就不好发表了。这首打油诗后来收进我在香港出版的《银翘集》里。

附记载《寻根》2000年第1期

康昆仑与段善本

《乐府杂录》里，有一段关于唐贞元中二乐人斗艺的记载，其文如下：

> 贞元中，有康昆仑第一手。始遇长安大旱，诏移两市祈雨，及至天门街，市人广较胜负，及斗声乐。即街东有康昆仑，琵琶最上，必谓街西无以敌也，遂请昆仑登采楼，弹一曲新翻《羽调绿腰》。其街西亦建一楼，东市大诮之，及昆仑度曲，西市楼上出一女郎，抱乐器，先云："我亦弹此曲，兼移在《枫香调》中。"及下拨，声如雷，其妙入神。昆仑即惊骇，乃拜访为师。女郎遂更衣出见，乃僧也。盖西市豪族厚赂庄严寺僧善本姓段，以定东鄽之胜。翌日，德宗召入，令陈本艺，异常嘉奖，乃令教授昆仑。段奏曰："且请昆仑弹一调。"及弹，师曰："本领何杂？兼带邪声。"

昆仑惊曰：“段师神人也。臣少年初学艺时，偶于邻舍女巫授《一品经调》，后乃易数师。段师精鉴如此玄妙也。”段奏曰：“且遣昆仑不近乐器十年，使忘其本领，然后可教。”诏许之。后果尽段之艺。

这一篇颇有戏剧性的记载，看起来似乎很明白，而实际上却有许多问题：第一，康昆仑是什么人？第二，新翻《羽调绿腰》和《枫香调》是什么调？第三，段善本又是什么人？第四，康昆仑幼年所学的《一品经调》何以是邪声？第五，如果康昆仑真从此不近琵琶十年，他是否终能学到段善本的绝艺？我们现在可以看一看这几个问题是否能够解决。

关于第二点，就是新翻《羽调绿腰》和《枫香调》的问题，我们在这篇文里可以不必加以考证，因为这是纯粹乐调上的问题，而且我们，至少在现时，也无从考据出来新翻《羽调绿腰》和《枫香调》究竟是什么调子。其余的几个问题似乎是可以一部分解决的，因为关于康昆仑的记载，除去本文外，还可以找到一些。《国史补》里，就有如下的一段记载：“韦应物为苏州刺史，有属官，因建中之乱，得国工康昆仑琴瑟琵琶，至是送官表进入内。”《幽闲鼓吹》里，又有如下的一段记载：“元载子伯和，势倾中外。福州观察使寄乐妓十人，既至，半载不得送，使者窥伺门下，出入频者，有琵琶康昆仑最熟，厚遗求通，即送妓。伯和一试奏，尽以遗之。先有段和尚善琵琶，自制《西梁州》，昆仑求之不与，至是以乐之半赠之，乃传焉。今曲调《梁州》是也。”我们有了这三段记载，至少康昆仑的身世是可以考证出来一部分的：第一，从康昆仑的姓名看来，他绝对是外国人，因为昆仑是当时南海方面黑种人的通称。当时大食人在南海贩卖黑奴的很多，到中国的黑奴被称为昆仑奴。中国在唐宋两代，有昆仑奴的人家也很多。唐宋两代的笔记小说里，有许多关于昆仑奴的记载，《萍洲可谈》里，就说得很详细，所以这里不必多说。总之，当时的中国人，大概总不会自名为昆仑的，因为昆仑的意思就是黑色，而这是被认为卑贱可耻的，有如近代中国人称外国人为鬼子一样。虽然《小名录》记载有：“王琨，祖荟将军，父怿不慧，初不为娶，以貉婢侍之，生琨，遂名昆仑。”而这里昆仑只是小名，他后来又自改名为琨的，而且王琨的母亲又确是南海的黑奴（貉婢）。唐人小说里，又有一篇《墨昆仑传》，里面说：“真定墨君和……母怀妊之时，曾梦胡僧携一孺子，面色光黑，授之曰：‘与尔为子，他日必大得力。’既生之，眉目棱岸，肌肤若铁。年十五六，越王镕初即位，曾见之，悦而问曰：‘此中何得昆仑儿也？’问其姓，与形质相应，即呼为墨昆仑。”这两个中国人是名为昆仑的绝无仅有的例子。而前者确是混血儿，后者也是因胡僧入梦和皮肤漆黑的缘故，才有了这个名字的，所以从康昆仑的名字看来，他大概是皮肤黑的外国人，而且他的姓是康，也可为他是外国人的证据。我们知道，当时外国人侨居中国时，皆以国名为姓，而姓康的外国人则是康居国人。我们知道安禄山原来也姓康，大概祖先是康居地方的人，据说他的母亲是西域的女巫。这里康昆仑，也说他幼时曾从邻舍女巫学《一品经调》，这当然也不是在中国境内的事，所以康昆仑的来历，大概与安禄山的仿佛，两个都不是纯粹的中国人，而且幼年都是生长在外国的。现在这里又有一个问题，就是昆仑是专指南海地方的黑种人，《旧唐书》里就说：“自林邑以南，皆卷发黑身，通号为昆仑。”当时南海诸国也被称为昆仑诸国，康昆仑如果是康居人，何以被称为昆仑？这个问题看起来似乎不易解答，其实这是最自然不过的事。因为我们知道古代康居地方的人民，或为经商，或避国难，多有侨居外国的。而古代南海，又是商业的中心，梁《高僧传》，提到吴赤乌十年（247年）来建业的康僧会，祖先就是康居人，他的父亲因经商而移居交趾；又有齐释慧明，也是康居人，他的祖父，为了国难，经海道来中国，避居东吴。由魏晋到唐宋，西域人来中国，多由海道，经过南海诸国，譬如说，宋元嘉六年（429年）有难提（Nandi），曾载来师子国的比丘尼数十人，当时迦湿弥罗的求那跋摩（Gunavarman），曾在南海，大宣佛化，又乘难提的船来中国；隋唐以来，南海间的交通更频繁，康居人由海道来中国，是很可能被认为是南海的土著的。而且我们又知道，在唐代，康居是大食人的臣属，而大食人皮肤是相当黑的，《旧唐书》里就如此记载："其国男儿色黑，多须，鼻大而长，似婆罗门。"康昆仑的祖先即是康居人，他也可能是大食与康居合种的混血儿，所以更可以被名作昆仑。大食人又是在南海贩卖黑奴的，所以他被名为昆仑，实在是自然不过的事。总之，我们可以相当肯定地说：康昆仑的原籍大概是康居，他可能是大食和康居合种的混血儿，幼年在西域学习音乐，国籍相当含混，同安禄山的来源差不多，后来大概是由海道来中国的，从此就被称为康昆仑，原来的姓名却无人晓得了。

我们既然把康昆仑的来历弄清楚了，我们就可以再继续考证他是哪一年来中国的。关于这一点，我们知道他最早也是在天宝末年才来中国的：因为玄宗既然那样喜欢音乐，广求乐人，康昆仑的技艺又相当好，后来被称为琵琶国手，他如果在开元天宝年间来中国，大概是可能至少与李龟年、贺怀智等乐师齐名并称的，而当时记载里，并没有他的名字。我们根据前面所引的《幽闲鼓吹》里的记载，又知道他是元载的长子伯和的门下客，而元载和他的长子伯和是在大历十二年赐死的，所以他来中国又必在大历十二年以前。这样我们至少可以知道，他来中国必在天宝末年，即至德元年，756年以后，和大历十二年，即778年以前。《旧唐书》记载："乾元元年（758年）五月壬申，黑衣大食遣使朝贡，六月辛丑朔，吐火罗、康国遣使朝贡。"这是开元天宝后大食和康居第一次来聘，康昆仑来中国，可能就是在这一年。白居易诗里说到康居于天宝末进献乐伎，大概就是康昆仑来中国的机会。根据《唐书》记载，大历四年（769年），黑衣大食又遣使朝贡。这时元载和他的长子伯和，正势倾中外，朝野侧目，《幽闲鼓吹》里说他为伯和的门下客，大概就在这时。当时的福州观察使是李承昭，《旧唐书》记载："大历四年正月乙未，福建观察使李承昭，请徙汀州于长汀县之白石村，从之。黑衣大食国使朝贡。"《幽闲鼓吹》里所说送上的乐妓十人，可能就是这个时候所贡进的。《幽闲鼓吹》里所提到的段和尚，当然也就是后来同他斗艺的段善本，可见至少在斗艺前十五六年，康昆仑已经晓得段善本了，而且康昆仑曾经请段善本传授他的乐曲，不过被段善本拒绝了，只得到《梁州曲》的一半。当时元载正在得宠，相与他的，多半是些逐臭的小人，所以段善本拒绝康昆仑的请求，大概是因为他看不起康昆仑，认为他是元载的奴才，不愿同他交往。《旧唐书·元载传》说：“（元载）外委胥吏，内听妇言。城中开南北二甲第，室宇宏丽，冠绝当时。……恣为不法，侈僭无度。江淮方面，京辇要司，皆排去忠良，引用贪猥。士有求进者，不结子弟，则谒主书，货贿公行，近年以来，未有其比。”又说：“伯和恃父威势，唯以聚敛财货、征求音乐为事。”康昆仑大概也是当时的求进之士，他当时似乎还不甚得意，尚未成为公认的琵琶第一手。可是大历十二年元载与伯和并赐死后，康昆仑就成了著名的乐工，而得到德宗的宠幸。前面所引的《国史补》里，记载诗人韦应物为苏州刺史时，曾在建中乱后，得到康昆仑的琵琶。建中之乱是建中四年的事，783年，当时京师残破，大概康昆仑的乐器也落到别人手里，辗转到了苏州；韦应物找到了乐器，就送还入内，可见康昆仑当时一定是德宗的宠幸，所以他的乐器也被看得如此重要。至于他与段善本斗艺的故事，这也可以考证出来，是贞元元年五月的事，因为《唐书》记载说：“贞元元年长安大旱，五月癸卯，分命朝臣，祷群神以祈雨。”贞元元年也就是785年。韦应物为苏州刺史是贞元二年的事，此后我们就不再有关于康昆仑的记载。

总结上面的考证，关于康昆仑的身世，我们可做如下的假设：他是康居人，也许是大食和康居合种的混血儿，幼时在西域，曾从邻舍女巫学音乐。758年，因大食朝贡，由南海来中国，后来就成了元载长子伯和的门下客；769年，大食进贡女妓，福州观察使李承昭，因需要他们帮忙，曾送给他段善本自制的《梁州曲》。778年，元载与伯和同赐死，这时他已达到了他求进的目的，成为宫中著名的乐工了。由建中到贞元，这五六年间，他得到德宗的宠幸。783年或784年，他的乐器，因建中之乱而失落，后来被韦应物找到，送还给他。785年，因长安大旱，而祷雨斗乐，段善本同他开了一个玩笑。我们今日所知道关于他的事宜，就尽于此。

在我们开始考证段善本的身世以前，让我们先看一看什么是康昆仑幼时所学的《一品经调》。我们要知道，"一品经"应当是《义品经》的错误，一与义音相近，不清楚佛经的人是很容易弄错的。《义品经》（*Arthavarga Sautra*）是释藏里一部最古的佛经，也就是3世纪在东吴译经的支谦所译的《义品经》。关于这篇《义品经》，有一个佛教里最古的故事，记载亿耳（Stona Koti Kama）见佛诵经的事，这段故事在律藏诸律里都被记载的，亿耳所诵的经也就是《义品经》。从这段故事里，近代西方学者曾推究出佛教古代诵经的方法，因为这里诵字的原文是Svarena，汉译作声诵，或作细声诵，而梵文Svara是可以指语言的高低抑扬，或乐律的音符，所以诵字的原意是歌诵。以歌诵长声诵法（ayatakena gitassrena）每至吟咏过度，流为歌唱。这是古代佛教严格派与文化派相争的问题。据律藏记载，《义品经》在古代是常以歌诵长声诵读的，康昆仑所说的《一品经调》当即指此。不过这种长引其声的歌诵法，如不由名师传授，当然很容易弄出许多花腔，音律不大正确，康昆仑恐怕也犯着这个毛病。唐代燕乐乐人，继承着“称为知音”的苏祗婆的传统，当时又有西域的乐谱可供研究，《酉阳杂俎》里就记载着：“宁王常夏中挥汗鞔鼓，所读书，乃龟兹乐谱也。”对于音律，大约是相当有研究的，所以段善本能批评康昆仑的调子，而说他的曲调里“兼带邪声”。这样看起来，康昆仑虽被称为琵琶第一手，而严格的就音律方面来说，大概是不甚高明的。

段善本是何许人？这问题好像不大容易解答，因为此人不见于其他记载，我们只知道他是庄严寺的和尚；可是我们如果查一查长安的县志，就可以知道庄严寺原来不是叫作庄严寺的。这所伽蓝是在今县城西二十里叫作木塔寨的地方，是隋文帝为献后建立的。宇文恺因为京城西面有昆明池，地势卑下，奏建木浮屠来镇禳地势，大业七年才造成，原来是叫作禅定寺，唐初武德元年，才改名庄严寺。我们既然知道庄严寺旧名禅定寺，段善本的事迹就可以考证出来一点。《次柳氏旧闻》里，提到一位禅定寺的和尚姓段，是开元天宝时的琵琶国手，这位禅定寺的段和尚，当然也就是庄严寺的段善本。《次柳氏旧闻》载明皇离开长安时的情形说："上欲迁幸，复登楼置酒，四顾凄怆，乃命奏玉环。玉环者，睿宗所御琵琶也。异时，上张宫中歌舞，常置之别榻，以黄帕覆之，不以杂他乐器，而未尝特用。至是使乐工贺怀智取调之，又命禅定寺僧段师弹之。"《酉阳杂俎》里也有一段记载说："古琵琶弦用鹍鸡筋。开元中，段师能弹琵琶，用皮弦，贺怀智破拨弹之，不能成声。"由这两段记载看来，可知段善本弹琵琶的技艺，一定妙绝时贤，而且是明皇的宠幸。他既受了明皇的宠遇，弹了睿宗的御用琵琶，经历丧乱，又失了知音的人，大概就一直隐姓埋名，不再求显达。三十年后，这位白发的老乐师，又改装作红颜少女，在大庭广众之下，一显身手，以大夏天声，压倒了西域的昆仑儿，这实在是一件极富有戏剧性的故事。

可惜我们关于段善本的事迹，就知道这一点点，不过我们从这一件事看来，总可以看出他是一位颇有高操而且颇有风趣的人。至于他说十年后再教授康昆仑的话，也是颇值得玩味的。我们知道安禄山陷长安，是在至德元年（756年），而长安斗艺，却是在贞元元年（785年），中间相差三十年。即假使在开元天宝间，段善本只有三十岁，到了贞元元年，他也有了六七十岁了。以六七十岁的老年，还说十年后再传授康昆仑，人生七十古来稀，恐怕等不到传授，他已早入坟墓了，所以这显然是拒绝康昆仑的意思。我们前面也提到过，段善本在此事以前，就曾拒绝过传授康昆仑他的绝艺，这里又得到证明。不过关于康昆仑，无论他的人品如何，技艺如何，根据记载，《梁州曲》和《羽调绿腰》是因他而传于后世的，这在中国音乐史上，总是一件不可磨灭的功绩。

康昆仑与摩尼教

在《康昆仑与段善本》一文里，我曾说过康昆仑祈雨斗乐是贞元元年（785年）的事。顷查《唐会要》，觉得贞元十五年也有可能。《唐会要》卷四十九云：“贞元十五年（799年）四月，以久旱，令摩尼师祈雨。”《旧唐书》也载有此年大旱祈雨的事，云：“四月丁丑，以久旱，令阴阳人法术祈雨。”《乐府杂录》说祈雨斗艺是在“贞元中”。按一般情理来说，若这件事是在贞元元年，大概记载必说“贞元初”，而不说“贞元中”，所以看起来，这大概还是贞元十五年的事。

不过这一点考证引起一个颇有趣的问题。唐代摩尼教徒大都是康居人，其经文亦用康居语。举例说，康居文七曜的名称，就是被摩尼教徒于8世纪时（康昆仑的时代）带到中国来的。中国东南通行的历书里，日曜日下有“密”字，“密”就是康居语Mir的译音。此外，月曜日名“莫”（Maq），火曜日名“云汉”（Wnqan），水曜日名“咥”或“滴”（Tir），木曜日名“温没司”、“嗢没司”或“鹘勿斯”（Wrmzt），金曜日名“那颉”（Naqit），土曜日名“鸡缓”或“枳浣”（Kewan），都是康居语。在敦煌发现的唐代历书和占星书，都用七曜历，日曜日下有朱印密字，其余六曜，也注有康居译名。摩尼教在中国初建势力，是8世纪后半叶，也就是康昆仑的时代的事。康昆仑如果是康居人，其为摩尼教徒是颇为可能的。

过去我考证康昆仑来中国的时期当在开元天宝以后和大历十二年以前。《唐会要》卷十九云：“回鹘可汗王令明教僧进法入唐。大历三年六月二十九日（768年7月17日）敕赐回鹘摩尼为之置寺，赐额为大云光明。六年正月，敕赐荆、洪、越等州，各置大云光明寺一所。”这与康昆仑来中国的时期相合，所以康昆仑可能是明教僧（摩尼教徒），于大历三年来中国的。

康昆仑幼时曾从一女巫学习《一品经调》。过去我曾考证“一品经”即《义品经》，不过这也可能是一种摩尼经文。我们今日所知的摩尼经文，有《二宗经》《三际经》《五来子曲》等，也许“一品经”也是这一类的东西。《老子化胡经》里说：“……末摩尼转大法轮，说经诫律，定慧等法，乃至《三际》及《二宗》门，教化天人，令知本际……是名总摄一切法门。”也许“一品经”就是“总摄一切法门”的意思。摩尼教也有女巫，如《佛祖统纪》所载：“会昌三年（843年），敕天下末尼令并罢废。京城女末尼七十人皆死。”教授康昆仑的女巫也许就是一位女末尼。

康昆仑的名字也许不是“黑”的意思，而是“骨咄禄”（qutluq）的译音，此言“庄严”或“幸福”，是回鹘摩尼教徒常用的名字。759年至805年间的几位回鹘可汗都是摩尼教徒，他们的名号都叫作 qutluq 和 Zahag'i Mani（摩尼化身）。

《幽闲鼓吹》里，福州观察使请康昆仑为他帮忙的故事，似乎也可以证明康昆仑是摩尼教徒。当时摩尼教徒在东南一带颇有商业势力。《新唐书》说：“摩尼至京师，岁往来西市，商贾颇与囊橐为奸。”李肇《国史补》也说，摩尼数年或每年一度来往本国，汀岭西市商贾与囊橐为奸。元载在当时把持着东南财货，康昆仑与他往来最熟，大概也与此有关。否则似乎很难解释康昆仑在当时何以有那样大的势力。摩尼教在福州的势力，一直到近世还存在。《老学庵笔记》云：“闽中有习左道者，谓之明教。”明教就是摩尼教。《夷坚志》云：“吃茶事魔，三山尤炽。为首者紫帽宽衫，妇人黑冠白服，称为明教会。”《佛祖统纪》也说：“今摩尼尚扇于三山。”三山就是福州。摩尼教在福州有如此势力，无怪福州观察使要贿赂康昆仑了。

摩尼教徒在唐代音乐方面颇有贡献，这从《教坛记》所载曲名可以看出，如《穆护子》当然就是Makgu的译音，其义为摩尼教或祆教的教师。不过这曲子是否为昆仑所传授，却无从查考了。

因天旱祈雨而斗乐，这次音乐演奏当然含有宗教的意味。康昆仑如果是摩尼教徒，以法师兼乐人的资格出场是很自然的。唐代乐舞用于祈雨似甚普遍，我在关于《柘枝舞》的考证里，就曾提到传到高丽的唐代乐舞，似曾与祈雨的宗教仪式合并举行。段和尚以六七十岁的高年，忽然化装来与康昆仑斗艺，似乎太好事了一点。可是如果康昆仑是摩尼教徒，这事便很容易解释，因为斗艺的意义不仅是华、夷之争，也是佛教对摩尼教的抵抗。当时佛教徒是看不起摩尼教徒的，如《全唐文》所载舒元舆所撰《重岩寺碑序》有云："有摩尼焉，大秦焉，祆神焉，合天下三夷寺，不足当吾释寺一小邑之数也。"段和尚参加斗艺的事实，似乎也可以作为康昆仑为摩尼教徒的证据。

补　记：

杨荫浏兄告诉我，现在无锡还有每年一度的僧道斗乐大会，实际也就是盂兰会，不过当地叫作恤孤会。大会时期是每年阴历七月。与赛的人一方面是当地的和尚，一方面是当地的道士，各用琵琶、三弦、笛子等乐器演奏。和尚的技艺大都高明得多，常常得胜。观众每达数千人。恐怕唐代康昆仑与段善本的斗乐就是同样的事。

唐代乐人关于共振现象的知识

民国十四年《现代评论》周刊第二卷第三十九期载有杨肇𤇆先生的《唐人曹绍夔所知道的同情振动》一文，极有趣味。他关于物理学上共振或同情振动现象的解释约略如下：“物体的振动可别为二类，自由振动及受力振动。如动力是从物体自身的位能发出来的，我们就有自由振动；如在物体自身位能所发的力而外，还有外加的力，我们便有第二类振动——受力振动。凡周期的振动都可作为由若干简单谐弦运动相合而成，其振幅及周期各各不同，有主要的，有次要的，依物体的形状、尺度、质量的分布而定，假设一物体所受的外加力是周期的，而此力的周期与该物体主要振动之一的周期极相近，那么，由此发生的受力振动的振幅便会很大。这样的受力振动又叫作同情振动。要免除同情振动的发生，有两个方法。一个是把外加力的周期改变，一个便是把受动体的主要自由周期改变，即是改变该体的形状、尺度或质量的分布。”杨肇燫先生又引了唐韦绚所著的《刘宾客嘉话录》里面一段故事：

洛阳有僧，房中罄，日夜辄自鸣。僧以为怪，惧而成疾。求术士百方禁之，终不能已。绍夔与僧善；适来问疾，僧俱以告。俄击斋钟，罄复作声。绍夔笑曰：“明日可设盛馔，当为除之。”僧虽不信绍夔言，然冀或有效，乃具馔以待之。夔食讫，出怀中锉，锉罄数处，其响遂绝。僧苦问其所以，绍夔曰：“此罄与钟律合，击彼此应。”僧大喜，其疾亦愈。

杨先生结论说：“曹绍夔所说的罄律就是罄的自由周期或周期率，钟律亦然。钟罄的周期相合，所以钟被激起了振动，以空气为媒介，传之于罄，罄便起了同情振动而自鸣。他用锉锉罄数处，就是改变罄的形状及质量的分布，换句话说，就是改变罄的周期。……就全体看起来，我们可以说曹绍夔对于同情振动有相当的了解。”

《现代评论》第二卷第四十一期又登载了唐钺先生的《同情振动的知识》一文。唐钺先生又引了几段古代记载来证明同情振动的知识不始于唐人曹绍夔。《庄子·徐无鬼》篇载：“鲁遽曰：‘……吾示子乎吾道。’于是为之调瑟。废一于堂，废一于室。鼓宫，宫动，鼓角，角动，音律同矣。夫或改调一弦，于五音无当也；鼓之，二十五弦皆动；未始异于声，而音之君已。”《吕览·召类篇》载：“声比则应：故鼓宫而宫应，鼓角而角动。”唐孔颖达撰《易·乾传·九五疏》载：“有异类相感者……蚕吐丝而商弦绝，铜山崩而洛钟应。”前事出《淮南子》：“蚕咡丝而商弦绝，或感之也。”后事出南朝刘宋刘敬叔《异苑》：“魏时，殿前大钟无故自鸣。人皆异之，以问张华。华曰：‘此蜀郡铜山崩，故钟鸣应之耳。’寻蜀郡上其事，果如华言。”又云：“晋中朝有人畜铜澡盘，晨夕恒鸣如人扣，乃问张华。华曰：‘此盘与洛钟宫商相应；宫中朝暮撞钟，故声相应耳。可错令轻，则韵乖，鸣自止也。’如其言，后不复鸣。”这几条记载证明远在唐代以前少数学者已有关于共振现象的知识。

共振现象，正如杨肇嬚先生所说，在应用科学上是很重要的。一般说起来，中国的科学，除了论理和算学稍有萌芽而外，在古代没有显著的成就。这件事在中国科学史上可以算是相当重要的发现。不过，抛开唐代以前的记载不谈。即在唐代，晓得共振现象的乐人就不少，而且从开元、天宝到元和、长庆，这一百年间就有四五条不同的记载。这一方面可以证明唐代开元前后音乐知识的普遍，另一方面可以证明至少在唐代我国人已相当普遍地知道共鸣现象的存在，并能加以利用。

杨先生所引的关于曹绍夔的故事出于韦绚《刘宾客嘉话录》。据韦绚自序，韦绚在长庆元年春往就学于刘宾客。因此杨先生认为曹绍夔的故事可能发生在长庆元年（821年）以前。实则刘竦的《隋唐嘉话》里早已提到曹绍夔："曹绍夔与道弼皆为太乐令，享北郊，监享御史有怒于夔，欲以乐不和为之罪。杂扣钟磬，使夔暗名之，无误者。"刘竦是史学家刘知幾的儿子，天宝时为集贤殿学士。他的《隋唐嘉话》，按内容看起来，大约作于开元（713—741年）末，所以曹绍夔大约是8世纪初人。宋王谠《唐语林》也载及曹绍夔的故事，文字与《刘宾客嘉话录》差不多，只加上刘竦《隋唐嘉话》里面一段文字。由此可见这段故事恐怕原来是在刘竦《隋唐嘉话》里的。《唐语林》卷首列所采书中有刘公《嘉话》一书，这恐怕不是晚出的《刘宾客嘉话录》，而是刘竦《隋唐嘉话》的简称。刘竦的父亲和哥哥都曾为太子宾客，他自己做过太子宾客的官没有，无从查考，似乎可能也曾有宾客的称号了。

我们现在知道曹绍夔大约是开元初年人。在他以后，第一个对于共振现象有相当了解的乐人大概是宋沇，宋开府璟的孙子。《羯鼓录》载：

宋沇贞元中（785—804 年）进乐书三卷，德宗览而嘉焉……尝为太常丞。每诸悬钟磬，亡坠至多，补亡者又乖律吕。尝一日早于光宅佛寺待漏。闻塔上风铎声，倾听久之。朝回，复止寺舍，问寺主僧曰：“上人塔上铎声，皆知所自乎？……”即言往往无风自摇，洋洋有闻，非此耶。沇曰：“是耳。必因祠祭考本悬钟而应之。”固求摘取而观之，曰：“此姑洗之编钟耳。”请且独缀于僧庭。归太常，令乐工与僧同临之，约其时彼叩本悬，此果应之，遂购而获焉。

《国史补》载乐人郑宥的事，也与共振现象有关：

张相宏靖夜会名家，观郑宥调二琴至切，各置一榻，动宫则宫悬，动角则角应，稍不切，乃不应。

张宏靖在长庆时（821—824年）曾为卢龙节度使，后迁太子少傅。郑宥当然也是9世纪初年的人。

《酉阳杂俎》里有一段皇甫直的故事，《乐府杂录》里有一段乐吏廉郊的故事，两段故事内容大致相同。《酉阳杂俎》载：

蜀将军皇甫直，别音律，击陶器能知时月。好弹琵琶。

元和中（806—820 年）尝造一调，乘凉临水池弹之，本黄钟而声入蕤宾，因更弦再三奏之，声犹蕤宾也。直甚惑，不悦，自意为不祥。隔日，又奏于池上，声如故，试弹于他处，则黄钟也。直因调蕤宾，夜复鸣弹于池上，觉近岸波动，有物激水如鱼跃，及下弦则没矣。直遂集客车水竭池，穷池索之。数日，泥下丈余，得铁一片，乃方响蕤宾铁也。

《乐府杂录》载：

武宗初（841—846 年），朱崖李太尉有乐吏廉郊者，师于曹钢……郊尝宿平泉别墅，值风清月朗，携琵琶于池上，弹蕤宾调，忽闻芰荷间，有物跳跃之声，必谓是鱼。及弹别调，即无所闻。复弹旧调，依旧有声。遂加意朗弹，忽有一物锵然跃出池岸之上，视之，乃一片方响，盖蕤宾铁也。以指拨精妙，律吕相应也。

把这两段故事拿来一比较，我们就可以知道这实在是一段故事。两人都是在池上弹琵琶，两人又都在弹蕤宾调，池里作怪的又都是方响蕤宾铁，只有乐人的姓名不同而已。显然后一段故事本出于前者，而把原来故事神话化了的。《酉阳杂俎》

的作者是段成式。段成式有两位博闻强识与他并称的儿子，一位是作《北户录》的段公路，一位就是作《乐府杂录》的段安节。段安节显然是由他父亲那里得到这段故事而加以改造的。这两段故事相较，无论是从科学现象方面来看，还是从时代次序方面来看，都是前一段故事比较可靠。

以上我们说到的几位唐代音乐家，最早的一位是曹绍夔，大概是开元初，即8世纪初年人。其次是宋沇，是贞元年间即8世纪末年人。郑宥是9世纪初年人。皇甫直是元和年间，也即9世纪初年人。廉郊是武宗初，也即9世纪中叶人。前后不过一百年的光景，出了这样许多知音乐的人，亦可谓盛矣。

附记：

这一篇写的时间也记不清楚。总之，既然过去收入《零墨新笺》里，大概也是1945年或1946年的作品，也许还早一点。当时北碚的编译馆有一个很不错的图书馆，藏书很多，查资料很方便，后来到了另外的单位就没有那样条件了。所以我常想一个人要增加自己的知识，研究点问题，没有图书设备，只靠空洞理论是绝对不行的。当然，有了设备，还要会使用。现在大家热心搞电脑设备，如果有了电脑又不会用，恐怕也不会增加多少知识。我过去写过两句打油诗，是“大款有钱玩电脑，老夫无意出风头”，又有两句是“黑客昨宵烦电脑，白丁今日出风头”，说得太挖苦人了一点。电脑是新兴技术，当然很有用，也应该学。我的消极反对态度是错误的。我的讽刺话可以说是有点倚老卖老，不求长进。我的意思其实只是强调要多读一些书（当然今天应包括电子出版物了）而已。

附记载《寻根》2000年第4期

民间保存的唐《西凉伎》

顾景星的《蕲州志》里有一段关于当地社戏的记载，颇有趣味，今录于下：

> 楚俗尚鬼，而傩尤甚，蕲有七十二家，有：清潭保、中潭保、张王、万春等名。神架镂一艭，制如榇，刻木为神首，被以彩绘，两袖散垂，项系杂色纷帨，或三神或五六七八神为一架焉。黄袍远游冠曰唐明皇；左右赤面涂金粉，金银兜鍪者三曰太尉；高髻步摇，粉黛而丽者曰金花小娘，社婆；髯而翁者曰社公；左骑细马，白面黄衫如侠少者曰马二郎；行则一人肩架，前导大纛、雉尾、云罕、犦槊、一泽等旗，曲盖鼓吹如王公。迎神之家，男女罗拜，蚕桑疾病，皆祈问焉。其徒数十，列幛歌舞，非诗非词，长短成句，一唱众和，呜咽哀婉，随设百献奉太尉。

歌舞幢上，主人献酬三神，酢主人，主人再拜。须臾二蛮奴持绁盘，辟有大狮，首尾奋迅而出，奴问狮何来，一人答曰凉州来，相与西望而泣，作思乡怀土之歌。舞毕送神，鼓吹偕作。先立春一日，出神于匮，具仪簿随土牛后，春分后藏焉。崇祯末，无复旧观矣。

顾景星的《白茅堂集》里又有一首《乡傩》诗，也是记载同一件事的，诗如下：

春社作已毕，土风尚傩驱；云旌夹翠旱，钲鼓趋中衢。妇稚候门喜，罗拜陈牲醽；田蚕及鸡彘，禳祝凭神巫。雕几列神像，被以红锦襦，中坐天宝帝，左右双明姝；太尉复何人，题额黄金涂；凤胄雷将军，位与睢阳俱。郎君白玉面，细马腰雕弧；酒酣招百戏，啰唝何纷挐；假狮西凉舞，鬖鬖骑蛮奴；似闻西凉破，西向悲唏嘘。千秋事已往，此舞胡为乎？既非周礼制，法部仍荒芜。祈年比腊蜡，乡党聊欢呼；献酬若大酺，瓮中宁有无！

熟悉白居易的诗的应当可以联想到一首《西凉伎》：

西凉伎，假面胡人假师子；刻木为头丝作尾，金镀眼睛银帖齿；奋迅毛衣摆双耳，如从流沙来万里。紫髯深目两胡儿，鼓舞跳粱前致辞；应似凉州未陷日，安西都护进来时！须臾云得新消息，安西路绝归不得。泣向师子涕双垂，凉州陷没知不知；师子回头向西望，哀吼一声观者悲。贞元边将爱此曲，醉坐笑看看不足；享宾犒士宴监军，师子胡儿长在目。

把这一篇里所描写的《西凉伎》与前两篇的记载作一比较，便可知道17世纪的顾景星所看到的蕲州社戏也就是唐代著名的《西凉伎》，剧中主要人物都是假胡人和假狮子，都是先有狮子“首尾奋迅而出”，然后两胡人前致辞，与狮子问答，说起凉州，然后“西向而泣，作思乡怀土之歌”。社戏里伴奏的音乐应当也还是唐代的音乐。

西凉当今甘肃地，由秦汉到隋唐都被氐族人所盘踞。氐族具有高度的汉化，而且对于音乐尤有天分，他们的疆土几度南达川滇，唐代云南的南诏也起源于南迁的氐族。在唐代，氐族的音乐由北方的凉州和南方南诏传入中国，对于中国音乐有绝大的影响，而且使中国文学里有了词曲，《西凉乐》是西域音乐与中国音乐融合而成的一种音乐。《隋书·音乐志》

说：《西凉乐》“起苻氏之末，吕光、沮渠蒙逊等据有凉州，变龟兹声为之，号为《秦汉伎》。魏太武即平河西得之，谓之《西凉乐》”。《旧唐书·音乐志》说：

> 《西凉乐》者，后魏平沮渠氏所得也。晋、宋末，中原丧乱，张轨据有河西；苻秦通凉州，旋复隔绝。其乐具有钟磬，盖凉人所传中国旧乐，而杂以羌胡之声也。魏世共隋咸重之。工人平巾帻，绯褶。白舞一人，方舞四人。白舞今阙，方舞四人，假髻，玉支钗，紫丝布褶，白大口袴，五彩接袖，乌皮靴。乐用钟一架，磬一架，弹筝一，搊筝一，卧箜篌一，竖箜篌一，琵琶一，五弦琵琶一，笙一，箫一，觱篥一，小觱篥一，笛一，横笛一，腰鼓一，齐鼓一，檐鼓一，铜钹一，贝一，编钟今亡。

隋大业中（605—617年）的九部乐里有《西凉伎》，唐武德时（618—626年）的九部乐里有《西凉伎》，唐太宗时的十部乐里也有《西凉伎》，这显然也就是白居易诗里的《西凉伎》，不过歌舞里的穿插可能小有不同。我国民间季节风俗里的舞假狮子，我们要记得，是由印度传过来的。印度今日民间赛会里还有舞狮子。我国本没有狮子，关于狮子的一切知识原来都是由印度来的。就连狮子的名称原来也是译音。锡兰岛原来梵名为僧伽罗（Simhala），意为狮子国，大食人又名其岛为Sielediba或Sirandib。中文的“狮子”恐怕不是根据梵文，而是根据大食人读音转译的，这是因为古代南海的大食人为中印文化间的媒介之故。唐代又有《五方师子舞》，歌舞者百四十人，又名《太平乐》，是唐明皇时《立部伎》八部中的一部。《旧唐书》说，“狮子鸷兽，出于西南夷、天竺、师子等国”。我国民间舞狮子的起源，大概是在唐朝，恐怕就是由于《西凉伎》流传民间而始有的。顾景星的记载是很好的证据。

明末顾景星的记载不但由民俗学的观点看来有趣味，就是由音乐史的观点看来也供给我们若干重要的事实：第一，由当地社戏中神名唐明皇等看来，这《西凉伎》大概是天宝末被乐人带到湖北来的。蕲州一带是山地，所以易于保留旧的文化。由《西凉伎》被保存了一千年的事实看来，可能在我国各地的山岳区域里还有许多唐代或更古的乐曲被保存着，这是值得现代的音乐家注意的。至少，如果唐代的《西凉伎》在17世纪的蕲州还存在，现在当地可能还有人晓得这乐曲。第二，根据顾景星的记载，《西凉伎》中所用歌曲，“非诗非词，长短成句，一唱众和，呜咽哀婉”。这可以证明民间歌舞，尤其是甘肃、四川、云南的氐族歌舞，是词曲的起源。友人李青崖说：湖南若干地方，若人家有丧事，就请道士来歌唱词曲若干首，如《浪淘沙》之类。道士先唱一句“帘外雨潺潺”，然后吊客合唱，道士再唱一句“春意阑珊”，吊客再合唱，如此循环唱和，呜咽哀婉。大概《西凉伎》里的歌词也是这样唱和的。关于古代氐族音乐如何影响中原音乐，因牵连问题太多，容另为文以论之。

《柘枝舞》的来源

《柘枝舞》是一个极美妙的唐代舞曲。关于这个舞曲，唐宋两代有许多记载。

《乐苑》说：

> 《柘枝》舞曲“用二女童，帽施金铃，抃转有声，其来也，于二莲花中藏，花坼而后见，对舞相占，实舞中雅妙者也”。

《梦溪笔谈》说：

> 《柘枝》旧曲，遍数极多，如《羯鼓录》所谓《浑脱解》之类，今无复此遍。寇莱公好《柘枝舞》，会客必舞《柘枝》，每舞必尽日，时谓之“柘枝颠”。今凤翔有一老尼，犹是莱公时《柘枝》妓，云：“当时《柘枝》尚有数十遍；

今日所舞《柘枝》，比当时十不得二三。”老尼尚能歌其曲，好事者往往传之。

这样看来，《柘枝》是遍数极多，舞态极繁的舞曲。

关于《柘枝舞》的起源，过去一般相信柘枝是拓拔的笔误。柘字与拓字实在很容易弄混，如南诏在昆明所筑的柘东城，《唐书》就误作拓东，其实当时南诏开拓疆土已远过昆明以东，于曲靖、东川都设有节度使，《唐书》的拓东显然是错误的。不过说枝字是拔字的笔误，却有些勉强。《琐碎录》说：“《柘枝舞》本后魏拓拔之名，易拓为柘，易拔为枝。”这种胡乱附会的话实在不值一辩。拿两句唐人诗来看，张祜有句云：“寂寞春风旧《柘枝》，舞人休唱曲停吹。”这里的柘枝如何能是拓拔？再拿白居易的两句诗来看：“红蜡烛移桃叶起，紫罗衫动《柘枝》来。”如果是拓拔，如何能对桃叶？如果说唐代人都不知道这著名唐代舞曲的真名称，那也未免太离奇了。李调元的《雨村曲话》说：“古人歌者舞者，各自为一，两不照应，至唐人《柘枝词》《莲花镞歌》，则舞者所执与歌人所歌之词稍有相应矣。”李调元所说必有所本，照他所说的看来，显然《柘枝舞》人是手里执着柘枝，而歌词也提到柘枝的。

我们既然知道柘枝是某种树木的枝叶，而不是拓拔的笔误，另一个问题当然是柘是什么植物。柘，我们要知道，是一种桑类的树，学名Ficus glomerata，也可以养蚕，多生于我国西南，尤其是云南的西部。缅人名之为Yethahpan，《蛮书》载："蛮地无桑：悉养柘蚕，绕树村邑，人家柘林多者数顷，耸干数丈。三月初蚕已生，三月中茧出。抽丝法稍异中土……纺丝入朱紫以为上服，锦文颇有奇彩。"南诏于昆明筑柘东城，于景东筑柘南城，就是指明由此以东以南的地方都不养柘蚕。这样看起来，柘树既然是南诏的特产，《柘枝舞》似乎就是从云南大理方面传来的南诏舞曲。

我们要证明《柘枝舞》是南诏舞曲，最可靠的方法莫如考证《柘枝舞》人的服饰。其实前面所引《乐苑》里所载："帽施金铃"，"于二莲花中藏"，已带有南方歌舞的意味。《蛮书》就说过，南诏妇人头上"多缀真珠金贝"。古代印度与缅甸人多以金铃为饰，用以辟邪。刘昆的《南中杂说》也说："滇南有木莲花，大如牡丹，色赤而微紫，状如千叶红莲。至春二月，环金光寺而盛开者三十余里。隔箐望之，红如火，高不盈二三尺，即而就之，乃高十丈，大十围，亦异种也，或曰：是佛会之优昙花云。"云南的木莲花既然在采柘叶的时节盛开，《柘枝舞》里用木莲花作点缀，实在是很自然的。

唐人诗里有不少关于《柘枝舞》的记载。张祜就有五首咏《柘枝舞》的诗。《李家柘枝》云："红铅拂脸细腰人，金绣罗衫软著身。长恐舞时残拍尽，却思云雨更无因。"《观杭州柘枝》云："舞停歌罢鼓连催，软骨仙蛾暂起来。红罨画衫缠腕出，碧排方胯背腰来。旁收拍拍金铃摆，却踏声声锦袎摧。看著遍头香袖褶，粉屏香帕又重隈。"《周员外出双舞柘枝妓》云："画鼓拖环锦臂攘，小娥双换舞衣裳。金丝蹙雾红衫薄，银蔓垂花紫带长。鸾影乍回头并举，凤声初歇翅齐张。一时欻腕招残拍，斜敛轻身拜玉郎。"《观杨瑗柘枝》云："促叠蛮鼍引柘枝，卷帘虚帽带交垂。紫罗衫宛蹲身处，红锦靴柔踏节时。微动翠蛾抛旧态，缓遮檀口唱新词。看看舞罢轻云起，却赴襄王梦里期。"《感王将军柘枝妓殁》云："寂寞春风旧柘枝，舞人休唱曲休吹。鸳鸯钿带抛何处，孔雀罗衫付阿谁。画鼓不闻招节拍，锦靴空想挫腰肢。今来座上偏惆怅，曾是梨园教彻时。"白居易也有《柘枝妓》一首："平铺一合锦筵开，连击三声画鼓催。红蜡烛移桃叶起，紫罗衫动柘枝来。带垂钿胯花腰重，帽转金铃雪面回。看即曲终留不住，云飘雨送向阳台。"

由这些记载看来，《柘枝舞》是一种两人对舞的舞曲。《通考》载骠国乐："每为曲，皆齐声唱，各以两齐敛为赴节之状，一低一仰，未尝不相对，有类中国《柘枝舞》焉。"骠国舞曲与《柘枝舞》相似，也可作为《柘枝舞》来自云南的证据。《柘枝舞》人在未舞前是藏在两朵假的莲花里面的。舞时先以小鼓连击为引，然后花坼人现，两人对舞，舞时摆动帽上金铃，以助节拍，又以足踏地，同时唱着《柘枝词》。舞人穿着红锦靴，紫色或红色的罗衫，上加金绣，窄袖缠腕，系着金银镂花的紫色锦带，头上戴着卷檐帽，上系金铃，手中拿着锦帕。这里有几点值得注意：一、所用的小鼓在张祜诗里被称为蛮龟，所穿的罗衫被称为孔雀罗衫，都含有南方的暗示；二、舞人服饰用红紫二色，《蛮书》说南诏人贵绯紫两色；三、舞人系金银镂花的锦带，《蛮书》说南诏人系金佉苴；四、舞人戴卷檐帽，倪蜕《滇小记》说大理人戴钺形的帽；五、舞人穿窄袖罗衫，云南明家人自古以来也穿窄袖衣服。此外如舞中的莲花令人想起云南的木莲，金铃令人想起缅人辟邪的金铃，对舞的姿态与骠国舞曲相似，等等，前面已提过，不必再细说。

《柘枝舞》人所戴的帽子是一个颇有意思的问题，《席上腐谈》说："向见宫妓舞《柘枝》，戴一红物，体长而头尖，俨如靴形，想即今之罟姑也。"这个如靴形的尖头红帽当然就是张祜诗里的“卷檐虚帽”，“卷檐”应当是指靴头上卷的部分而言。《滇小记》说帽形如钺，大概也是指前面突出的尖头。《蛮书》说南诏人戴一种特别的头囊：“南诏以红绫，其余向下皆以皂绫绢；其制度取一幅物近边撮缝为角，刻木如樗蒲头，实角中，总发于脑后为一髻，即取头囊都包里头髻上结之。”《席上腐谈》猜想这种头囊即是罟姑，这话也有根据。据云南《禄劝县志》，这种尖头帽子一般称为姑姑帽。不过普通是羊皮做的，无锡施侍御武诗云：“额尖新样姑姑帽，五月羊皮带汗穿。”姑姑帽应当就是罟姑。这种帽子又可以是毡做的，叫作哈哒，并见《禄劝县志》。其实罟姑、姑姑、哈哒都是浑脱的异译。《柘枝舞》里有浑脱解可以为证。

《旧唐书·郭山恽传》：“时中宗数引近臣及修文学士，与之宴集，尝令各效伎艺，以为笑乐，工部尚书张锡为谈容娘舞，将作大匠宗晋卿舞浑脱。”《新唐书·五行志》：“太尉长孙无忌，以乌羊毛为浑脱毡帽，人多效之，谓之赵公浑脱。”《通鉴·唐纪》中宗景龙三年二月壬寅一条下亦纪宗晋卿舞浑脱事，胡注曰：“长孙无忌以乌羊毛为浑脱毡帽，人多效之，谓之赵公浑脱，因演以为舞。”《新唐书·宋务光传》载神龙二年二月吕元泰上疏云：“比见坊邑相率为浑脱队，骏马胡服，名为苏莫遮。”凡此皆可见浑脱是一种舞乐的帽子。

关于浑脱一名的原意，明陈士元于其《诸史夷语解义》里解释说："浑脱，华言囊橐也。"叶子奇的《草木子》记载："北人杀小牛，自脊上开一孔，逐旋取去内头骨肉，外皮皆完，揉软用以盛乳酪酒湩，谓之浑脱。"郑所南《心史》说："生剥罪人身皮曰浑脱。"李心衡《金川琐记》说："甘肃邻近黄河之西宁一带多浑脱，盖取羊皮，去骨肉制成，轻浮水面。"蒙古语呼一般囊橐，不问其为革袋或布袋，为Ughuta，Hughuta或Huta，其字根为Ughu就是中空的意思。这显然就是浑脱、罟姑、姑姑或哈哒的原字。清余庆远的《维西见闻纪》说云南西北部有用以渡的革囊名为馄饨："馄饨，即《元史》所载革囊也。不去毛而趸剥羖皮，扎三足，一足嘘气其中，令饱胀，扎之，骑以渡水，本蒙古渡水之法，曰皮馄饨。元世祖至其宗，革囊渡江，夷人仿而习之，至今沿其制。"馄饨当然又是浑脱的异译。食谱里的馄饨，唐代已有记载，当然也是因其形如囊橐而得名。就唐代《柘枝舞》人已戴浑脱一点看来，《维西见闻纪》说皮馄饨是元人带到云南的话似乎未必。浑脱大概原来是氐族语。古代甘肃、青海、西康、云南的氐族语言大致相同，所以浑脱的名称同见于青海的西宁及云南的西部。

总结上文，《柘枝舞》由舞曲的内容和舞人的服饰看来，应当是云南西部的舞曲，大概最初是乡村妇女春季采柘桑时的一种民间舞蹈。由《柘枝舞》里的浑脱帽，我们又可以看出古代氐族是我国西北和西南文化的媒介。

关于《柘枝舞》的一些补录

关于《柘枝舞》，最近又找到一些有关的材料。宋陈旸《乐书》云："《柘枝舞》童衣五色绣罗宽袍，胡帽银带，案唐《杂说》羽调有《柘枝曲》，商调有《掘柘枝》，角调有《五天柘枝》……然与今制不同，岂因时损益然耶？唐明皇时那胡《柘枝》，众人莫及也。"这里明明说宋代的《柘枝舞》与唐代的《柘枝舞》不同，而且根据这段记载，宋代《柘枝舞》人的服装也与唐代的不同。史浩的《 峰真隐漫录》有宋代的《柘枝舞》大曲，其文如下：

> 五人对厅一直立，竹竿子勾念："伏以瑞日重光，清风应候，金石丝竹，闲六律以皆调；傑侏兜离，贺四夷之率伏，请翻妙舞，来奉多欢，鼓吹连催，《柘枝》入队。"念了后行，吹引子半段，入场，连吹《柘枝令》，分作五方舞，舞了，竹竿子又念："适见金铃错落，锦帽蹁跹，

芳年玉貌之英童，翠袂红绡之丽服。雅擅西戎之舞，似非中国之人，宜到阶前，分明袛对。”念了，花心出念：“但儿等名参乐府，幼习舞容。当芳宴以宏开，属雅音而合奏。敢呈末技，用赞清歌，未敢自专，伏候处分。”念了，竹竿子问念：“既有清歌妙舞，何不献呈？”花心答念：“旧乐何在？”竹竿问念：“一部俨然。”花心答念：“再韵前来。”念了，后行，吹《三台》一遍，五人舞拜起舞，后行，再吹《射雕》遍连歌头，舞了，众唱歌头：“□人奉圣□□朝□□□□主□□□□□□留伊得荷云戏幸遇文明尧阶上太平时□□□□何不罢岁□征舞《柘枝》。”唱了，后行，吹《朵肩》遍，吹了，又吹《扑胡蝶》遍，又吹《画眉》遍，舞转，谢酒了，众唱《柘枝令》：“我是《柘枝》娇女□，□多风措□，□□□，住深□□，妙学得《柘枝舞》。□□□头戴凤冠，□纤腰束素，□□遍体锦衣装，来献呈歌舞。”又唱：“回头却望尘寰去，喧画堂箫鼓，整云鬟，摇曳青绡，爱一曲《柘枝舞》。好趁华封盛祝，笑共指南山烟雾，蟠桃仙酒醉升平，望凤楼归路。”唱了，后行，吹《柘枝令》，众舞了，竹竿念遣队：“雅音震作，既呈仪凤之吟；妙舞回翔，巧著飞鸾之态，已洽欢娱绮席，暂归缥缈仙都，再拜阶前，相将好去，”念了，后行，吹《柘枝令》，出队。

这与唐诗里所描写的《柘枝舞》不同，新添了一个“竹竿子”，一个“花心”，舞人也增加很多，且是幼童，而不是少女；服装恐怕也不甚同，而且已有了初期戏剧的形式。里面的《柘枝令》有云：“我是《柘枝》娇女□。”幼童们又被称为但儿，可见幼童们是装假妇人。里面穿插的“五方舞”等恐怕原来不属于《柘枝舞》，而是属于其他舞曲，在《柘枝舞》被演成大曲时始加进去的。

日本影印朝鲜总督府所藏《乐学轨范》，里面有若干唐宋舞曲的记载。有一种曲名为《莲花台》，相传出拓跋魏，用二女童，帽施金铃，来时先藏于二莲花中；这显然就是陈旸《乐书》所描写的《柘枝曲》。在这舞曲里也有竹竿子，又有朱衣的乐官，不过舞者是女童而不是男童扮假妇人。舞时先置二蛤笠于前；舞后，女童跪而取笠起着，更舞而罢。《莲花台》女童的服饰是：

羽叶黄红蔷薇首花，红罗丹妆，红绡抹裙，红绡甫老（即裳），红绡带，红绡首沙只（即流苏），红绡抹额，双垂蓝缎蛤笠，并印金花纹，左右悬金铃，缎鞋儿。蛤笠以细竹网造，涂纸，外里蓝绡，又用红绡顶子，顶子下以红蓝绡裁成花筒付之，四面梁及边儿亦用红绡付之，并印金花纹，内涂红绡，左右悬金铃，内悬红绡缨子，亦印金花纹。黄红蔷薇以白唐雁翼羽，煎染绿蜜为叶，如轮，矢并内屈，上施罗花，一黄一红。流苏及结绅红罗为之，印金花纹，缨用红绡，裳以红罗为之，外垂红绿罗流苏，印金花纹，上端以绿罗，连补腰及缨，用红绡。袜裙以红绡为之。带以红罗为之，印金花纹。

这与唐诗里《柘枝舞》人的服装大致相同。蛤笠应该就是原来的浑脱。蛤笠在舞中的用法解释了《柘枝》浑脱名称的由来。

《乐学轨范》里又有“《鹤莲花台处容舞》合设”，此舞每在十二月晦前一日驱傩后举行，也有二女童坐莲花中，不过加了青红黄黑白五色处容，舞时杖鼓击鞭，处容立于五方，俯腰举袖举足而舞。这与宋代的《柘枝舞》单的一部分特色，穿五色衣；作五方舞，颇为相同。《处容舞》我怀疑就是《谈容娘》或《踏摇娘舞》。《莲花台》里穿红袍的乐官，大概就是跳加官的假官，是由《参军戏》里的参军或春官转变而成的。《莲花台处容舞》里又有驱傩的仪式，可见《柘枝舞》原来与迎春的宗教仪式有关，或者就是出于民间的社戏。

鹘打兔

宋代官本杂剧里有一本叫作《鹘打兔变二郎神》，宋代曲调里也有一调名为“鹘打兔”。这令人想起唐代参军戏里的苍鹘打参军，似乎二者不无关系。宋代一些以“打”为名称的曲调，如“大打调道人观”“门子打三教爨”等，似乎都是源于参军戏的滑稽剧。王国维《宋元戏曲史》云：“则刘昌诗《浦笔记》（卷三）谓，街市戏谑，有打砌打调之类。实滑稽戏之支流，而佐以歌曲者也。”苍鹘打参军如果就是后来的鹘打兔，参军何以变成了兔子？这倒是一个有趣的问题。

过去在“参军戏”一文里，我曾考证苍鹘就是苧姑（Chanku）或和尚，至于参军，却没有适当的解释，只以为参军或与韩国的“长生”有关，或为“春”字的促音；这当然也是可能的，尤其韩国的神木“长性”也有“将军”的称号，而“将军”一语，在蒙古或突厥语言里，都读为Sängün，与“参军”音同。苍鹘在参军戏里，则似乎是一个后加的因素；唐末的记载里始有苍鹘，后来苍鹘打参军便成为参军戏的特色。苍鹘既为和尚，他所打弄的对象，可能也成为当时佛教所排击的异教的象征。参军最初为“将军椿”，是春气的象征。打参军如同打春牛，是催促春天的一种感应巫术，后来加了大头和尚，参军本身的意义似乎也经历了一度转变。

我们知道元代称道士为先生，僧为和尚，且二教排挤甚烈，如冯承钧所著《元代白话碑》引《辨伪录》中1255年圣旨：“那摩大师少林长老奏来，先生毁坏了释迦牟尼佛底经教，做出假经来有，毁坏了释迦牟尼佛底圣像，塑著老君来有。把释迦牟尼佛塑在老君下面坐有。”《辨伪录》又言：“今先生言道门最高，秀才人言儒门第一，迭屑人奉弥失诃言得生天，远失蛮叫天赐与。”道士叫作先生，似甚奇怪，也不像民间俗称，《马可·波罗游记》有Shinshin，大食人拉史乌丁（Rasid Ud-din）撰述有Senching-nd，都是“先生”的对音。道教里本含有许多外来的因素，所以“先生”一称也可能是译音。况且前面所说的名称里，“和尚”是梵文的Upadhyaya，藏文的Hva San的译音；“迭屑”是波斯语tersa“基督徒”的译音（弥失诃是messiah的译音）；“达失蛮”是波斯语danishmend“回教博士”的译音；所以“先生”

也应是译音，Shinshin 或 Sen ching 应该是原字。

我以为道士名称“先生”的原字，在唐末或宋初，可能因发音略同，曾与参军（Süngün）一语相混，化而为一，因此苍鹘打参军便成了和尚打道士，变成了释道争竞的象征。不过我们先要考证此语的由来及其原意，是否在元代以前便已存在，这个假设才能够成立。

《通典》引8世纪杜环《经行记》，志大秦及其他诸国事，有云：“诸国陆行之所经，山胡则一种，法有数般，有大食法，有大秦法，有寻寻法，其寻寻蒸报于诸夷狄中最甚，当食不语。”据前人考证，寻寻可为袄教徒或摩尼教徒。法西勒夫（Vasilev）说，大食人称袄教信徒为Zemzem，意为“私语之人”，袄教徒并有亲属通婚的习惯，所以大食语称之为“私语之人”，盖指其行为淫邪而言。“蒸报”也就是“烝亵”。因为《旧唐书》记党项事云：“淫秽烝亵，诸夷中最为甚。”而《太平寰宇记》记宕昌事则云：“俗有蒸报。”寻寻在唐代应读作Zemzem，与前面说的大食语颇为相近。

大食语的Zemzem与梵文的Sasa又恐怕是一个字。Sasa的意义为兔，Sa Sin则是“有兔”的意义。在东方民族间，兔子多被认为是淫邪的动物，因其牝牡杂交，生殖甚繁，我国北方多称男妓为兔，是其一例。Sa Sin与Zemzem同前面说过“先生”

的对音Senching与Shinshin音近，当也是同一字。这样看起来，元代道士的俗号“先生”应该是大食语“寻寻”的译音，其义为兔，且含有淫秽的意思。

这个假设看起来似乎离奇且近于穿凿，实则颇有可能。我国道教与袄教和摩尼教的关系非常密切，尤以唐宋之间为然，宋元道教徒以《老子化胡经》等书为经典，差不多可以说就是变相的袄教和摩尼教，《化胡经》就说老子又名末摩尼（Mar Mani），所以道士如被称为“寻寻”或“先生”，是不足为奇而且是非常自然的。至于大食人称袄教或摩尼教徒为寻寻或兔，由拓跋的原意为猪一例看来，也甚可能，这不过是表示对异教的轻视。当然，据希腊和罗马记载，中亚和近东的袄教徒和摩尼教徒等也多有嗜好男色的事实。

李守常《长春真人西游记》说长春真人丘处机路抵天山北麓的回鹘王行宫时，曾有僧人道士来迎。回鹘中而有道士，此等道士似应为摩尼教徒。这也可以作为后世道教与摩尼教不分的证据。除《化胡经》外，摩尼教的《二宗经》《三际经》皆被收入《道藏》，亦可为证。

9世纪以后，摩尼教与袄教在中国受了摧残，成了依附道教和密宗佛教而存在的秘密宗教。五代时，有毋乙之乱，就是一种混合道教、摩尼教和密宗的宗教团体，当时称为“上乘”。《佛祖统记》载，“梁贞明六年（920年），陈州末尼聚众反，立毋乙为天子，朝廷发兵擒毋乙斩之，其徒以不茹荤饮酒，夜聚淫秽，画魔王踞坐，佛为洗足，云佛是大乘，我法乃上上乘，其慢上不法有若此。”《旧五代史》亦载此事，“陈州里俗之人喜习左道，依浮屠之教，自立一宗，号曰上乘”。我疑心上乘也是寻寻的另一译音。

总看起来，后期参军戏里的参军，似乎变成了道士的另一名称，也就等于五代时的上乘和元代的先生，其原意或为兔。苍鹘或大头和尚是由密宗传来的，参军的新意义可能也出于此。苍鹘当然原来是译音，可是因为参军被附会兔的译音，为道教徒的别名，所以就出现了鹘打兔的说法，其实是反映当时释教对道教及其他附属异教的攻击。参军和苍鹘的新解释，又可以连带解决喜剧角色里末泥和装孤来源的问题，容另为文以论之。

大头和尚的来源

在“参军戏”一文里，我曾考证参军戏里的苍鹘也就是后日秧歌剧里的大头和尚。由它的名称看来，大头和尚显然与佛教有关；它的来源应当可以从佛教记载里找出。

大头和尚的命名使我们想到“和尚”一词的来源。我们知道“和尚”是梵文upadhyaya的转译；在西藏文里是Hva San mahagana，此言大乘和尚。由此我们又可以想到中国民间熟知的十八罗汉，因为十八罗汉里也有一位名为和尚的阿罗汉。大头和尚的来源似应出于十八罗汉的民间传说。

十八罗汉原来是十六位。莱维（Sylvain Lévi）与沙畹（Chavannes）合著的《阿罗汉考》里已考证得很清楚。简单说起来，根据最古的佛经记载，护法罗汉的数目为四，分据东西南北四方；这四方阿罗汉为摩诃迦叶（Maha kasyapa），宾头卢（Pindola），君头钵叹（Kundopadhaniya），罗睺罗（Rahula）。这四位阿罗汉唯宾头卢与罗睺罗在后来的十六阿罗汉名单里面。十六阿罗汉的名单初见于玄奘所译的《大阿罗汉难提密多罗（Nandimitra）所说法住记》。十六罗汉变成十八罗汉是唐末宋初9世纪间的事，加上作《法住记》的难提密多罗与“和尚”两位尊者。由和尚一名看来，十八罗汉的名单可能来自西藏，与西藏的密宗有关。宋苏轼的《十八大阿罗汉颂》则说新添的两位罗汉是难提密多罗（庆友）与宾头卢，如此则宾头卢一名两见，可见宾头卢又有“和尚”的俗称。后来清高宗又把重复的宾头卢改成了迦叶，这是没有根据的，就是俗称的降龙尊者。另一位罗汉，俗称伏虎尊者，则清高宗又根据西藏传说，说应为达摩多罗（Dharmatrata），这显然是笔误，因为他自己在另一篇考证中又说是纳达密答罗（难提密多罗）。总之，这与本文无甚关系。我们所要知道的，就是十八罗汉里的“和尚”是宾头卢尊者。如果大头和尚出于十八罗汉的民间传说，则他应与宾头卢有关。

据莱维的考证，中国曾有过相当普遍的宾头卢崇拜，其特色为供圣僧食及请圣僧浴。宾头卢相传为贪食的罗汉，其名Pindola与pinda有关，此言饭团，于是遂有布施僧食的意义。莱维所引中国记载，最早为《高僧传·释道安传》：

安常注诸经，恐不合理，乃誓曰：“若所说不堪远理，愿见瑞相。”乃梦见梵道人，头白眉毛长，语安云：“君所注经，殊合道理。我不得入泥洹，住在西域，当相助弘通，可时时设食。”后十诵律至，远公乃知和尚所梦宾头卢也。于是立座饭之，处处成则。

安每与弟子法遇等于弥勒前立誓，愿生兜率。后至秦建元二十一年正月二十七日，忽有异僧，形甚庸陋，来寺寄宿，寺房既迮，处之讲堂，时维那直殿。夜见此僧从窗隙出入，遽以白安，安惊起礼讯，问其来意。答云相为而来。安曰：“自惟罪深，讵可度脱。”彼答曰：“甚可度耳，然须臾浴圣僧情愿必果。”具示浴法，安请问来生所住处，彼乃以手虚拨天之西北，即见云开，备睹兜率妙胜之报。尔夕大众数十人悉皆同见，安后营浴具，见有非常小儿伴侣数十，来入寺戏，须臾就浴，果是圣应也。

520年梁僧佑撰《出三藏记集》内有请圣僧浴一文，为434年僧伽跋摩所译，其文已佚。又有《请宾头卢法》一卷，宋慧简译，其文尚存，文中言有一长老请宾头卢，其奴见其衣服敝坏，以杖打其头破，此后请圣僧食浴，遂不敢遮门。《法苑珠林》亦有关于宾头卢宗仪的记载，又云：

> 自大觉泥洹，法归众圣，开士（Bodhisattva）应真（Arhat）导扬末教，并飞化众刹，随缘摄诱。感殊则同室天隔，应合则异境对颜。宋泰始之末，正胜寺释法愿，正喜寺释法镜等，始图画圣僧列坐标拟。迄至唐初，亟降灵瑞，或足趾显露，半现于柱间，或植杖遗迹，印陷于平地。所以梁帝闻而赞悦，敬心翘仰，家国休感，必于斋供。到永明八年，帝躬弗悆，虽和鹊荐术，而茵枕犹滞，乃洁心发誓，归命圣僧。敕于延昌殿内，七日祈请，供饭诸佛，及众圣贤。

这样看起来，供食浴的对象又可为诸佛及诸罗汉，只是宾头卢为其中最重要的人物而已。其实这种供食浴的宗仪，恐怕在佛教初行中国时业已在南方被普遍奉行了，因为《三国志·刘繇传》记笮融："乃大起浮图祠……可容三千余人。悉课读佛经，令界内及旁郡人有好佛者听受道，复其他役以招致之……每浴佛，多设酒饭，布席于路，经数十里。"

这里的浴佛设酒饭当然也就是后日请宾头卢的宗仪。莱维所说，道安以前，中国不知有此教，显然是不对的。

总之，请宾头卢罗汉的宗仪，在中国民间非常普遍，后世且成为每年四月八日的佛浴节和供乌饭的风俗，与每年腊八日吃腊八粥的习惯。七夕的卖摩睺罗与中元的盂兰盆会也与此有关，这些牵连太远，故今置而不论。秧歌剧里的大头和尚是宾头卢的假设颇为可能，尤其因为大头和尚又有秃头和尚、头陀和尚等名称，这可能都是“宾头卢和尚”的音误。此外大头和尚又有花和尚的名称，这可能与花和尚鲁智深的传说有关；又有大头和尚驼柳翠的故事。这两件事都间接与十八罗汉的传说有关，当另为文以论之。

蛇年谈蛇[①]

在动物中，蛇不是个讨人喜欢的东西，但是从原始时代起，蛇似乎就同人有密切关系。在希伯来神话中，不就是蛇引诱了人类的祖先亚当和夏娃，使他们吃了禁果，懂得了情欲和羞耻，而被赶出天堂，开始了人的生活吗？一般原始信仰都以蛇为生殖的象征，中国古代石刻也有伏羲和女娲人首蛇身而相互拥抱的形象。不过后来人一般都讨厌蛇，只有南方一些人拿蛇当作好吃的美味，或者作为药物服用。

蛇又成为龙的化身。现在人生在蛇年的，往往说自己生肖是小龙，本来龙就是个神话动物，形象同蛇差不多，现代人谁也没有见过龙。在远古时代，人对龙的传说印象也许与古代早已灭种的大爬虫类动物有关，春秋时人还有说见过龙的，那也

① 原载《人民日报》1989年2月9日第8版。

许只是大蛇，或者古代北方某些沼泽地带还有残余的恐龙类动物。反正战国以后就没有人见过龙了。后来人说见到的龙都是蛇。汉高祖有斩蛇的故事，当时人就说他斩的白蛇是秦朝的象征，是条白龙。过去农民天旱求水，往往拿一条小蛇来供养。所以蛇与龙可以说就是一回事。龙年过了就是蛇年，二者关系是不可细分的。

在中国的许多成语里，人们对蛇都没有多少好印象。随便举几个例子："巴蛇吞象"是说人贪心不足；"虎头蛇尾"是说开头气派大而缺乏后劲；"打草惊蛇"，蛇被认为是应该打击的坏对象；"杯弓蛇影"里的蛇也被认为是毒物，并不是健身的药酒；"蛇蝎美人"是说心肠狠毒而外表漂亮的女人；等等。但蛇变女人，而这个蛇变的女人又是一个正面人物，这倒是中国的神话传说里的一大发明创造。

大家都知道京剧《白蛇传》这段故事。这段故事讲一条白蛇变了一个女人，名白素贞，人称白娘子。白娘子与许仙相亲相爱，曾与一个叫法海的正统派和尚大战，水漫金山，救回许仙，后来白娘子被法海用法宝镇住，压在杭州的雷峰塔下，一直到雷峰塔倒塌，白娘子才得逃出。这段故事在南宋杭州广泛流传，实际上它是一个外来的故事，并不是起源于南宋的杭州，而是起源于近东。三四世纪间的一个希腊作家菲洛斯特拉屠斯写过一本关于一个游方道士名叫阿波罗尼奥斯的传记。这个方士的事迹同相传为耶稣基督的差不多，年代也差不多，看来在公元前后那一段时期，近东一带类似的人还不止一个。这本传记里说起当时流传一个妖蛇变女人的故事。这个妖怪叫作拉米亚，它变成女人，与一个男子相爱同居，有一个有道术的方士发现她是妖怪，曾想拦阻，但好像没有成功，那个男子终于被变回蛇形的妖怪吃掉了。这个故事后来传到欧洲。英国的浪漫主义诗人济慈就曾写过一个名为《拉米亚》的叙事长诗，不过诗没有写完。这个故事传到中国大概是唐宋时期的事。杭州当时是中外通商的一个中心，故事大概就是近东方面的水手或商人传过来的。

中国的白蛇传故事开始也是把蛇变的白娘子当作不怀好意的妖精看待的。在宋元话本里的《白娘子永镇雷峰塔》故事里，有道术的法海和尚就还是正面人物，而白娘子的下场也还是被认为罪有应得，但在后来的明清戏曲传奇里就不一样了。开头在戏曲里白蛇传被称为《义妖传》，白娘子虽是蛇变的妖精，但还很有义气，值得同情。再后来人民就都咒骂那维持正统的法海和尚，歌颂白娘子，把这个蛇变的女人当作反对封建压迫的象征了。今天有谁看京戏《白蛇传》，听白娘子唱出“杀出了金山寺怒如烈火”时，不希望她水漫金山，打败法海和尚的吗？

鲁迅过去在他的早期杂文里也写过雷峰塔的倒塌，称赞过蛇变的白娘子的话。他还特别提到在他幼年就听过绍兴一带人民说，法海被白娘子打败，逃到螃蟹壳里躲起来了，人们吃螃蟹，剥开蟹肚脐，就可以找到一块不能吃的蟹肉，状似畏缩潜藏的和尚，那就是法海。鲁迅因此评曰："活该！"诗人田汉也曾改编过京戏《白蛇传》，加强了这出戏的反对封建压迫精神。这些都给蛇增加了光彩。我们今天正可以拿蛇作为中国人民近几百年来反封建精神的象征。

在此一个新的蛇年来临之际，让我们拿它作为一个新的反封建斗争的开始。中国近几百年来，反对封建主义的斗争，已经做出了很大的成绩，但是斗争远未结束，在许多方面，残余的封建势力还很猖狂，还需要我们继续努力，才能够把它完全打垮，这大概还要用许多年的时间。蛇的身体和行走是弯弯曲曲的。在我们前进的道路上，进步力量反对封建力量的斗争也不会是一帆风顺的，总要经过许多曲折，大概还要走好几个"之"字。下一个蛇年是2001年，那正是20世纪终了，21世纪开始的时候。在欢度春节中，让我们预祝蛇年大吉大利，预祝在两个蛇年之间完成我们的反封建使命吧。

古代的夹纻术

范奴罗刹（Fenollosa）于其*Epochs of Chinese and Japanese Art*（London，Heinemann，1912）中说，干漆造像的艺术是日本圣武天皇时（724—748年）的发明。伯希和先生在《亚洲报》1923年四五六月刊上写了一篇《中国干漆造像考》，来证明前二百年中国已有此术，名为夹纻或脱沙。伯希和先生引证颇为详尽，然而还有略加补充的必要。今先将伯希和先生所发现的几条记载照录如下：

《汉魏六朝名家集》有梁简文帝《为人造丈八夹纻金薄像疏》一文，这是伯希和先生所发现的第一条记载，其事当在6世纪上半叶。

《大唐西域记》瞿萨旦那国（今和阗）条云："王城西南十余里有地迦婆缚那伽蓝，中有夹纻立佛像，本从屈支（库车）国而来至此，昔此国中有臣被谴，寓居屈支，恒礼此像。

后蒙还国，倾心遥敬，夜分之后，像忽自至。其人舍宅，建此伽蓝。”（寒山考夹纻今称脱沙）

《新唐书·礼乐志》云：“至则天始毁东都乾元殿；以其地立明堂，其制淫侈，无复可观，皆不足记。其后火焚之，既而又复立。开元五年复以为乾元殿而不毁。初则天以木为瓦，夹纻漆之，二十五年，玄宗遣将作大匠康素毁之，素以为劳人，乃去其上层，易以真瓦。”

慧琳《音义》释夹纻云：“上音甲，下除卢反。案方志本，美夹纻者，脱空象漆布为之。”

《旧唐书》卷十一曰：“大历十三年二月甲辰太仆寺佛堂，有小脱空金刚，右臂忽有黑汗滴下，以纸乘之，色类血。”

709年5月3日立道教龙泉碑，也载有夹纻像的名称。

《宣和画谱》云：“滕昌祐……画为夹纻果实，随类傅色，宛有生意也。”此文似转录自益州名画录，其文为“造夹纻果子，随类傅色。”

《南村辍耕录》载刘元精塑佛像：“刘元字秉元，蓟之宝坻人，官至昭文馆大学士，正奉大夫，秘书监卿，元尝为黄冠，师事青州道录，传其艺非一，而独长于塑。至元七年，世祖建大护国仁王寺，严设梵天佛像，特求奇工为之，有以元荐者，及被召，又从阿尼哥国公学西天梵相，神思妙合，遂为绝艺，凡两都名刹，有塑土范金，抟换为佛，一出元之手，天下无与比，所谓抟换者，漫帛土偶上而髹之，已而去其土，髹帛俨然像也。昔人尝为之，至元尤妙，抟丸又曰脱活，京师语如此。”伯希和先生又说，刘元塑像今北平东岳庙，宝坻广济寺，与易州四贤祠里或许还有，不过未必是干漆造像。美国费城（Philadelphia）大学博物院里有一干漆佛像，是元代作品，重约十公斤，中空无木胎，里为粗布，外涂以胶。伯希和先生认为这可能是印度传入中国的技术。不过由《南村辍耕录》的记载看来，刘元塑像的技术似乎不是尼博啰国人阿尼哥所传授。

《南村辍耕录》言髹器有云：“凡造碗碟盘盂之属，其胎骨则梓人以脆松劈成薄片，于旋床上胶粘而成，名曰卷素……然后胶漆布之……如髹工自家造卖低歹之物，不用胶漆，止用猪血厚糊之类，而以麻筋代布，所以易坏也。”这一条伯希和先生没有引用；这虽然不是脱空的漆器，而与《唐书》所载“以木为瓦，夹纻漆之”的说法相符。现在福建等地的漆制器皿做法还是如此。

郭若虚《图画见闻志》也有一段唐代夹纻塑像的记载，为伯希和先生所忽略。其书卷二记五代时道士历归真事有云：“尝游南昌信果观，有三官殿夹纻塑像，乃唐明皇时所作，体制妙绝。常患雀鸽粪秽其上，归真乃画一鹞于壁间，自是雀鸽无复栖止。”

其实我国髹漆艺术开始很早，远在梁唐以前，已有以木为质的与夹纻脱空的漆器。朝鲜乐浪的汉墓里曾发现许多蜀郡的漆器，器以盘碗羽觞奁箧为主，彩色斑斓，笔法纤丽，以黄器红花或红器黑花的为最多，并常用淡黄淡绿点缀其间，花纹有人物，有云龙。其中有一种两耳漆杯，上涂金银。正如《汉书·禹贡传》所说：“杯案尽文画金银饰。”铭文上有素工、髹工、上工、铜耳、扣黄、涂工、画工、雕工、清工等字，可见一器之成是经过许多工人的合作的。这些漆器都是以木为质的。斯坦因（Stein）先生在敦煌也曾发现汉代木器杯。《汉书》说京师以五十万制漆，地方以五百万制漆，可见汉代漆器工业之盛。

再早在战国时代，漆器也已经盛行了。寿县出土的楚国铜器里盛有漆皮，大概是楚国漆器的残余，残余棺椁也是髹漆的。《韩非子》里也有髹荚的故事。“髹荚”大概就是后日的“夹纻”。

黄文弼先生于民国十九年春去罗布淖尔考察，曾于汉燧亭遗址里发现有黄龙元年（公元前49年）年号的木简与若干漆器，其中有漆杯一件，“以纻麻布为质，椭圆形，周身髹漆，口直径一〇一粴，横径八五粴，深三三粴，厚二粴，通高三五粴，底直径五六粴，横径三〇粴，有两耳直径四〇粴，宽一〇粴，麻布胎厚二粴，里外涂漆，厚一粴，里四围涂朱漆，底涂黑漆，刻划云雷纹，并划直线八段，边缘涂黑漆一道，口微缺，两耳作半圆形微仰，涂黑漆，划弧线两道，以直线条缀之，外围及底通涂黑漆，并内外加光。”（《罗布淖尔发现汉漆杯考略》）黄文弼先生说：“余器与汉简同出土，当为西汉故物，其花纹虽不比乐浪之精美，但其胎质完全以麻布作地，不杂木料，而能坚固耐久，阅两千年如新作，尤为可贵。”这件夹纻脱空的漆器比起伯希和先生所引梁简文帝夹纻造像的记载来，又要早五六百年。

由这些记载看来，夹纻术始于日本的话是不值得一辩的。夹纻艺术应起源于秦汉，也许就是战国的髹荚，至少在西汉时我们已有了夹纻漆器的确实证据。漆器最初是以木为质的。后来又有了用麻布作质的漆器，也就是所谓夹纻。

关于纸的两个外国名称

夏德在《通报》卷一（1890年）第十二页说及纸的波斯及阿拉伯名称，波斯文是Kagad，阿拉伯文是Kaghid，他认为这是中文“谷纸”的译音，劳费在他的*Sino Iranica*里已证明其非是（第557—559页）。劳费认为每一亚洲民族都有不同的字来代表纸，而波斯文的Kagad实源于突厥文的Kagat或Kagas，此字的原意则为“树皮”。

《魏书·官氏志》所列举的氏姓有许多是拓跋语的对音，另有一些则是拓跋字的意译。白鸟库吉在其《东胡民族考》里曾列举若干以证明拓跋为东胡种族，不过白鸟氏的结论往往不能使人相信，其牵强附会的地方实在太多，即就其所列举看来，如说拓跋族为满洲种族，实毋宁说其为东突厥种族或蒙古种族为是。《魏书·官氏志》里有一条“渴侯氏后改为纸氏”，今本《魏书》“纸氏”作“缑氏”，实则《广韵通志略·急就篇》所引皆作“纸氏”，则“缑氏”当为传刻的讹误，此条白鸟氏未曾引及。不过照“叱奴氏后改为狼氏”（Cono=狼），宥连氏后改为云氏（Ulen=云）等例看来，“渴侯”当亦为“纸”字的突厥或蒙古语，前言突厥语的Kagat或Kagas，“渴侯”正得为对音，当即是此字的汉译。按北魏氏族复姓改单是495年事，当时中国北方的东突厥种族显然已呼纸为Kagat，此亦可证明夏德的假设全错，而劳费所说纸的波斯名称源于突厥的假说是不错的。波斯与北魏外交关系颇为密切，神龟元年（518年），正光二年（521年），正光三年（522年）等时皆有波斯入贡的记录。《北史·西域传》“波斯”条载：“神龟中，其国遣使上书贡物云：‘大国天子，天子所生，愿日出处，常为汉中天子，波斯国王居和多千万敬拜。’朝廷嘉纳之，自此每使朝献。”波斯萨山朝（Sassanid）的王Kobad Ⅰ在位年间为488—531年，此当即为遣使北魏的居和多。据Masudi等记载，我们知道波斯在萨山朝时已有中国的纸，唯极珍贵，仅用于宫廷。波斯的“纸”字既源北魏语，波斯最初知道中国的纸即是五六世纪间时事，波斯的纸应当也是北魏人带去的，大食的纸既又源于波斯，当亦自波斯最早获得关于纸的知识，故自高仙芝兵败后，大食始从中国获得造纸技术的话显然并不可靠。

中国青瓷的西洋名称

中国青瓷在西洋名称Celadon，关于此字的来源，现在还无定论，西方学者曾作如下两个猜测：此字可能是Saladin一名转讹，因为中古时代中国青瓷传到西欧，必然道经伊斯兰教诸国；另一猜拟是Durfe戏剧Astree中一人物的名称，因此人在剧中着青色衣裳，故日后转用为青瓷的名称。我们认此二说的根据都太薄弱，不能成立。

我们如承认此字与罗马后期西方戏剧中名为Celadon的角色无关，则我们不得不承认此字为与青瓷意义有关而类似此字的另一字的转讹。因此我们至少可做如下三个假设：第一，我们可以假设此字是日文Kinuta的转讹，因为日本从来称龙泉青瓷为“砧”，不过唐宋时青瓷传到西方是由于大食波斯的转运，而不道经日本，故此假设似只能聊备一说，也难得成立；第二，我们可说此字与西方青色玉名为Celidony有关，据西方古代传说，此为燕子腹内的积石，此字即由希腊文“燕子”一字而来，有明目的功效，大约是我国《本草》所言“空青”一类的东西，不过一为青石，一为青瓷，二者似也难得相混。以上二新说，就我们看来已胜于旧日的二说，但亦略为牵强。我们还可以提出另一假设，即此字可能为拉丁文Celatum的转讹，此字原出拉丁文动词“藏匿”（Celare），有“秘密物件”或“稀有珍宝物件”诸义，在Plautus戏剧里，此字即有“珍秘物件”的意义。按我国青瓷在唐宋时有秘色的称号，如《清波杂志》所言：“越上秘色器，钱氏有国日供奉之物，不得臣下用，故曰秘色。”Celatum一词正得为秘色器的意译。唐宋的青瓷，近代在埃及及波斯湾等处发现甚多，很可能当时已有青瓷传入欧洲，欧洲中古时习惯用拉丁文，故秘色的名称传入欧洲实极自然。在1768年E. Buys的《艺术名词辞典》里，Celadon为一种海水青色，1876年R. Burton又说此为一种使心目愉快的澄碧色，A cool green-blue，a celadon tint that reposed the eye and the brain，凡此记载皆言此色为蓝青色而非纯绿色，而明代以后的龙泉瓷器多为绿色，如《遵生八笺》所言：“今则上品仅有葱色，余尽油青色矣。”故由西方记载里色彩的描写，可知西方人最初所知的青瓷为唐宋时的秘色窑，而非明代的龙泉窑。《爱日堂钞》亦言：“东窑龙泉其色皆青，至明而秘色始绝。”1877年12月的*Harper*杂志里描写此种色彩为“雨过天青”（A sky Just washed by gentle April rains），而雨过天青正为唐宋青瓷的特色，故Celadon一词当始于唐宋时，时代既相符，其字又得为秘色器的意译，则我们于此问题殆已得到正确的解答。

桃杏梨是中国传入印度的[①]

在我们热烈的欢迎尊贵的客人——印度文化代表团的日子里，市摊上正陈列着新摘的桃子、杏子等水果，有的浅红，有的深黄，有的淡绿，散发着迷人的香味，使我们想起中印两国人民两千年来的友谊。因为桃杏梨这些水果是古代中国人民赠给我们亲爱邻邦印度的礼物之一。

玄奘在他所写的《大唐西域记》第四卷里，曾提到中国的桃梨等水果是怎样传到印度去的。古代印度没有桃子、杏子和梨，玄奘记载他在北印度到过一地，名叫至那仆底，这印度名称译成中文就是“中国人的居地”。这地方周围两千多里，其主要城市周围也有十四五里，这里的人说他们都是中国人的后代；他们并告诉他桃梨等水果是怎样由他们祖先带到印度

① 原载《新观察》1955年第14期。

的。故事大概是这样，在古代迦腻色迦王统治时，他的国家如此强盛，附近许多部族都把他们子弟送到北印度来；河西地方（这当指古代甘肃青海一带）的中国少数民族的祖先，也把他们的子弟送到这里，迦腻色迦王很重视这些从中国派来的子弟，就特别指定一个地区给他们居住，这就是至那仆底这一地的起源。这些中国子弟在当地种植了桃梨等水果，此后印度人民就称桃子为至那你，至那是中国，至那你就是说“中国来的水果”；梨他们叫作“至那罗阇弗呾逻”，罗阇是国王，弗呾逻是儿子，所以这名称就是中国王子。杏子也是从中国传到印度和西部亚洲去的，这些地域古代并没有杏子。

迦腻色迦王的时代还是一个悬而未决的问题，一般认为总在纪元前1世纪到公元1世纪这两百年内；根据我的考证，他的时代应该在西汉末年，公元前28至公元2年。所以我们的桃子和梨传到印度已有差不多两千年的历史了。

我们有一句古话说，投桃报李。桃李等水果从很早的时候起就被作为送给朋友的礼物，我们把自己培植的美味的桃杏梨等水果送给印度人民是很恰当的。在这几千年的文化交流中，我们曾从印度得到许多东西，也送给印度许多东西。今天，我们这种深厚的友谊还要巩固和发展下去。

宋代的养金鱼

欧洲人养金鱼，相传13世纪时其法已由中国传入欧洲，而中国较早的养金鱼记载则反而不易找到。顷检宋人笔记得二则。宋岳珂《桯史》云：

> 今中都有豢鱼者，能变鱼，以金色鲫为上，鲤次之。贵游多凿石为池，置之檐牖间，以供玩。问其术，秘不肯言。或云："以阛市污渠之小红虫饲凡鱼百日皆然。初白如银，次渐黄，久则金矣。"未暇验其信否也。又别有雪质而黑章，的皪若漆，曰玳瑁鱼，文采尤可观。逆曦之归蜀，汲湖水浮载，凡三巨艘以从，诡状瑰丽，不止二种。惟杭人能饵蓄之，亦挟以自随。余考苏子美诗曰："松桥扣金鲫，竟日独迟留。"东坡诗亦曰："我识南屏金鲫鱼。"则承平时盖已有之，特不若今之盛多耳。

宋彭乘《续墨客挥犀》云："西湖南屏山兴教寺池，有鲫鱼十余尾，皆金色，道人斋余争倚槛投饼饵为戏，东坡习西湖久，故写于诗词耳。"关于最初养金鱼的西湖南屏兴教寺，清朱彝尊《曝书亭集》有详细的记载："南屏山在兴教寺后……自开宝五年（972年）吴越王建寺曰善庆，太平兴国（976—983年）更额兴教寺……又有鱼池。故东坡居士《访南屏臻师》诗：'我识南屏金鲫鱼，重来俯槛散斋余。'今壑庵前池尚存，疑即种金鱼旧迹。"这样看起来，宋初在南屏兴教寺的臻师可能是养金鱼的第一人。

以鱼为玩赏物似始于五代，这由关于古代图画的记载里可以看出。《宣和画谱》始以"龙鱼"为画的一门，在此篇叙论里说："鱼虽耳目之所玩，宜工者为多，而画者多作庖中几上物，乏所以为乘风破浪之势，此未免贻乎世议也，五代袁嶬专以鱼蟹驰誉，本朝士人刘寀亦以此知名，然后知后之来者，世未乏也。悉以时代系之，自五代至本朝得八人。"五代以前似没有以游鱼为题材的画。养金鱼应该是以鱼为玩赏物以后的事，所以苏子美与苏东坡的诗大概是养金鱼的最早记载。

附　记：

文中说，中国的金鱼大概在13世纪已传到欧洲，不知道当时这样写有无根据。手头无书，如今难以查寻了。金鱼传到日本，晚在16世纪。金鱼盛行于欧洲，成为贵族家庭的宠物，则是18世纪的事情了。当时法皇路易十五的宠妃庞巴杜夫人非常喜欢玩赏金鱼，这在英国文学里似曾有过记载。动植物从观赏到培养加工而达到制作变种，这已经是非常接近现代科学了。时下一些人认为中国文化不如西方，就是因为中国人不懂科学，没有科学头脑。我觉得，这种说法实际上是不知道自己国家的历史。千年之前，国人的科学知识及应用，哪一方面不如当时的西方人？感慨之余，我还是以打油诗作为这“附记”的结尾吧：

“东方不亮西方亮，文化何须论短长。倘使汉唐重科技，神州早有克隆羊。”

附记载《寻根》2000年第5期

番薯传入中国的记载

明末周亮工的《闽小记》里有一段关于番薯的记载，其文如下：

万历中，闽人得之外国。瘠土砂砾之地，皆可以种。初种于漳郡，渐及泉州，渐及莆，近则长乐、福清皆种之。盖度闽海而南，有吕宋国；度海而西为西洋，多产金银；行银如中国行钱，西洋诸国金银，皆转载于此以通商，故闽人多贾吕宋焉。其国有朱薯，被野连山而是，不待种植，夷人率取食之。其茎叶蔓生，如瓜蒌、黄精、山药、山蓣之属，而润泽可食，或煮或磨为粉。其根如山药、山蓣，如蹲鸱者，其皮薄而朱，可去皮食，亦可熟食之。可熟食者，亦可生食，亦可酿为酒。生食如食葛，熟食色如蜜；其味如熟荸荠，器贮之有蜜气，香闻空中。夷人虽蔓生不訾省，然吝而不与中国人。中国人截取其蔓尺许，挟小盖中以来，于是入闽十余年矣。其蔓虽萎，剪插种之，下地数日即荣，故可挟而来。其初入闽时，值闽饥，得是而人足一岁。其种也，又不与五谷争地，凡瘠卤沙岗皆可以长。粪治之则加大，天雨根益奋满，即大旱不粪治，亦不失径寸围。泉人鬻之，斤不值一钱，二斤而可饱矣。于是耄耋童孺，行道鬻乞之人皆可以食，饥既得充，多焉而不伤，下至鸡犬皆食之。

这里所说的夷人，当然就是当时在菲律宾的西班牙人。我们知道番薯是西班牙人在美洲发现的，最初的记载见于1553年彼得齐埃加（Pedro Cieca）的《秘鲁史记》（*Cronica de Peru*），在1585年始带进爱尔兰，我们从这段记载里也可考出番薯入中国的年代。这段记载里说："万历中，闽人得之外国。"所以番薯入中国的年代必在万历年间，也就是说在1573年与1620年间。我们又知道"其初入闽时，值闽饥"，据明史福建在万历年间有过两次饥荒，"二十四年六月振福建饥""四十五年福建灾"，所以我们又可以知道番薯入中国当在1596年或1617年。然而这段记载里又说"于是入闽十余年矣"，我们知道周亮工生于万历四十年（1612年），如果番薯传入中国是万历二十四年（1596年）的事，而他写《闽小记》

时番薯才传入中国不到二十年，则他写这段记载时必还不到四岁，这显然是不可能的事，所以我们可以断定番薯传入中国必在万历四十五年或1617年前后，比英国约晚了三十年。

附带可以提起的，就是番薯在美洲原名为Papa。我们一般认为番薯的“番”字是“外国”的意思，其实也许还是Papa的译音，这与淡巴菰之为Tobacco相同。又美洲土人又名番薯为Chunmo，这与“薯”字的音也有些相似，不过除非我们能证明中国与美洲古代早有交通，这似乎只能说是巧合了。

中国记载里的火鸡

前两天，在外国朋友家里过西洋的圣诞节，吃了火鸡，朋友问我关于中国的火鸡记载，遂写此文为答复。火鸡或食火鸡的名称在中国原指鸵鸟或马来亚及澳洲一带Cassowary鸟，大概是因为鸵鸟或Cassowary鸟见物即吃。《新唐书》曾载鸵鸟啖铁，《魏书》亦云："波斯国有鸟形如驼，能飞不高，食草与肉，亦啖火，日行七百里。"刘郁《西域记》云："富浪有大鸟，驼蹄，高丈余，食火炭，卵大如升。"郑晓《吾学编》云："洪武初三佛脐国贡火鸡，大于鹤，长三四尺，足颈亦似鹤，锐嘴软红冠，毛色如青羊，足二指，利爪能伤人腹致死，食火炭。"三佛脐即今苏门答腊，此为鸵鸟或Cassowary名为火鸡的中国最早记载。

美洲的Turkey在现代中国除火鸡一名外，又有吐绶鸡一名，实则吐绶鸡原指产于中国南方的真珠鸡，此鸟历代名称不同，《山海经》云："小华之山多赤，养之禳火灾。"可能禳火灾的赤亦即与南方的真珠鸡为同类。关于吐绶鸡或真珠鸡，李时珍在《本草纲目》里有一段颇详细的记载：

> 吐绶鸡出巴峡及闽广中，人多畜玩。大如家鸡，小者鸲鸽，头颊似雉，羽色多黑，杂以黄白圆点，如真珠斑，顶有嗉囊，内藏肉绶，常时不见，每春夏晴明，则向日摆之，顶上先出两翠角二寸许，乃徐舒其颔下之绶，长阔近尺，红碧相间，彩色焕烂，逾时悉敛不见，或剖而视之，一无所睹，此鸟生亦反哺，行则避草木，故《禽经》谓之避株，《食物本草》谓之吐锦鸡，《古今注》谓之锦囊，《蔡氏诗话》谓之真珠鸡，《倦游录》谓之孝鸡，《诗经》谓之鹝（音厄，"卬有旨鹝"是矣）。

按此吐绶鸡或真珠鸡似即与非洲的Guinea-Fowl为同类，我们因此想起在欧洲Turkey一名当十六七世纪时原指Guined-Fowl，这或者不仅仅是偶然的巧合，德文里美洲火鸡的名称为Kalekuttisch Hun，此名与Calicut地方有关，一般人相信Guinea-Fowl所以名为Turkey，是因为此鸟最初传入欧洲曾经过土耳其，故欧洲人名之为土耳其鸟。可能不但英文里的Turkey即德文里的Kalekuttisch Hun及法文里的Poule d'Inde，原来都指

Guinea-Fowl。此亦即古代亚里士多德及普林尼所谓Meleagris，现在美洲火鸡学名为Meleagris Gallohavo还是因袭此种错误。

我们至此业已说明美洲Turkey的两个中国名称火鸡与吐绶鸡原来都不指Turkey，前者本指驼鸟或Cassowary，后者则指真珠鸡或Cuinea-Fowl。关于真正美洲火鸡的中国记载，我只找到了一条，此记载见于南怀仁的《坤舆图说》，南怀仁（Ferdinand Verbiest，1623—1688年），本来是比国人，不过他的《坤舆图说》是中文写的，所以也算得是中国记载，亚墨利加州白露国产鸡，大于常鸡数倍，头较身小，生有肉鼻，能缩能伸，鼻色有稍白，有灰色，有天青色不等，恼怒则血聚于鼻上变红色，其时开屏如孔雀，浑身毛色黑白相间，生子之后不甚爱养，须人照管方得存活。

除此白露国（Peru）一段，还有北亚美利加（North America）一段大同小异："有鸡大于鹅，羽毛华彩，味最佳，吻上有鼻，能伸缩如象，缩仅寸余，伸可五寸许。"

我们知道关于美洲火鸡最早的西洋记载见于Oviedo的*Sumario de la Natural Historia de Las Indias*，于1527年出版，南怀仁的《坤舆图说》是17世纪中叶写的，当时他似乎还不知道此鸟的名称，故中国人称美洲Turkey为火鸡或吐绶鸡当是最近二三百年内的事。

含羞草是何时进入中国的[1]

清嘉庆年间胡敬所撰写的《国朝院画录》里，在关于郎世宁一条下，引了“乾隆癸酉御题知时草诗序”，原文如下：

> 西洋有草，名僧息底斡，译汉音为知时也，其贡使携种以至，历夏秋而荣，在京西洋诸臣因以进焉。以手抚之则眠，逾刻而起，花叶皆然，其眠起之候，在午前为时五分，午后为时十分，辄以成诗，用备群芳一种。

这里所说的僧息底斡当然是意大利文sensitivo的音译，所谓知时草也就是今天我们知道的含羞草。看来含羞草被带进中国是在18世纪中叶，因为乾隆御题诗是在1753年，含羞草进

① 原载《读书》1979年第4期。

入我国也应该是此前不久的事。乾隆虽是个封建皇帝，但还有些科学头脑，观察事物也很仔细。含羞草早晚眠起时间不同，“在午前为时五分，午后为时十分”，这方面他都注意到了。

乾隆甲午御咏额摩鸟诗①

《国朝院画录》又提到乾隆所写有关额摩鸟的一首诗后的按语，原文详细描写了这种鸟的形状，观察十分细致，因原文太长，这里只引前面一段：

> 西洋人所记额摩鸟图说云，额摩鸟古今图籍未载，西洋旧无此种。于其国一千五百九十七年，当明万历二十五年丁酉，红毛国人始得自嘎拉巴海岛，携来西洋，云即彼国亦罕觏也。后六年，红毛国人复于嘎拉巴得二鸟，皆不能蓄。当本朝康熙十年辛亥，有胜老楞佐海岛头目，自印度国估舶购得，献之佛朗机亚国王，畜之四年死，国王命工详图其状……

① 原载《读书》1979年第4期。

下面在描写这种鸟的形状后，又说“此鸟在嘎拉巴名额摩，在佛朗机名格素尔”，这所描写的当然就是产于印度洋一带的食火鸡（casuaris）。这段记载说明是在1597年荷兰人才从印尼的苏拉威西岛得到这种鸟。苏拉威西岛原名Celebes或Kalabat，这里的嘎拉巴即其译音。后来到了康熙十年（1671年），又有马达加斯加岛人买到这种鸟，送给欧洲人。这里的胜老楞佐海岛是San Laurenzo的译音，这也就是马达加斯加的旧名。这段记载详细地说明了印度洋的食火鸡是怎样从东方传到欧洲去的。

二　译余偶拾

《译余偶拾》序

朋友要我把过去发表过的文史考证笔记，整理一下，编成一集出版。这些笔记都是旧作。在付印之前，有必要做些说明，交代一下。

我开始写这类笔记是在抗日战争期间。当时寄居重庆北碚，在国立编辑馆做英译《资治通鉴》工作，同卢冀野、杨荫浏、杨仲子等朋友来往很熟。在他们几位的鼓励下，写过一些文史考证文章，寄给上海的《新中华》杂志发表。在1947年把其中的二十几篇编成一个集子，卢冀野兄给它起了一个名字，叫作《零墨新笺》，编入“新中华丛书”，只发行了一版。后来在解放战争期间，又陆续写过一些笔记。1949年南京解放后，又把这些后写的稿子编成一集，自己出钱印了一百本，起名叫《零墨续笺》，分送一些朋友。后来就再没有这种闲情去写这些东西了。有些朋友认为这些考证，虽是我青年时期不成熟的读书笔记，也许还有些参考价值，要我再编一下，重新付印，因为原来的《零墨新笺》和《零墨续笺》，今天已很难找到了。去年有些老朋友要我再写几篇这类笔记，由于他们的盛情难却，曾写过几篇，连同一些旧稿在报刊上登载过，起了一个新名，叫作《译余偶拾》。这次重编旧稿，就用《译余偶拾》这个新名，因为自己主要还是个翻译匠，而且《零墨新笺》那个书名自己也并不喜欢。新写的几篇这次都未收入此编，因为现在用的文体，同过去不大一致，放在一起，好像不太合适；将来如有余暇，能多写几篇，再出一本《译余偶拾二编》好了。

重读这些青年时的笔记，觉得内容上问题不少。有许多过去的假设，如考证李白先世源出西南边疆，显然是错误的，以前已有詹锳等同志考证李白的先世来自碎叶了。此外还有不少疏忽之处，如考证番薯在明万历年间始传入中国，应该说明这里的番薯是指马铃薯，不是白薯。还有不少牵强附会、望文生义、不够严谨之处，但是也有些考证，如关于《西域记》的摩醯罗矩罗即吐谷浑的慕利延，以及一些关于东罗马和古代中国的交往，则今天我还是认为可以成立的，所以也许还值得重新出版一次。

这次编印过去的旧稿，没有做什么文字上的改动，只是从《零墨续笺》里抽掉了一篇，其余一切照旧。很明显，内容上的错误是大量的，希望读这本集子的朋友予以指教改正。

1981年4月1日

论“夏”字的上古音

“夏”字的上古音据高本汉作Gå，但是《诗经》“四月”叶夏暑予，“暑”字古音当作Sio，“予”字古音作dio，与高本汉认为是“夏”字上古音的Gå并不相近。我们知道“夏”字古通“雅”，有荀子“君子安雅”一语可以为证，而“雅”字据《说文》《尔雅》古文本作“疋”，“疋”字古音为Sio，然则“夏”字的上古音应与Sio音相近。

“夏”字又古通“楚”，扬雄《城门校尉箴》，“育在先世，有殷有夏，癸辛不德，而设夫险阻”。“楚”字古音为Tsio，“夏”字古音亦必与之相近，否则绝不能与“阻”字相叶，因为“阻”字古音为tsio。“盛服”古代称为“楚服”或“夏服”，可见“楚”“夏”二字的音必定是很相近的，故“夏”字的上古音又应与Tsio音相近。不过《礼记·孔子闲居》篇“夏”叶“露”，则其字尾似原有K或G音。“夏”字又通“下”，汤放桀于夏台，《风俗通》作“下台”。左僖二年传虞师晋师灭阳，《公羊》《穀梁》作“夏阳”，《易经》里“下”与“若”叶，《吕览》里“下”“薄”“慕”相叶，又叶“下”“苴”，似乎都可以证明“下”与“夏”字原有G或K的尾音。因此我们又想起《汉书·地理志》，“夏阳故少梁，秦惠文王十一年更名”，及《史记·秦本纪》，“惠文王十一年更名少阳曰夏阳”。少梁与少阳古音相同，“少”字上古音为Siog，则“夏”字上古音似当为Siog或Tsiog。

《周语》载禹得天下，“赐姓曰姒，氏曰有夏”。“姒”字上古音为Dzieg，与我们考证的“夏”字古音相近，故当为同一字的分化。周人相传为夏人后裔，“周”字上古音为tiok，当又是同一字。周人的始祖后稷Tsiek当也是同一字的分化。《正字通》以“夏”字从“畟”，夏字字形的取意尚无定论，而《正字通》所说必有所本，可能“夏”字原来就是“畟”字，其原意为“土地”，由此转演而有“广大”“草木之华”“辽远”诸义。周人的故地名有邰，“邰”字当也是“夏”字的分化，周人姬姓，而姬字古又通姒，如《史记》齐景公妾名芮姬，《左传》作鬻姒，可以为证，故周人的姓姬当也为同一名的分化。

“夏”字原意若为土地，则必又与土字、地字、社字、野字、祖字等为同一字，其古音亦同，皆为dio或diog。我们因此又想起商代北方的强国土方，土方即夏，前人已如此猜疑，今由字音看来，此说更可成立。

又商代北方有强国名有易，亥即为有易的王所杀，易字古音为diek，故有易当即是土方或夏。又易字通狄，古音亦同，匈奴为夏人后裔，又为狄后，故戎狄的狄亦即有易或土方或夏。

综上所述，夏字似当原从畟，与周、稷、姒、郃、土、易、狄等为一字的分化。此字上古音的考察似有助于对我国古史的了解。

《中康日食》考辨

董作宾先生在所著《中康日食》一文里，根据历法及史料对中康日食有极精密的推证，可以说是一篇极有权威的考据文章，但我们读之再三，却大有商榷之余地。

董先生所根据的史料是《左传》昭公十七年所引的“故《夏书》曰：‘辰不集于房，瞽奏鼓，啬夫驰，庶人走。’”的一段。他以为《夏书》九篇，“存者无论，亡者《帝喾》以下五篇，皆商人事，又不涉天象，不容有‘辰不集于房’之四句。此四句见于今《尚书》伪古文《胤征》，实即《胤征》逸文而适为纂辑伪书者所引及”。这可说是他对引用史料的推断。他又说：“《史记·夏本纪》亦云：‘帝中康时，羲和湎淫，废时乱日，胤往征之，作《胤征》。’所谓‘废时乱日’乃隐含此日食之故事，故《左传》所引《夏书》逸文，非《胤征篇》中不能有之。因而知此日食亦当在中康时代也。”这可以说是他对所引用史料旁证。以后他又根据其他史料及历法，断定“故《夏书》所载之日食今可决定为公元前2137年10月22日之日全食，即中康元年甲申九月壬戌朔之日食”。

现在我们研究董先生所引的“辰不集于房”一段文献，不妨把《左传》全文录抄如下：

> 夏六月甲戌朔，日有食之，祝史请所用币。昭子曰：“日有食之，天子不举，伐鼓于社，诸侯用币于社，伐鼓于朝，礼也。”平子御之曰：“止也。唯正月朔，慝未作，日有食之，于是乎有伐鼓用币，礼也，其余则否。”大史曰：“在此月也，日过分而未至，三辰有灾，于是乎百官降物，君不举，辟移时，乐奏鼓，祝用币，史用辞。故《夏书》曰：‘辰不集于房，瞽奏鼓，啬夫驰，庶人走。’此月朔之谓也。当夏四月，谓之孟夏。”平子弗从。昭子退曰：“夫子将有异志，不君君矣。”

从上文里，我们知道中康日食是在正月，即夏历四月，周历六月。董先生推定此次日食在九月，显然与《左传》记载不符。《左传》明明白白唯正月朔才能“伐鼓用币”，其余则否，若日食在九月，岂能有“瞽奏鼓”？

《左传》里还有两段关于日食而伐鼓的记载。（一）庄公二十五年“夏六月辛未朔，日有食之，鼓用牲于社”。《传》曰：“非常也，惟正月之朔，慝未作，日有食之，于是乎用币于社，伐鼓于朝。”杜预注说：“正月即为四月，周六月，谓正阳之月。食于正阳之月，则诸侯伐鼓于朝，以明阴不宜侵阳，臣不宜掩言。”（二）文公十五年“六月辛丑朔，日有食之，鼓用牲于社”。《传》曰：“六月辛丑朔，日有食之，鼓用牲于社，非礼也。日有食之，天子不举，伐鼓于社，诸侯用币于社，伐鼓于朝，以昭事神，训民事君，示有等威，古之道也。”此两次日食，鲁为诸侯，不用币于社，而用牲，不伐鼓于朝，而伐于社，故皆为非礼。不过此两次日食，鲁“用牲”“伐社”又都在六月朔，《左传》里并设有九月朔“伐鼓”的记载。若中康日食推定在九月，更岂能有“瞽奏鼓”之理？

假如董先生相信《左传》所引《夏书》有其真实性，似乎也应当相信《左传》此段史料也有其真实性，果然如此，虽然董先生在文里广征博引，穷推历法，仍然是齐其末而未揣其本，失之毫厘，谬以千里了。其次，董先生也承认古文《胤征》是伪作，不过又说，“此四句见于今《尚书》伪古文《胤征》，实即《胤征》逸文而适为纂辑伪书者所引及”，似乎过于武断。左襄十四年又引《夏书》曰：“遒人以木铎徇于路，官师相规，工执艺事以谏。”这又是伪古文《胤征》的一段。除非董先生认为这一段亦是《胤征》逸文，而“适为纂辑伪书者所引及”，否则我们只能认为《左传》的作者所引用的，都是伪古文《胤征》的原文。果如此，则董先生所引用的史料既有问题，推断当然不无可疑了。

其实，《左传》真伪成分，是大有问题的。关于这个问题，前人多有所论辩。虽然前人的考证，偏重于《左传》的文法组织及《左传》《国语》的异同，但真伪已有定论了。唐啖助说：“古之解说，悉是口传，自汉以来，乃为章句……左氏得此数国之史以授门人，义则口传未行竹帛。后代学者乃演而通之，总而合之，编次年月，以为传记。又广采当时文籍，故……是非交错，混然难证。”按《汉书·儒林传》，尹更始始以左氏为章句，所以可以认为今本《左传》或是原来史料，而书中所引用的古代文籍及所发的议论，则当为尹更始及其后人所加入。如此，则《左传》所引用的《胤征》一段，当为伪古文《胤征》，朱子亦说：“《左传》是后来人作，为见陈氏有齐，所以言八世之后，莫与之京。见三家分晋，所以言公侯子孙必复其始。”又说：“秦始有腊祭，而左氏谓‘虞不腊矣’，是秦时文字分明。”此可为《左传》乃秦代以后人所作的证据。《左传》成书于汉代，似无疑问；古文尚书《胤征》，定为汉人伪作，则更无疑问。中康日食的记载，既出于伪书，则董先生的大作所引的史料既是不可靠，其推断当然更不可靠了。何况董先生定中康日食为九月与原文记载为六月又不相符呢？

西汉儒家治《尚书》及《春秋》，全好言灾异。古文《胤征》如定为伪作，则中康《胤征》则必为他们“托古改制”而作。我们知道《左传》章句始于尹更始，而尹氏又把《左氏传》传于翟方进。翟方进善为星历，其弟子李寻又曾对哀帝说过：“夫日者，众阳之长，辉光所烛，万里同晷，人君之表也。……日失其光，则星辰放流，阳不能制阴，阴桀得作。……间者月数以春夏，与日同道。”（见《汉书·李寻传》）与翟方进同事的孔光，当元寿六年正月朔日食的时候，也曾对哀帝说过：“臣闻日者，众阳之宗，人君之表，至尊之象。君德衰微，阴道盛强，侵蔽阳明，则日食应之……六沴之作，岁之朝曰三朝，其应至重；乃正月辛丑朔，日有蚀之，变见三朝之会。上天聪明，苟无其事，变不虚生。”这些话与《左传》及伪古文《胤征》里的论调，完全一致。又《夏书·胤征》文中有“啬夫驰”一语，恰巧汉有“上林啬夫”，而啬夫似非汉以前的官制，亦可能作为《胤征》为二人伪作的证据。

最后有一点需要说明，据今本伪古文《胤征》，中康日食，则是在季秋月朔，也就是九月，本与董先生所考证的相符。前人如大衍、虞鄺和李天经等亦都以此为根据。不过董先生亦以《胤征》为伪书，故本文只据《左传》引文而论。据《左传》原文看来，则“季秋”，原作“孟夏”，否则《左传》前后文未免自相矛盾。也许汉代古文《胤征》亦作“孟夏”，后来经大衍等考证为九月，又改作“季秋”。当然这只是一种假设，不过中康日食的记载，为出于汉代伪书，则无考证之必要了。

现在我们在这儿可以做一个结论了。若《左传》所引《夏书》实为《胤征》逸文，而《左传》所记各事，均为真实史料，则就原文看来，中康日食，当在夏四月，董先生所推断的月份，显与原文不符。反之，若《左传》原文所引文籍及所发议论为尹更始及其后人所附加，则所引书伪，推断更不可靠，似无考据的价值。

“不得祠”辨误

《史记·秦始皇本纪》载，三十三年西北斥逐匈奴后，“禁不得祠明星出西方”。藤田丰八初以“禁不得祠”为句读，而谓“不得”即佛陀的对音，其说甚辩，几成定论。我们不相信《朱士行经录》一类靠不住的记载，亦不相信秦代中国已有佛教，我们关于此句读亦另有新的解释。

本文的明星当为太白星别名，如《甘氏星经》所载：“太白上公妻曰女媊，居南斗，食厉，天下祭之，曰明星。”又如《史记·天官书》云：“太白，大臣也，其号上公，其他名：殷星、太正、营星、观星、宫星、明星。”后书《地理志》亦言陈仓有上公明星祠。太白是行星不是彗星，行星绝没有出自西方的道理，况且太白星见于西方是每天晚上必然的现象，亦无特地提出的理由，《汉书》既言陈仓有明星祠，则“禁不得祠明星”显然当为句读。《甘氏星经》引证本文，亦言：始皇本纪三十三年禁不得祠明星，而无“出西方”三字，可以为证。

余下的“出西方”三字前当漏去“彗星”二字。《史记》里缺文甚多，在此句下，徐广注引皇甫谧言：“彗星见”，如前文中明星非彗星而为太白星，则皇甫谧所言彗星当另有所指，而唯一可能解释即为“出西方”前当原有“彗星”二字。古代天文学里彗星出现主兵大起，如《史记·天官书》所言，此年斥逐匈奴，故彗星出西方。《始皇本纪》里数见彗星，如“七年彗星先出东方，见北方，五月见西方”“九年彗星见”，同年又“彗星见西方，又见北方”“十三年彗星见北方”，皆可为证。况且如果明星即彗星，亦无在同一文中互用二名的道理。

最后，“不得”二字古音亦与佛陀不同，“不得”古音当为**Pudck**，而不能为**Buddha**的音译，《魏略》将佛陀译成“复豆”：“谓复豆者，其人也”，“复豆”与“不得”音亦不同，可以为证。总之，“不得”当为动词，非形容词或名词，“不得祠”为佛教的假设亦不能成立。

论南京别名金陵或冶城的来源

南京别名金陵首见《吴录》："张言于孙权曰，秣陵楚武王所置，名为金陵，秦始皇时望气者云，金陵有王者气，故掘断连冈，改名秣陵。"这当然是后人附会的话，不足置信，不过似乎三国时人曾闻秣陵旧日有金陵之别名，故金陵一名的起源至少当不晚于汉代。在晋代南京的西区朝天宫一带又有冶城，此冶城一名起源何时虽不可知，而汉晋时代相接，金陵与冶城二名又都暗示冶铸金铜的意义，故此二名同出一源是很可能的。

据传说，冶城一名的起源是因为此地古代为吴王夫差冶铸的所在。我们所知关于古代吴越的信史太少，无从判断此传说的可靠性，不过战国秦汉时吴越地方，即今南京至杭州一带，为冶铸工业中心，此则似为无疑的事实。由吴王夫差的传说我们很容易联想到汉初铸钱铜山的吴王濞，二者都是吴王，前者铸铜的传说又没有确实证据，很可能吴王夫差的传说是因吴王濞的事实附会而成，本非信史，而吴王濞铸钱的史实则为一切冶铸传说的所本。

《汉书·荆燕吴传》载：

> 上患吴会稽轻悍，无壮王填之，诸子少，乃立濞于沛，为吴王，王三郡五十三城。已拜受印，高祖召濞相之曰："若状有反相。"独悔，业已拜，因拊其背曰："汉后五十年东南有乱，岂若耶？然天下同姓一家，慎无反！"濞顿首曰："不敢。"会孝惠、高后时，天下初定，郡国诸侯各务自附循其民。吴有豫章郡铜山（韦昭注："此有豫字，误也，但当言章郡，今故章也。"），即招致天下亡命者盗铸钱。

按豫章非吴王濞地，前面"王三郡五十三城"一句下有宋祁注："故东阳郡、鄣郡、吴郡，即贾旧封。"章郡即鄣郡，故豫章的豫字当为后人误植，吴王濞的铜山既在鄣郡而不在豫章，吴调阳的《汉书·地理志详释》载："故今江宁府江南省治。"则吴王濞的铜山当在今南京附近，而南京的别名金陵或冶城似即与吴王濞史实有关。

《汉书·食货志》有一条可以证明吴王濞的铜山在故章而

不在豫章："吴东有海盐章山之铜。"《盐铁论》亦言："丹鄣有金铜之山。"《括地志》："铜山今宣州及润州句容县皆有之，并属鄣也。"《元和志》："赤金山在当涂县北十里，出好铜与金类。"《寰宇记》："铜陵县自汉以来皆烹铜铁。"《舆地纪胜》："铜山在繁昌县东南五十里，出好铜，古所谓丹阳铜是也。"《方舆纪要》："铜山在湖州府西南九十五里铜岘山，古称吴采鄣山之铜是也。"《大清一统志》："冶山在六合县东北五十里，产铜铁，相传吴王濞铸钱于此，坑冶之迹尚存。"凡此或指同一地，或指不同地方，唯皆在今南京附近。《汉书·地理志》也说丹阳有铜官，"故鄣郡属江都，武帝元封二年更名丹阳，属扬州，有铜官"。据《越绝书》，故鄣郡于汉文帝前九年并入会稽郡，《汉书·地理志》记会稽郡西部都尉治钱塘，南部都尉治回浦，后者又名章安，据司马彪亦即故冶县。钱塘即今杭州，冶即今温州，此二地名似乎也与吴王濞铸钱的事实有关。

总之，长江下游自远古时代起似即有其独特的历史文化，自春秋的吴越，战国的春申，汉初的吴王濞，淮南王安，以至三国的孙吴，东晋与宋齐梁陈诸朝，此数百年间此地皆能保持其半独立的政治形态，对中国文化亦有其独特的贡献，如饮茶的风气、瓷器的发明、炼丹的方术、冶金的技巧等等，而吴王濞实为古代冶金史上重要人物。南京一带地方关于冶铸的传说，如见于金陵冶城等地名者，虽亦可能开始于汉代以前，而其与吴王濞铸钱事有关则似为无疑的事实。

九州戎考

重读《古史辨》，发现里面有许多好文章，顾颉刚先生的《九州之戎与戎禹》就是一篇极有价值的考证。顾先生证明九州是古地名，九并非数目字，这是完全正确的。不过顾先生以瓜州为九州的一部，我们却不能同意，我们认为瓜州就是九州，二者同是一名的异译，因为瓜州字古音与九字相近，瓜州戎应当就是九州戎。

左氏昭公九年传载："故允姓之奸居于瓜州，伯父惠公归自秦而诱以来，使逼我诸姬，入我郊甸，则戎焉取之。"此即言左氏僖二十二年传所载事："秋，秦、晋迁陆浑之戎于伊川。"故允姓戎即陆浑戎。杜预云："允姓之戎居陆浑，在秦晋西北，二国诱而徙之伊川，遂从戎号，至今为陆浑县也。"陆浑既为允姓戎居地，则陆浑与瓜州当即为一地的异名。杜预又云："九州戎，陆浑戎。"又云："九州戎，在晋阴地陆浑者。”九州戎既又为陆浑戎异名，九州与陆浑当指同一地域，如此则瓜州与九州当即为一名的异译。

杜预言九州戎居阴地，我们知道允姓戎又名阴戎，见昭九年传，允与阴似亦为一名的异译，杜预云：“阴地，河南山地，自雒以东至陆浑。”故允姓戎居地当包括今陕西商县至河南嵩县一带伊雒二水流域。左氏昭公四年传言：“四岳、三涂、阳城、大室、荆山、中南，九州之险也，是不一姓。”故四岳、三涂等地当为九州的一部。据顾先生考证，“三涂在今河南嵩县，阳城太室在今河南登封县，中南在今陕西武功县，四岳即大岳在今陕西陇县西沂山，荆山在今河南阌乡县”，故九州的区域至少当包括陕西西部至河南中部一带地方，与杜预所言阴戎居地相符。此亦可为九州即瓜州的证据。荀济《论佛教表》引《汉书》云：“塞种本允姓之戎，世居敦煌，为月氏迫逐，遂从葱岭南奔。”杜预云：“瓜州今敦煌。”东汉初杜林云：“敦煌古瓜州也。”塞种，我们知道即西史的Sacae或Scythioi，据希罗多德所言，亦可知古代塞种一部曾东抵阿尔泰山或更东的地方。左氏襄公十四年传称允姓戎子名驹支，《西河旧事》言凉州有姑臧城为秦月氏戎所据，驹支、姑臧、瓜州、九州等似皆为一名的异译，其原字当为Kusan，亦即大月氏的贵霜翕侯。此盖为塞种主要一支的名称，故由《左传》记载我们可以知道塞种在公元前七八世纪时曾东抵甘肃陕西及河南一带。

九州戎的西徙

左氏僖公二十二年传云："秋，秦、晋迁陆浑之戎于伊川。"杜预注云："允姓之戎居陆浑，在秦晋西北，二国诱而徙之伊川，遂从戎号，至今为陆浑县也。"左昭九年传又云："故允姓之奸居于瓜州，伯父惠公归自秦而诱以来，使逼我诸姬，入我郊甸，则戎焉取之。"杜预在昭公二十二年及哀公四年传下又注明此陆浑戎又名为九州戎。关于僖公二十二年，即公元前638年秦晋迁戎的事，左氏襄公十四年传有一段颇详细的记载：

> 将执戎子驹支，范宣子亲数诸朝曰："来，姜戎氏，昔秦人追逐乃祖吾离于瓜州，乃祖吾离被苫盖，蒙荆棘，以来归我先君。我先君惠公有不腆之田，与女剖分而食之。今诸侯之事我寡君不如昔者，盖言语漏泄，则职女之由。

诘朝之事，尔无与焉。与将执女！”对曰：“昔秦人负恃其众，贪于土地，逐我诸戎，惠公蠲其大德，谓我诸戎是四岳之裔胄也，毋是翦弃。赐我南鄙之田，狐狸所居，豺狼所嗥，我诸戎除翦其荆棘，驱其狐狸豺狼，以为先君不侵不叛之臣，至于今不贰。昔文公与秦伐郑，秦人窃与郑盟而舍戍焉，于是乎有肴之师。晋御其上，戎亢其下，秦师不复，我诸戎实然。譬如捕鹿，晋人角之，诸戎掎之，与晋踣之，戎何以不免？自是以来，晋之百役，与我诸戎相继于时，以从执政，犹肴志也，岂敢离逖？今官之师旅，无乃实有所阙，以携诸侯，而罪我诸戎！我诸戎饮食衣服不与华同，贽币不通，言语不达，何恶之能为？不与于会，亦无瞢焉！”赋《青蝇》而退，宣子辞焉。使即事于会，成恺悌也。

我们由此记载可知公元前638年左右秦人曾予此九州戎以致命的打击，其一部残众此后即成为晋国的附庸。这也正是秦穆公霸西戎的时代。

我们在前考里业已证明九州戎为塞种，其名即Skuzai的对音，亦即西文里的斯鸠塞族。据希罗多德等人记载，塞种的西侵正是公元前七八世纪，如此则显然与秦逐戎有关。按秦国的兴起实始于秦仲伐西戎时，其事在公元前825年或公元前824年，后秦仲战死，子庄公又破西戎，幽王四年即公元前778年秦人又伐西戎，公元前770年始命秦襄公为诸侯，后此四年襄公伐戎卒于师，公元前753年，秦败戎师于岐，秦穆公霸西戎后，塞种已无力东侵，遂转向西方进展，亚述帝国的灭亡实由于塞种的西侵，故秦穆公的霸西戎对西方的影响并不下于汉武帝的伐匈奴。塞种初见于中亚，据西史记载在公元前7世纪中叶，这正是秦国庄、襄二公初破西戎的时代。塞种在西方本为亚述帝国的与国，公元前612年忽会同其他游牧民族西侵，攻破亚述都城，而颠覆了亚述帝国，这正是秦穆公逐九州戎以后一二年，则其关系不难明了。

根据当时Aristeas的希腊记载，塞种的西侵实因东方另一民族的攻击，此民族名为Issedones，当时又一民族名Arismaspi逼迫Issedones，故后者又攻击Scythioi。东方的Arismaspi，其名原意为“独目”，一般现代学者以为系指蒙古人种，实则此说毫无根据。我们则以为此当指古代周朝的同姓诸国，当时此等城市国家统名为“诸姬”，如同传所载：“汉阳诸姬楚实尽之”“允姓之奸居于瓜州，伯父惠公归自秦而诱以来，使逼我诸姬”等文可以为证。姬字古文无偏旁，正作独目形，故当即古代塞种所谓的独目民族。

据《史记》记载，陇西有縣诸之戎，其地当与秦接壤。《史记》等书言秦穆公用戎人由余谋，伐戎王，益国十二，开地千里。由余当即縣诸，故此为族名，而非人名，据《史记·秦本纪》所载，秦以女乐遗戎王，戎王悦之，终年不还，戎人由余遂去降秦，秦问以伐戎之形，遂霸西戎，由此可见秦人所伐的西戎当即是縣诸。后来在厉共公与惠公时，縣诸又与秦为敌，唯此与本文无关。总之，由余或縣诸当在秦与塞种中间，其音又与Issedones相近，当即为此族。当时秦国初兴，亦可被认为姬姓诸国的一部。

塞种的别名“驹支”

塞字古音先得切，《汉书》所谓塞种亦即西史里的Saca可无疑问。唯塞种又称为九州戎或瓜州戎，见另考。《左传》言戎子名驹支，实则驹支与九州或瓜州古音相同，当皆为一名的异译。后日九州戎为月氏所并，故秦代月氏所居凉州有姑臧城，此姑臧一名亦当源于塞种，与大月氏无关。《禹贡》有渠搜一国，其地约在河西，当亦为同名的异译，《汉书》言塞种为月氏所破，西越葱岭，分为数国，休循捐毒皆是其类。后日西域的地名如瓜州、龟兹、车师当亦同为塞种同名的异译。

据西史所言，Saca亦即古代的Scythioi，此希腊名称源于亚述（Assyrian）文的Shkuzai或Kuzai，古代近东的各种Semite则加一首音，称之为Ashkuzai。此Kuai一名适得为驹支，九州、瓜州、姑臧、渠搜等的对音。塞种既得为西史Saca的译名，其异名“九州”又为Kuzai的对音，则我国古史所称九州戎为西史上的Scythioi已无疑问。希罗多德与后日史家所记塞种事适为我国古史上所缺的部分，以二者对照，我们当可考出此民族在西历纪元前的全部活动史。《汉书》记葱岭以西的休循国为塞种，我们根据《汉书》方向与距离业已证明其为今日的Gulcha。近年西方考古学者亦发现Gulcha土著为伊朗种族，其语言最近于古代Scythioi的语言，此亦可证明《汉书》记载的可靠。

塞种纪元起算的年岁

在Takshasila的Patika所建立的铜版上，记载其时当Moga王在位时代，又为某一纪元的第七十八年，此王货币与公元前2世纪间若干安息与希腊货币相似，故其在位时应为公元前2世纪末。我们所知的古代纪元无一能与此处年代相合。一般学者多以此为塞种纪元。Rapson曾假设此纪元自公元前150年起算，即安息王Mithradates建立Seistan王国的年岁。

唯我们既如此为塞种王所用一种纪元，则有如假设其自公元前150年起算，毋宁假设其自塞种初次西迁时起算。我们在另考里证明塞种原居凉州，其离开故地西迁当在公元前202年左右。此可能即为此纪元起算年数。

我们曾证明塞种货币上是Moga王即大宛国王母寡，此王于公元前101年为其国人所杀，此铭刻上的第七十八年，如自公元前202年起算，则当为公元前124年，故与母寡的时代相符。

在Peshawar发现的一铭刻上所载年代为Gondophar在位第二十六年，又为另一纪元的103年。此纪元若亦自公元前202年起算，则Gondophar即位当亦在公元前124年。此亦与我们所考证此王时代相符。

在Takshasila发现的一铭刻上所载年岁为某一纪元的136年。其纪元的名称证明为Ayasa，铭刻上未言当时此地王名，唯称之为“王中之王，贵霜天子”。按迦腻色迦曾用此称号。此纪元的名称Ayasa亦即Aze一名的所有格，故此纪元似应自Azes王在位时计算。据我们考证Condophar即位于公元前124年，而Azes为其以前的塞种王，故当死于公元前125或公元前124年，Azes即位年岁虽不可详考，唯当在公元前140至公元前130年间；依此推算，则此铭刻当为迦腻色迦时物。又据我们考证，月氏自伊犁西迁事在公元前138年，当时塞种开始南侵罽宾，此极可能即为此Azes纪元起算的年岁；依此推算，则此铭刻当成于公元前2年，即迦腻色迦在位末一年。综上所考，塞种曾用两种纪元，一自公元前202年塞种西迁时起算，一自公元前138年塞种南迁时起算。

塞种的故地

塞种的"塞"字古音先得切，故即为西方记载里的Saka的对音，希罗多德记Sakae在Caspi与Bactria附近，又言古代波斯称Scythian人为Saka，亚历山大以后的希腊与罗马记载则将Sakae置于Sogdiana以东Jaxaries河沿岸。按Bactria即《后汉书》的高附，Caspi可能即《汉书》的罽宾，故在公元前五六世纪时，据希罗多德记载，塞种尚在Kafiristan。此可能即为佛书的释种，如颜师古所言"即所谓释种者也，亦语有轻重耳"，又"西域国名，即佛经所谓释种者，塞释声相近，本一姓耳"，据玄奘所传，释种分散在佛灭度后，有释种四人"污辱宗门，绝亲远放，四人被逐，北越雪山，一为乌仗那国王，一为梵衍那国王，一为呬摩呾罗国王，一为商弥国王，奕世传业，苗裔不绝"。此四国Udyana，Bamian，Hcmatala，Samaka皆在雪山以北。公元前四五世纪塞种似即已向北方迁移，故秦汉时代此名乃又在Ferghana附近出现，葱岭以东的塞种当亦为此时自西方迁来者。

今本《汉书》言汉乌孙地原属塞种，唯晋荀济《论佛教表》引《汉书》云："塞种本允姓之戎，世据敦煌，为月氏迫逐，遂往葱岭南奔"，今《汉书》虽无此语，然荀济所言必非向壁虚造，则我们又可认为塞种曾东抵甘肃境。《左传》言"允姓之奸居于瓜州"，旧注曰"戎子名驹支也"，又曰"瓜州之戎并于月氏者也"。故在月氏西迁前，塞种的允姓戎曾在月氏附近，我们在另考里已证明乌孙原在敦煌附近，大月氏攻杀难兜靡，其余众分散，东依匈奴，始留居张掖，这样看起来，乌孙当亦为塞种的一支，《汉书》言乌孙有塞种、大月氏种，又言塞种的休循、捐毒、衣饰类乌孙，可以为证。

我们在另考里曾证明大宛国为塞种所建，而大夏则曾为大宛属地，故其种族似与大宛同出一源，《新唐书》言大夏即吐火罗，吐火罗即西方记载里的Tochari，为南下塞种的一支，据说其王为Asii种，其音与乌孙古音相同，似即为乌孙，西域记载和阗与且末间有都货逻故国，此亦即《汉书》小宛国地，小宛与大宛国名相似，使人想起小月氏与大月氏，故此小宛国或都货逻当亦即允姓戎的一支，塞种自甘肃境西迁时，一支北上为大宛，一支西行建小宛国，宛与允字古音相近，当即为塞种钱币上所刻王姓，Vonoues的对音。

在汉代以前塞种可能曾达甘肃东部，按秦始皇取河南地，西止临洮，洮河以西为戎族所居，汉初有允吾县、允街县、大夏县等名，《水经注》言：“大夏川迳大夏故城南，东北注于洮水。”此长城以西的地域似曾为允姓戎及大夏的故地。周室衰时西方诸戎族入侵中国，此似即为西史上的Scythian种族。《汉书》的塞种当亦即是Scythian的一支。

凉州有姑臧城，秦代为月氏所据。此姑臧一名令人想起《左传》上允姓戎子名驹支的注释。姑臧与驹支古音相近，似为塞种某一支的名称。此名又令人想起汉代的瓜州、车师、龟兹，《禹贡》的渠搜，以及大夏的翕侯贵霜，姑臧在大食人记载里作Kudza，龟兹在梵文里作Kucha，在大食人记载里作Kusau，此数名当同为一字。由此可见塞种西迁时所经路线，渠搜一名始见《禹贡》，其地当在河西，唯《禹贡》著成时代未能确定。《隋书·西域传》言：“汗国都葱岭之西五百余里，古渠搜国也。”汗国即汉大宛。我们在另考里已证明大宛为塞种国，故此Kudza一名必为塞种的异名，若此假设不误，则塞种在秦代以前且曾一度据有凉州，又《汉书·地理志》，朔方郡中有渠搜县，《读史方舆纪要》云，渠搜城在夏州北，若说可据，则塞种或又曾在秦代以前东抵鄂尔多斯地方了。

综上所考，塞种即西史的Saka，亦即Scythian或为其一支，其故地当在雪山以北，又亦即佛书的释种，于公元前四五世纪或更早的时代东越葱岭，蔓延至河西一带，秦代月氏渐盛，夺取凉州，塞种乃渐西移至敦煌，一支北上为大宛，一支西去为大夏，其余众在中国者则为和阗以东的小宛国或都货逻故国，以及敦煌附近的乌孙。

义渠国考

义渠为古代陇西的强国，公元前272年为秦所灭，其事见《史记》及《汉书》。当时陇西又有繇诸之戎，不过我们有理由可以相信此二名是一字的异译，也就是一族。秦厉共公六年即公元前471年，繇诸向秦乞援，同年又有义渠来赂的记载，此二记载当指同一事。我们在前考里已说过秦穆公攻西戎是由于繇诸的媒介，繇诸或义渠当时尚为秦的与国。由厉共公六年来赂的记载可见秦国义渠经过一百多年尚相安无事。当时西方又有大荔来侵，此当即为后日的大月氏，见另考。义渠当时向秦求援，可能即由于大荔的南侵。厉共公廿年（公元前458年），秦始与繇诸战，此事前四年秦攻破在陕西朝邑县的大荔王城，可能此时义渠又成了大荔的与国，故秦击破大荔后即与义渠战。厉共公三十三年（公元前444年）义渠为报复前次的战败，又兴师伐秦，深入到渭水北岸。

当时义渠方强，故秦亦未能击败之。《史记·匈奴传》言：“其后义渠之戎筑城郭以自守，而秦稍蚕食，至于惠王，遂拔义渠二十五城。”实则在拔义渠二十五城以前，义渠尚击败秦师两次，第一次在惠王三年（公元前322年），义渠败秦师于洛，其后四年义渠国乱，秦遣庶长操将兵定之，义渠遂臣于秦。惠王后五年（公元前320年），秦伐义渠，取郁郅，其地在今甘肃庆阳市附近。后七年（公元前318年）义渠又大败秦人，见《史记·犀首传》：

> 义渠君朝于魏。犀首闻张仪复相秦，害之。犀首乃谓义渠君曰：“道远不得复过，请谒事情。”曰：“中国无事，秦得烧掇焚杅君之国，有事，秦将轻使重币，事君之国。”其后五国伐秦，会陈轸谓秦王曰：“义渠君者，蛮夷之贤君也。不如赂之，以抚其志。”秦王曰“善”，乃以文绣千纯，妇女百人，遗义渠君，义渠君致群臣而谋曰：“此公孙衍所谓耶。”乃起兵袭秦，大败秦人于李伯之下。

秦拔义渠二十五城在此事后四年，武王元年（公元前310年），秦又伐义渠，唯似亦未能予以重大的伤害，到了昭王三十五年（公元前272年）秦始以计灭义渠，如《汉书》所载："秦昭王时，义渠戎王与宣太后乱，有二子，宣太后诈而杀义渠戎王于甘泉，遂起兵伐灭义渠，于是秦有陇西北地上郡。"秦与义渠的交涉大致尽此，其间或和或战，自秦穆公霸西戎至昭王灭义渠约经三百多年。

西史言古代塞种在公元前7世纪间向西方迁移，因为其东有Issedones民族向西进展，而后一民族所以西迁，则因东方有Arimaspi人向西方侵略土地。我们在前考里已说明Arimaspi当指姬姓诸国，而Issedones则指义渠。脱烈美记载Issedones人在Serica的北界及Kasia山脉的东北。我们知道Serica即古代的西蜀国，其他指今汉中一带，而Kasia亦即甘肃境内的南山脉，则Issedones当然应在今甘肃东北。义渠国地在今甘肃庆阳一带与此正合，义渠为西羌（Issedones），亦为羌种，此有Aristeas与Herodotus的记载为证。东罗马学者Tzetzes引Aristeas诗句有云："Issedones戴下垂的发饰"，羌族妇女亦垂长发，上饰以象牙玻璃真珠等物。希罗多德记此族人丧父，则杀羊与其父尸同烹飨众，其父的颅骨则用金镶保存，此亦为羌族的风俗。

汉初孝的观念传播西方说

孝的观念在中国来源甚古，周代人已有孝的观念是不成问题的，不过此观念在汉初尤为重要。《孝经》是汉人伪作的，前人已有定论。颜师古注《汉书》曰："孝子善述父之志，故汉家之谥自惠帝以下皆称孝。"《汉书·惠帝纪》四年春正月"举民孝弟力田者复其身"，此当为汉代关于孝的最早记载。《汉书·文帝纪》十二年三月诏曰："孝弟者，天下之大顺也。"武帝始令郡国岁举孝廉各一人。不过最值得注意的还是汉代皇帝称号前加孝字，而且当时匈奴也模仿此种习惯，《后汉书·南匈奴传》注："匈奴谓孝曰若鞮，自呼韩邪单于降后，与汉亲密，见汉帝谥常为孝，慕之，至其子复珠累单于以下皆称若鞮，南单于比以下直称鞮也。"我们现在要考证的，即是孝的观念不但当时传至匈奴，且远播于匈奴以西的地域。

汉初的亚洲西部为亚历山大后裔所据。亚历山大东征最远达何处尚无定论，唯近年在于阗已发现亚历山大远征军的钱币与文字，汉初在大夏的希腊王于公元前2世纪曾铸铅币，据近人考证，大夏的铅实来自中国。张骞在大夏亦曾见印竹杖蜀布。西亚的希腊王朝既间接受中国文化的影响，当时中国孝的观念亦可能传至西方。

当时西亚的希腊王朝属于Seleusus的后裔，在其诸王的称号中我们发现有Eupator或Philopator一字，此希腊字意义与中文的“孝”正同。Seleucus王朝诸王有此称号的有Seleucus Philopator，其年代约为公元前187年至公元前176年；又有Antiochus Eupator，其年代约为公元前164年至公元前162年。同时的埃及Ptolemaeus王朝则有Ptolemy Philopator，其年代在公元前145年左右；又有同名的二王，其年代为公元前80年至公元前51年，公元前51年至公元前47年；埃及女王Cleopatra的儿子则有Philometer的称号，其年代为公元前47年至公元前44年。总之；西亚的希腊诸王用Philopator的称号最早不能早于公元前187年，此称号在西方普遍流行于公元前一二世纪间，正当中国的西汉时代。

孝惠皇帝的称号初见于高后元年春正月诏，高后元年也正是公元前187年，这似乎不能只是巧合。汉初的匈奴大部似为伊兰种族，当时安息人多晓希腊语，匈奴或亦然，故匈奴的“若鞮”如不是中文“孝”的转讹，亦得为希腊文Eupator的对音。

罗马帝国的创始者屋大维（Octavianus）初用“奥古斯都”（Augustus）的称号，没有人知道此字的来源与意义，恐怕原来本不是罗马字。唯此称号含有孝敬服从的意义，故亦可能原为中文的“孝”或匈奴的“若鞮”的音讹。

汉初封建制传播西方说

我们读古代大夏（Bactria）希腊王朝的记载，发现当时亚洲希腊人有若干新的政治措施，对于后日西方文化影响甚大，而其起源则尚为未解决的问题。我们愿在此提出假设，即此等政治措施皆由汉代中国学来。现代西方学者多将汉朝文化与罗马文化相较，实则在政治制度方面，汉朝初年的措施实为后日罗马政治体系的本源，我们由此亦可见古代中国人具有卓越的政治天才。

大夏希腊王尤屠帝摩（Euthydemos）的事实颇值得我们密切注意。此王即位在公元前230年左右，死于公元前187年左右。据Apollodorus等记载，此王在公元前206年以后数年曾东征占据Ferghana等地，且远达Serica的地域。据Tarn等考证，此王后裔所铸钱币所用的铅来自中国。Tarn以为此王曾达塔里木河流域，唯我们以为Serica一字虽后日指中国，最初亦可能为“疏勒”的对音，此希腊王自Ferghana到达疏勒亦为极可能的事。

尤屠帝摩东征后始封其子为王，这是古代西方从来未有的。尤屠帝摩为西方第一人实行分土封建者。此后安息诸王亦实行此制度，尤屠帝摩的次子安提马科（Antimachus）于公元前2世纪初被封于大夏西北地域，此事始于何年虽难判定，然此王至少在公元前167年尚在位，则其始封似当在其父在位最后数年。

安提马科王尚有一事值得注意，即此王钱币上有θ eos的称号，后日罗马诸帝所加的称号Divus显然发源于此。此希腊字的意义可译为“天”，亦可译为“神”，更可为“帝”字的对音与意译。此又为西方过去所未有者。较安提马科略晚的希腊王安提奥科四世（Antiochus Ⅳ）亦用此称号，其即位年代为公元前175年。此二王最初采用此称号的年代可能相差不远。如前言裂土封王的新制与此新称号的来源有关，可能亦创始于离此不甚远的年代。

大夏的希腊王国至早在公元前2世纪中始有郡县，后日罗马帝国的诸郡亦源于此。大夏希腊王国的Eparchy相当于汉代的郡，其Hypachy则相当于汉代的县。Eparchy有时又称Satrapy，其地属于诸侯王，又相当于汉代的诸侯王国。Satrapy虽为波斯旧名，而此与波斯旧制不同，西方学者皆认为此种郡国的来源与古代波斯无关。大夏的一县又分为若干驿亭（Stathmos），亭各有长。总之，大夏的郡县制又与汉朝的郡县制完全相同。埃及的脱烈美王朝亦有相似的郡县制。

我们在另考里业已证明，汉初皇帝称谥前所加的孝字，在公元前187年左右亦被西亚希腊王国诸王采用。安提马科王的钱币上所见“帝”的称号，极可能亦在同时自中国学来，封建制与郡县制的创始可能亦在同时，如此则当在尤屠帝摩王在位最后数年内。尤屠帝摩王在位的最后年代据Tarn等学者考证为公元前187年左右，与前考正符，这似乎不是偶合。

希腊王尤屠帝摩东征考

大夏的希腊王尤屠帝摩为大夏希腊王朝的首创者。据近人考证，此王即位约在公元前230年，死于公元前187年或此后数年内。当公元前3世纪后期，西亚的希腊王朝方强，大夏的尤屠帝摩王尚为西亚的附庸，亦未扩展领土。西亚的希腊王安提奥科三世于公元前208年进攻大夏，当时尤屠帝摩的疆域东北方尚以雪山为限。安提奥科围大夏都城两年始退却，此后尤屠帝摩与其子帝迷脱罗（Demetrius）始开始扩展疆土为独立王国，尤屠帝摩曾东进占领Ferghana，此地约当汉初的大宛国，其事发生的年代虽不可确知，然当在大夏围解，即公元前206年以后，及此王死时即公元前187年以前。此王后裔曾用中国的铅铸钱币，而此等铅币最初见于帝迷脱罗王即位时，故尤屠帝摩的东征似当在其最后数年内，即公元前190年左右。

据Apollodorus记载，尤屠帝摩东方疆土远达Serica及

Phruni，后一种族在Pliny记载中又作Phuni。前一名称后日指中国或产丝的地域。唯据我们考证，西方记载中所言的Seres实指两种不同的民族。一为产丝的Seres，当指古代的蜀国。另一种Serica地域较西，据Pliny记载，在雪山以北，其人长大，赤发碧睛，所用语言与其他种族不同。如西方记载不误，尤屠帝摩东征远达巴蜀又为不可能的事，则尤屠帝摩所征服的Serica当指后一种，其地当在雪山以北。当时大宛通中国有南北道，如《史记》所载。北道经热海东越勃达岭（Bedel Daban）而抵温宿。南道经郁成（Gulcha，后名休循），越铁勒岭（Terek Pass）而抵疏勒。疏勒一路为通常的大道，尤屠帝摩自大宛东征必经疏勒，疏勒当即大夏王所征服的Serica。疏勒的梵名为Saraga，按突厥语及波斯语中“黄色”为Saragha，疏勒一名当本于此，在甘肃境内的黄河名为疏勒河可以为证。疏勒地在雪山以北与西方记载相符。《西域记》言疏勒国人“文身碧瞳”亦与北方记载正符。

Phruni或Phuni当离疏勒不远，我们以为即是汉代的蒲犁。《汉书》载：“蒲犁北至疏勒五百五十里。”又载：“蒲犁及依耐、无雷国皆西夜类也，西夜与胡异，其种类羌氐行国，随畜逐水草往来。”又载：“西夜国，王号子合王。”由此可见，此处原有一大国名西夜或蒲犁，班固作《汉书》时已分为子合、蒲犁、依耐、无雷四国，唯尚总称为西夜。范晔作《后汉书》时又无蒲犁、依耐、无雷三国，只有西夜、子合、德若三国。《汉书》的蒲犁、依耐、无雷三国名皆得为Phrui或Phuni的对音，原来当是一国。

Tarn以大夏无金，而尤屠帝摩以后诸王曾用金币及来自中国的铅币，遂提出假设言尤屠帝摩东征达塔里木河流域，其目的为求天山方面的金，其说亦不无根据。唯尤屠帝摩既占有大宛一带地域，则其势力曾达疏勒及蒲犁当无问题。我们有理由相信尤屠帝摩的远征军且东达于阗，见另考。总之此帝国既东达疏勒、蒲犁，则其袭用中国政制及称号，如我们在前考中所提出者，似已为无疑的事实。

古代于阗为希腊殖民地说

我们前此考证大夏希腊王尤屠帝摩东征事时，已经证明此王曾东达大宛疏勒与蒲犁。我们以为古代于阗亦可能为希腊殖民地，且于阗古城或即为此王所建。我们假设的根据可列举如下。

据斯坦因等所发现的资料，古代于阗人大部属于所谓阿利安血统，古代于阗的建筑雕刻与古代大夏的希腊艺术亦极相似，故古代于阗必曾受希腊文化的影响。

斯坦因在于阗发现的怯卢古文中有若干希腊字，其一为Stater，此为一种希腊古代钱币的名称，唯大夏希腊王最后用此种钱币者即为尤屠帝摩，由此可见至晚当公元前2世纪初年，即尤屠帝摩在位时，于阗已受希腊文化的影响。

唐默斯教授（F. M. Thomas）在于阗古文中发现两处有希腊字Parembole，其意为营帐。此字的存在可证明古代于阗曾有操希腊语的武装移民，故古代于阗可能一度为希腊人的殖民地，而就前论看来，希腊人占领于阗似即为尤屠帝摩王在位时事。

据《史记》所载，张骞通西域时，大宛以东的杆罙与于阗似尚为大宛的附庸。《史记》虽未明言，而其以于阗为宛东小国，足见当时于阗与大宛尚有密切的联系。大宛若原属于大夏的尤屠帝摩王，则于阗亦可能曾为此王领土的一部。

于阗名称的来源至今尚无定论。玄奘记于阗的梵名为瞿萨旦那（Kustana）。匈奴称于遁（Odon），此似与元代于阗名称斡端相同，皆无字首喉音。《西藏传》则记于阗为Uthen，亦无喉音。亚历山大及其后裔诸王每征服一地建立新城，辄以其名为城名，尤屠帝摩所建城当名为Euthydemia，于阗一名正得为此名的简称。

我们再看《西藏传》与《大唐西域记》里关于于阗建国的传说，《西域记》所载较为扼要，今节录如下：

> 昔者此国虚旷无人，毗沙门天于此栖止。无忧王太子在呾叉始罗国被抉目已，无忧王怒遣辅佐，迁其豪族，出雪山北，居荒谷间，迁人逐物，至此西界，推举酋豪，尊立为王。当是时也，东土帝子蒙谴流徙，居此东界，群下劝进，又自称王。岁月已积，风教不通，各因田猎，遇会

荒泽，更问宗绪，因而争长，忿形辞语，便欲交兵。或有谏曰："今何遽乎？因猎决战，未尽兵锋，宜归治兵，期而后集。"于是回驾而返，各归其国，校习戎马，督励士卒。至期兵会，旗鼓相望，旦日合战，西主不利，因而逐北，遂斩其首。东主乘胜，抚集亡国，迁都中地，方建城郭。忧其无土，恐难成功，宣告远近，谁识地理。时有涂灰外道，负大瓠，盛满水，而自进曰："我知地理。"遂以其水屈曲遗流，周而复始，因即疾驱，忽而不见。依彼水迹，峙其基堵，遂得兴功，即斯国治，今王所都于此城也。城非崇峻，攻击难克，自古已来，未能有胜。

《西藏传》所载与此略同。《西域记》"迦毕试"条载迦腻色迦与东夏质子事，所谓东夏质子者实为疏勒王子，见另考。此处的东土帝子当亦为疏勒方面的某一王，疏勒当时为尤屠帝摩王领土，故在于阗建立新国者似为尤屠帝摩王。

在于阗初传佛教者为毗卢旃（Vairochana），其事见《洛阳伽蓝记》与《西域记》，据《西藏传》所载，此阿罗汉来于阗传佛教时，为于阗建国后一百六十五年即位的Vijayasambhava在位第五年，亦即于阗建国后一百六十九年。过去一般学者根据传说以为于阗建国当在无忧王在位时，佛教传入于阗既在其后一百六十九年，则当在公元前1世纪初年，唯据我们考证，此实为不可能的事。于阗自汉武帝通西域后，与中国关系颇密，若此国在公元前1世纪初即有佛教，则中国不得晚至元寿元年即公元前2年始遣使至大月氏国求佛经，再据我们考证，提倡佛教的迦腻色迦王在位时代为公元前28年至公元前2年。在于阗传佛教的毗卢旃来自迦湿弥罗，而迦腻色迦以前的迦湿弥罗诸王未有提倡佛教的事。这样看来，毗卢旃来于阗传布佛教必在迦腻色迦王时代，唯必在汉哀帝求经以前，因中国知道有佛教当即于阗方面传来的消息。汉成帝河平四年罽宾曾遣使入贡，罽宾即迦湿弥罗，很可能来于阗的毗卢旃即随使臣同来，由此则毗卢旃来于阗当在公元前25年，即迦腻色迦王在位第四年。于阗建国既在此前169年，当即为公元前194年，此正为尤屠帝摩王东征的时代。

大宛为塞种所建考

我们知道大月氏于公元前176年夺取伊犁地方，塞种西越葱岭分散为数国，《汉书》说："自疏勒以西北，休循、捐毒之属皆故塞种也。"《汉书》记休循西北至大宛国九百二十里，西至大月氏千六百一十里。大宛王都当时为俱战提，大月氏王庭为飒秣建，汉里约当三分之一公里，故休循当即为Gulcha，亦即《史记》所言离大宛贰师城二百里的郁成，捐毒西北至大宛千三十里，西接休循，北接乌孙，故当为Irkeshram。塞种自伊犁西迁时，当经过大宛贰师城，始至休循、捐毒。休循、捐毒若为塞种，则以贰师为王都的大宛似亦为塞种国。

塞字古音Sak，亦即西史的Saka。据Strabo记载，Jaxartes河划分Saka与Sogaiana，犹如Oxus河划分Sogdiana与Bactria。故Saka居地亦即为大宛国地，李广利攻大宛时，郁成即《汉书》的休循为大宛的附庸国，又为其南道的要镇。此亦可为大宛为塞种的证据。当时大宛王为母寡，公元前101年为其国人所杀，故其在位时代当为公元前2世纪末。在中亚发现的塞种货币里有Moga王名，其钱币形式或圆或方，皆为铜币，正面刻希腊文字，模拟Demetrius，Apollodotus，Monander三王钱币，此三王时代为公元前2世纪间，Moga王的时代当在公元前2世纪末。此王钱币上用希腊文Βαδιλεμζ Βαδιλεων称号及佉卢文Rajatirajasa称号，其义皆为“王中之王”，当时用此称号的只有安息王Mithradates Ⅱ，此王于公元前123年即位，故Moga王的时代亦应相去不远，如此则《史记》所载的大宛王母寡似即为塞种货币上所见的Moga王。

塞种货币里又有Azes王钱币，形式与Moga王钱币相似，近世学者或以此王在母寡后，或以为在母寡前，唯Azes王钱币皆在Kabue河流域发现，而Moga王钱币则在Panjab地方发现，塞种既由北向南扩展领土，则Azes王钱币似应在Moga王前，即当在公元前130年至公元前140年间，据Justin记载，Bactria即Kabul河流域最后的王Heliocles于公元前104年尚在位，故Azes夺取Kabul流域当在公元前140年以后，我们在另考里已证明名为Azes的一种塞种纪元当大月氏自伊犁西迁至飒秣建时，即公元前138年左右起算，此当即为Azes王占领Bactria的时代。

我们在另考里又已证明大夏为塞种别支，故与大宛同宗，《史记》言其国与大宛同俗，可以为证。大夏地南抵Ishkashim与Badakhan河流域相接，其国无大王长，当原为大宛附庸，故南侵时用大宛国王的货币。

塞种货币上每每正面刻其王名，背面则刻Vonones一名。过去西方学者每以此为Azes等塞种王所尊奉的共主，其实以此解释为国名，岂不更为自然，大宛的“宛”字古音Von，当即为此Vonones一名的对音。

大宛王都考

《史记》说大宛王城为贰师城：“大月氏在大宛西可二三千里。”《汉书》说大宛王都贵山城：“西南至大月氏六百九十里。”此两处所言大月氏王庭皆为妫水以北的飒秣建，而两处所言距离既如此不同，则贰师城显非贵山城，而贰师城当在贵山城东二千里左右，由此可见大宛曾将其王都西迁二千里，其理由则可能为因贰师城被屠，故大宛将其王都迁至离中国较远的地方，《史记》关于大宛的记载止于公元前1世纪初年。《汉书》所记亦不出公元前1世纪中叶，故大宛王城的西迁当即为公元前1世纪前半叶的事。

按飒秣建东北六百九十里为Khojend，此即阿拉伯人记载的Sutrasna。《括地志》言：“率都沙那，亦名苏对沙那国，本汉大宛国。”故贵山城为Khojend当无疑问，《唐书·西域传》以此地为贰师城，当因二地同为大宛王城而致误。由Khojend西行经Zamin与Dsizak抵Tamerlan关隘，越此即至Samarkand，此Tamerlan关隘当即为大宛与大月氏分界处。

贰师城在贵山城东二千里左右，故此应为Osh。此处为大宛东方的要镇。汉代通大宛有两道，南道由疏勒西行至Irkeshtam，西北越Terek岭，经Gulcha而至Osh，北道自温宿越勃达岭（Bedel Daban）过乌孙而抵Osh，《汉书·陈汤传》言讨伐郅支单于时，“其三校从南道逾葱岭经大宛，其三校都护自将，发温宿国从北道入赤谷过乌孙”，此用兵的道路与李广利讨伐大宛时完全相同，而前人皆未看出，实可骇异。《史记》载：“贰师将军既西过盐水，当道小国恐，各坚城守，不肯给食，攻之不能下。下者得食，不下者数日则去，比至郁成，士至者不过数千，皆饿罢。攻郁成，郁成大破之，所杀伤甚众。贰师与将军哆始成等计，至郁成尚不能举，况至其王都乎，引兵而还。”这是李广利第一次出师，所取为南道，郁成即Gulcha亦即《汉书》的休循，为塞种小国，当时应为大宛的附庸，这次出师未至贰师即败，故二次出师时，分南北道，如《史记》所载，“于是贰师后复行，兵多而所至小国莫不迎出食给军，至仑头，仑头不下，攻数日屠之，自此而西，平行至宛城，汉兵到者三万人”，“平行至宛城”的意义当为“一直向西行”，所以此当指北道，即经过乌孙的道路。《史记》

载，“天子使使者告乌孙大发兵，并力击宛，乌孙发二千骑往，持两端不肯前”，当即为此时事。《史记》又载：“初贰师起敦煌西，以为人多，道上国不能食，乃分为数军，从南北道。校尉王申生，故鸿胪壶充国等千余人别到郁成。郁成城守，不肯给食其军，王申生去大军二百里，偵而轻之，责郁成。郁成食不肯出，窥知申生军日少，晨用三千人攻，戮杀申生等，军破，数人脱亡走贰师。贰师令搜粟都尉上官桀往，攻破郁成，郁成王亡走康居。”此次军分南北二道，而主力则在北道，北道攻贰师城有三万人，南道攻郁成初只有千余人，白鸟库吉由“王申生去大军二百里”一句断定郁成离贰师城二百里，可谓卓见。唯其他考证则完全错误，按汉代一里约当三分之一公里，Gulcha与Osh间的距离与之正合，《汉书》言休循西北至大宛贵山城九百二十里，里数方向亦合。

张骞西求月氏时，大宛“为发道驿，抵康居，康居传致大月氏”，贰师城为Osh，其西有沙漠，不便通行，故一般由此去飒秣建多西北行经Andjijan与Namangan而抵Tashkend，自Tashkend至飒秣建有二道，一道南经Khojend然后西行，一道西南渡河经Dsizak。就Tashkend的距离与方向看来，当即为康居王都卑阗城，自Osh经Tashkend而抵Samarkand的路线亦即张骞自大宛经康居而抵大月氏的路线。

关于乌孙的种族问题

自从颜师古说过：“乌孙于西域诸戎，其形最异，今之胡人，青眼赤须，状类猕猴者，本其种也。”近代学者或以乌孙为哥特人Gath，或以乌孙为混有印欧血统的突厥人，我们则以为无论乌孙是否是哥特人，总是属于日耳曼种族的人民。其说如下：乌孙诸王，名后每加以“靡”字，如乌孙王昆莫名猎骄靡，其孙岑陬名军须靡，岑陬子名泥靡，其季父大禄子名翁归靡，翁归靡长子名元贵靡，元贵靡子名星靡，星靡子名雌栗靡，此后又有伊秩靡，安犁靡，白鸟博士以靡为突厥语的bi，为贵族的称号，唯如此则所有乌孙诸王皆应有“靡”字的尊称，然而我们知道不带“靡”字的乌孙王裔又有万年、大乐、细沈瘦、乌就屠、拊离、日贰、安日、末振将、番丘、卑爰疐等，所以靡字为bi之说不能成立。波斯文里有Mir的称号，音亦近“靡”，唯多在名前，如“王子”为Mirza之类，故此亦不似波斯文，古日耳曼民族人名后每有Mer音，如著名的Vandal王名Visimar，考此mer字原意或即为长男，古日耳曼语为Mer，现代英语中之Major、Mayor即由于此，据《汉书》云："翁归靡即立，号肥王，复尚楚主解忧，生三男两女，长男曰元贵靡，次曰万年，为莎车王，次曰大乐，为左大将。"三男之名唯长有"靡"，故靡为日耳曼语之mer此说殆可成立。

其次，吾人由《汉书》知乌孙王号"昆弥"，故"昆弥"当然即为"王"字之意，"昆"字固令人想起西藏语之Kun，其意为"一切所有"，王之称号上常加此字，唯"靡"既证明为日耳曼语，"昆"字亦可能为日耳曼语之Kun或Kuning，其意为"王"，"昆弥"之"弥"今日中国北方读若Mi，而广东音则为Nei，福州音为Ni，安南音为Nyi，南方读音当与古代读音相近，故昆弥当即为Kuning之读音，此乌孙语言属日耳曼系之第二证据。

然乌孙最初之王名昆莫，莫字古音当为Mak，亦从无改为n音之例，故"莫"字当为另一字，按《史记》言，乌孙故服匈奴，"昆莫之父，匈奴西边小国也，匈奴攻杀其父，而昆莫生，弃于野，乌嗛肉蜚其上，狼往乳之。单于怪以为神，而收长之，及壮，使将兵，数有功，单于复以其父之民予昆莫，令长守于西域。"故乌孙原为代匈奴守边的附庸，按日耳曼语“边界”为Marcha（古日耳曼语）或Marka（哥特语），“莫”字与之音同。德文与英文今日犹有Mar Graf，Mar Grave一字，其义为“守边之诸侯”，可以为证，故“昆莫”亦即“守边之王”之意。此乌孙语言属日耳曼系之第三证据。至于昆莫之子改称昆弥者，则以当时乌孙业已独立，不受匈奴约束之故，张骞通西域时，乌孙名义上犹为匈奴之附庸，故乌孙通汉时，匈奴怒欲击之，乌孙改号当在太始四年汉兵破大宛后，时汉威方张，匈奴疲敝，故乌孙得改号独立也。

至此，古代乌孙所用语言为日耳曼语，似已得出相当证明，加以颜师古“青眼赤须”之言，吾人似已可断定乌孙为日耳曼种，《汉书》又有二乌孙称号，亦可为补充之证据：昆莫之孙名军须靡，号岑陬，“岑陬者，官号也”。岑陬可能即日耳曼语Herzog之对音，其意为“大将”，岑陬季父号大禄，按“大”字古音或作一驾切，《正字通》云：“淮南子，宋康王世有雀生鹯，占曰，小而生大必霸天下。”大叶下，古亦有一驾切之音，如此则“大禄”可为Yarl之音译，即英文Earl，其意为侯伯。

月氏乌孙的故地

匈奴开始打击月氏使之西移是秦末汉初的事。根据《史记》记载，当楚汉相拒时，冒顿始西击走月氏，南并楼烦、白羊河南王，侵燕、代。其时虽不可确知，然据《汉书·韩王信传》高祖六年秋冒顿始大入燕，则其击走月氏当为此前一二年的事。故若假设其在高祖五年即公元前202年左右，当相差不远。按楼烦等王地当今鄂尔多斯地方，故当时月氏当在其西，即宁夏南部及甘肃东部，《西河旧事》言，“姑臧城秦月氏戎所据”，《旧唐书》亦言凉州“秦月氏戎所处”，可见月氏在秦代以凉州为中心，汉初始放弃凉州向西迁移。

据《史记》汉初匈奴“右方王将居西方，直上郡以西，接月氏、氐、羌”，故冒顿击走月氏后，匈奴右翼仍只到陕西北部，唯月氏惧匈奴，经此次打击后似即放弃凉州而转守甘州，文帝四年（公元前176年）冒顿遗汉书有“至西方求月氏击之”一语，可见匈奴与月氏间已有相当的距离。《隋书·西域传》康国条载：“其王本姓温，月氏人也，旧居祁连山北昭武城，因被匈奴所破，西逾葱岭，遂有其国，支庶各分王，故康国左右诸国，并以昭武为姓，示不忘本也。”康国即飒秣建，我们前已证明大月氏妫水以北的王庭在飒秣建，可见《隋书》的话并非没有根据，昭武城在张掖西北，约当公元前202年月氏放弃其凉州旧都姑臧城后，应即以甘州昭武城为其新都。

《史记》言“始月氏居敦煌、祁连间”，祁连山据《河西旧事》“在张掖酒泉二界上”，故《史记》所言当指月氏放弃凉州以后的疆域，其地当包括甘州、肃州至瓜州一带，《汉书》言“昆莫父难兜靡本与大月氏俱在祁连、敦煌间”，故此时月氏应与乌孙接壤，乌孙原在月氏西抑或月氏东，学人尚无定论。唯汉初匈奴右翼既在上郡以西与月氏接而为月氏东邻，则乌孙似应在月氏西方，唐张守节《史记正义》言乌孙战国时居瓜州，可以为证。公元前176年匈奴冒顿歼灭月氏在甘肃境内的势力以后，其遗《汉书》有云：“定楼兰、乌孙、呼揭及其旁二十六国，皆以为匈奴。”楼兰、呼揭在敦煌以西，乌孙似亦应相离不远，此亦可为乌孙原在月氏西的证据。唯《史记》上所言匈奴浑邪王地在《汉书》上都作乌孙昆莫故地，而据《汉书》浑邪王地即张掖郡，故近世学者又有以为乌孙故地当在月氏以东者，然而乌孙昆莫故地非其父难兜靡的故地。据我们考证，昆莫父难兜靡被月氏所杀之事在公元前176年。若乌孙原在瓜州，居月氏西，则大月氏杀难兜靡而夺其地当即为匈奴西进的结果。当时乌孙余众东依匈奴，所谓昆莫故地的张掖郡当即为当时乌孙余众东依匈奴的地方，与难兜靡在公元前176年以前的故地无关。综上所考，月氏在秦代以凉州姑臧城为中心，其地当宁夏南部及甘肃东部一带。约当公元前202年，因匈奴在东方的压迫而放弃凉州，以甘州昭武城为中心，其地当东起凉州以西，西抵瓜州，乌孙则自战国时即定居瓜州，公元前176年，月氏西迁伊犁，途中经过乌孙故地而杀其王难兜靡，乌孙余众东就匈奴，定居张掖，即所谓昆莫故地，亦即后日的浑邪王地。

月氏两次西移的年代

《汉书·张骞传》载：

闻乌孙王号昆莫，昆莫父难兜靡本与大月氏俱在祁连、敦煌间，小国也。大月氏攻杀难兜靡，夺其地，人民亡走匈奴。子昆莫新生，傅父布就翕侯抱亡，置草中，为求食，还，见狼乳之，又乌衔肉翔其旁，以为神，遂持归匈奴，单于爱养之。及壮，以其父民众与昆莫，使将兵，数有功。时月氏已为匈奴所破，西击塞王，塞王南走远徙，月氏居其地，昆莫既健，自请单于报父怨，遂西攻破大月氏。大月氏复西走，徙大夏地。昆莫略其众，因留居，兵稍强，会单于死，不肯复朝事匈奴。

这段记载说明月氏曾两次西移，第一次被匈奴击破，西徙伊犁，第二次被乌孙击破，西徙飒秣建。我们现在要考订的即此二次西移的年代，关于月氏西徙伊犁的年代，《汉书·匈奴传》里说得很清楚。文帝四年匈奴单于遗汉书曰："今以少吏之败约，故罚右贤王，使至西方求月氏击之，以天之福，吏卒良，马力强，以灭夷月氏，尽斩杀降下定之，楼兰、乌孙、呼揭及其旁二十六国，皆以为匈奴。诸引弓之民并为一家。"又曰："六月中，来至新望之地。""少吏败约"指三年五月右贤王入居河南地为寇事，故击破月氏当在汉文帝三年五月与四年六月间，亦即公元前177或公元前176年，此亦应为月氏西移伊犁的年代。唯《汉书·匈奴传》又言："至冒顿单于攻破月氏，而老上单于杀月氏王，以其头为饮器，月氏乃远去。"故一般学者又以月氏西徙伊犁当在老上单于时，即公元前174年至公元前160年间，不过在此期内我们不见有匈奴攻月氏的记载，而冒顿遗汉书里曾说明当时匈奴已完全消灭在甘肃境内的月氏势力，其前锋远达楼兰，故冒顿攻月氏与老上单于杀月氏王似指同一次战役的事实。我们知道当时攻破月氏的匈奴主帅并非冒顿本人，因冒顿死于其后二年，当时业已年老。匈奴当时的主帅是其右贤王，这极可能就是冒顿之子稽粥，将来的老上单于，因为匈奴左右贤王多由其王的子弟充任，匈奴太子在即位前大凡不为左贤王即为右贤王。故老上单于杀月氏王未必为另一次战役的事。

乌孙邻接月氏，故月氏攻杀难兜靡亦当为此次战役里的事，昆莫既生于此时，则其生年即为公元前176年，元封中汉遣公主以妻昆莫，时昆莫年已过老，乃使其孙尚公主。元封纪年起自公元前110年至公元前105年，其时昆莫年岁当在六十以上，故与其生年为公元前176年的假设相符。若二次击破月氏为昆莫壮年的事，则其事当在公元前一百三四十年左右。据《汉书》记载，乌孙击破月氏而留居塞种故地后，匈奴单于死，遂不复朝事匈奴，匈奴的军臣单于即位于公元前160年，死于公元前126年，故月氏自伊犁西移当在公元前126年以前。《汉书》又载张骞使月氏为匈奴所得时，单于曰："月氏在吾北，汉何以往使，吾欲使越，汉肯听我乎？"由此可见月氏当时尚在伊犁，按张骞归国，据《通鉴》在元朔三年，即公元前126年，居西域共十三年，故其初使月氏为匈奴所得时当为公元前139年。此时月氏尚在匈奴以北的伊犁，唯若匈奴命乌孙击走月氏系张骞使月氏的结果，则月氏西移可能即在公元前139年或公元前138年，其时乌孙王昆莫方三十余岁，正当壮健之年。

大月氏王都考

《汉书·西域传》“大月氏”条言：

> 大月氏国，王治监氏城，去长安万一千六百里。不属都护。户十万，口四十万，胜兵十万人。东至都护治所四千七百四十里，西至安息四十九日行，南与罽宾接，土地风气物类，所有民俗钱货，与安息同，出一封橐驼。大月氏本行国也，随畜移徙，与匈奴同俗。控弦十余万，故疆轻匈奴，本居敦煌祁连间，至冒顿单于攻破月氏，而老上单于杀月氏，以其头为饮器，月氏乃远去，过大宛，西击大夏而臣之，都妫水北为王庭。

由此记载可见大月氏本是行国，与匈奴同俗，大概在妫水北建立王庭时还保留有游牧的习惯，后治监氏城，户十万，与安息同俗，且有钱货，可见已脱离游牧的习惯，变成土著有城屋的民族了，由此亦可见后日所治的监氏城并非往日在妫水北的王庭。

《汉书·西域传》“大宛”条言：

> 大宛国，王治贵山城，去长安万二千五百五十里。户六万，口三十万，胜兵六万人。副王、辅国王各一人。东至都护治所四千三百十一里，北至康居卑阗城千五百一十里，西南至大月氏六百九十里。

若此处大月氏王都为前文的监氏城，则其距离显然不合，大宛王都去长安万二千五百五十里，此处大月氏王都又在其西南六百九十里，则大月氏王都离长安当在一万三千里以上，上文的监氏城则去长安只有一万一千六百里，比贵山城去长安的里数为少，前面我们已假设大月氏所治监氏城并非往日在妫水北的王庭，此处大月氏王都在大宛贵山城西南六百九十里，显即指大月氏过大宛在妫水北建立的王庭，与监氏城无关。

按《汉书·西域传》的记载本非同一时所搜集。大宛当西域北道，而北道自公元前1世纪中叶，因匈奴强大，即已闭塞不通。大月氏当西域南道，而南道诸国在东汉初年尚遣使求内附。《汉书》关于大宛的记载只说到大宛王昧蔡以后的蝉封王，故当为公元前1世纪前半叶所纂集。《汉书·西域传》有成帝时（公元前32—公元前8年）关于罽宾的记载，而罽宾在大月氏西南，故关于大月氏的记载当为公元前1世纪后半叶所纂集。大月氏王都由妫水北的旧廷移至监氏城当即为公元前1世纪中叶的事。

《史记·大宛传》言：

> 大夏在大宛西南二千余里，妫水南，其俗土著有城屋，与大宛同俗，无大王长，往往城邑置小长。其兵弱畏战，善贾市。及大月氏西徙，攻败之，皆臣蓄大夏。大夏民多，可百余万，其都曰蓝市城，有市贩贾诸物。其东南有身毒国。

此大夏的蓝市城显然为大月氏后日所治的监氏城。《后汉书》作蓝市城，《魏书》作卢监氏，北史作剩监氏，当指同一地，而皆为同一名的异译。

大月氏最初在妫水北的王庭离大宛贵山城六百九十里，故不难考订其地点，按贵山城即俱战提（Khojend），其西南六百九十里为飒秣建（Samarkand）。《唐书》亦载二者的距离约为七百里。如此我们知道大月氏在妫水北的王庭即飒秣建。

据《五翕侯地域考》，贵霜翕侯在今Kunduz附近。按贵霜王的兴起当始于迦腻色迦王时，此王即位于公元前28年，此后贵霜王朝即取大月氏王朝而代之，大月氏王都迁至妫水南即当在此时，其所以脱离游牧习惯者，当亦因大夏翕侯本为有城屋的民族。这样看起来。监氏城当即是Kunduz，此名原作Kuhandiz或作Kandiz，监氏即其对音。其距离与方向亦与《汉书》所记相符，据Aboufeda记载，吐火罗有大城名Sikandah，若此亦即Kunduz则又得为《北史》剩监氏的对音。大月氏后来又西迁薄罗城。即Bactra，其事当丘就却时，约当1世纪下半叶，丘就却子阎膏珍则南下建都于富楼沙城，为小月氏，见另考。

大月氏五翕侯疆域考

《汉书·西域传》载五翕侯疆域甚详：

> 一曰休密翕侯，治和墨城，去都护二千八百四十一里，去阳关七千八百二里。二曰双靡翕侯，治双靡城，去都护三千七百四十一里，去阳关七千七百八十二里。三曰贵霜翕侯，治护澡城，去都护五千九百四十里，去阳关七千九百八十二里。四曰肸顿翕侯，治薄茅城，去都护五千九百六十二里，去阳关八千二百二里。五曰高附翕侯，治高附城，去都护六千四十一里，去阳关九千二百八十三里。凡五翕侯，皆属大月氏。

休密即脱烈美《地志》里Komedae的对音，亦即《梁书》的胡密丹，《唐书》的护密多，慧超《往五天竺传》的胡密，慧琳《音义》的胡篾，《西域记》的拘谜陁。由《汉书》所载距离看来，疏勒去都护二千二百一十里，无雷去都护二千四百六十五里，故此当在疏勒西南六百三十一里，无雷以西三百七十六里，当即为Bartang河上的Tashkurghan。

双靡即梵书（Sama）的对音，亦即《魏书》的赊弥，《西域记》的商弥，慧超的奢靡竭罗阇。其地就距离看来当为Mastog。东北距都护约较休密远九百里，南道距阳关则与休密差不多。

贵霜即Kushana的对音，按贵霜朝的旧都为监氏城，即Kunduz，见另考，此当离之不远，似即Kunduz以东的Kishm，此名Kishm当亦为贵霜（Kushana）的转讹。其南道距离与休密、双靡相近，可以为证。

颜师古注肸顿云“肸字许乙反”。故肸顿当即大月氏后日别名Khuttal的对音。据大食记载，Khuttal都城为Hulbuk，即在今妫水北的Kulab附近，薄茅城当即是Hulbuk的对音。其地在贵霜北，过去一般学者多据《魏书》而以肸顿在贵霜西南，实为大误，肸顿南道较贵霜远二百里，北道略同贵霜，可见其地当在贵霜北。

最后，高附北道较肸顿远约百里，南道则远千里，当即肸顿西北的Kafirnihan，由此可见汉代五翕侯的地域亦即《西域记》所载货逻的疆域：“其地南北千余里，东西三千余里，东扼葱岭，西接波剌斯，南大雪山，北据铁门，缚刍大河中境西流。”又亦即《唐书》所载那色波地：“那色波，亦曰小史，盖为史所役属，居吐火罗故地，东扼葱岭，西接波剌斯，南雪山，循缚刍水，北有咀密种。”

大月氏王寄多罗与罽宾王馨孽

《北史·西域传》“大月氏”条云：

大月氏国，都卢监氏城，在弗敌沙西，去代一万四千五百里，北与蠕蠕接，数为所侵，遂西徙都薄罗城，去弗敌沙二千一百里，其王寄多罗勇武，遂兴师越大山，南侵北天竺。自乾陀罗以北五国尽役属之。太武时，其国人商贩京师。

又同书“小月氏”条云：

小月氏国，都富楼沙城，其王本大月氏王寄多罗子也，寄多罗为匈奴所逐，西徙。后令其子守此城，因号小月氏焉。

这两段记载里有一重要的矛盾，即前条言寄多罗为蠕蠕所侵，后条则言寄多罗为匈奴所逐。按《后汉书》载月氏事云：

> 初月氏为匈奴所灭，遂迁于大夏，分其国为休密、双靡、贵霜、肸顿、都密，凡五部翕侯，后百余岁贵霜翕侯丘就却攻灭四翕侯，自立为王，国号贵霜。侵安息，取高附地，又灭濮达罽宾，悉有其国，丘就却年八十余死，子阎膏珍代为王，复灭天竺。

《北史·西域传》言寄多罗南侵北天竺，《后汉书》则言丘就却灭罽宾。北天竺与罽宾为相同地域，北天竺在1世纪中叶既已属月氏，则寄多罗越葱岭南侵北天竺显非此后的事。蠕蠕的兴起在5世纪初，显然与此无关，故当从“小月氏”条改《北史》文中蠕蠕为匈奴。《北史》所言役属月氏的乾陀罗以北五国又显然即为大夏五部翕侯。寄多罗又亦得为Kujula的译音，故寄多罗当即为丘就却，而《北史》所记与《后汉书》所记当为同一事。

按丘就却的年代，据我们考证，当在1世纪下半叶，北匈奴远徙中亚即当此时。窦宪大破北匈奴是在永元元年，即89年，次年春二月月氏遣使来贡，三年汉又击北匈奴，出塞五千余里，五年灭北匈奴。匈奴二次西击月氏，使之迁都，当即是这时候的事。

《唐书·西域传》“罽宾”条言7世纪初宾王为曷撷支，王始祖曰馨孽，父子传位已十二代。按唐代罽宾包括乾陀罗在内，故此王始祖可能即为小月氏王。月氏最初诸王在位年代甚长，平均为三四十年，若以四十年为一代计算，则曷撷支的始祖可能即为始建都于富楼沙的小月氏王阎膏珍，此王在位约当2世纪初，馨孽亦得为Wema Kadphises的对音。

《汉书》上的罽宾王阴末赴

《汉书·西域传》云：

> 自武帝始通罽宾，自以绝远，汉兵不能至，其王乌头劳数剽杀汉使。乌头劳死，子代立，遣使奉献。汉使关都尉文忠送其使。王复欲害忠，忠觉之，乃与容屈王子阴末赴共合谋，攻罽宾，杀其王，立阴末赴为宾王，授印绶。后军侯赵德使罽宾，与阴末赴相失，阴末赴锁琅当德，杀副以下七十余人，遣使者上书谢。孝元帝以绝域不录，放其使者于县度，绝而不通。

按汉代罽宾应指犍陀罗一带，此地在公元前一二世纪为安息与塞种所共有，由近世发现的当地钱币，我们已可考订当时罽宾诸王名，故《汉书》所提及的罽宾王乌头劳与阴末赴二王名当亦可由钱币上找到。

据近人考证，当公元前160年左右，罽宾为Bactria的希腊王Eucratides所有，《汉书》言罽宾金币“文为人头幕为骑马”，应即指此王的钱币，不久安息与塞种诸王相继入侵，公元前一二世纪间罽宾有安息小王名Orthagna。《汉书》的乌头劳三字古代读音与此正同，显然即是此王。

由钱币上的证据看来，Orthagna以后的王即为著名的Gondophar；据基督教传说，基督诞生时，东方有三王来朝，其中一名Gaspar亦即此王。此外又有圣多马（Saint Thomas）去此王国布教的传说，为人所熟知；关于此王事迹，西方传说甚多，唯无翔实的记载。此王既在Orthagna后，当即为《汉书》所载的阴末赴。Gondophar在铭刻上又作Undopar或Gudnaphar，阴末赴当即为其对音。末字虽音Ma，然M与N音在中文里常常转变，如苗字粤音读若Nao，弥字粤音读若Nei，谬字粤音读若Nao，粤语里保存古音甚多，故阴末赴应可为Gudnaphar的对音，我们知道Gondophar在即位前为Arachosia地方太守或小王，《汉书》言阴末赴初为容屈王子，容屈似即为Arachosia的对音。

《汉书》的阴末赴当即位于张骞通西域后数年内，按近世史家证明Arachosia地方原属塞种王Azes。此王死后，

Gondophar即独立为王。Azes以后的塞种王为Moga。据我们考证，此即大宛王毋寡，在公元前101年李广利攻大宛时为国人所杀，公元前124年即已在位，在Peshawar发现的一铭刻上所载年代为Gondophar在位第二十六年，又为某一纪元的103年，此纪元当为自公元前202年起算的塞种纪元，故此铭刻为公元前99年所建立，Gondophar当即位于此前26年，即公元前124年，此即为张骞归国后两年。

汉代罽宾国考

《汉书》载:

罽宾国，王治循鲜城，去长安万二千二百里，不属都护。户口胜兵多，大国也。东北至都护治所六千八百四十里，东至乌秅国二千二百五十里。东北至难兜国九日行，西北与大月氏，西南与乌弋山离接。

过去学者或以为此当乾陀罗，或以为此当迦湿弥罗，尚无定论。此问题主要的困难为汉罽宾都城名循鲜城，此与迦湿弥罗旧都名“拨逻勿逻布逻”（Pravarasena Pura）不符，与乾陀罗旧都名Pushkalavati亦不符，如循鲜城译名能有满意的解释，则罽宾的地域亦可解决。

据Herodotus与Hecataeus记载，乾陀罗有Caspapyros城，

由此顺流东下印度河入海。前人考证皆以为Kabul上流不宜行舟，下流则水势和缓，故此Caspapyros城当在Kabul河下流，亦即乾陀罗旧都Pushkalavati。Maiquart以为Pushkalavati就字义来看，与Pataliputra华氏城相近，故亦可能用Pataliputra城的别名Kusamapura，此名波斯人讹称之为Kaswapura，希腊人又讹称为Caspapyros。此说实极勉强，因为我们并没有证据说Pushkalavati曾用Kusumapura的别名。

我们知道乾陀罗旧都在Swat河与Kabul河合流处，此处古代有河名Choaspes，亦即Swat河的波斯名称，唯亚历山大统治时期的希腊人亦以此河为流入印度河的主流，相当于Kabul的Kophes河则为其支流。此Choaspes河既为当时在乾陀罗地方的主要河流，则临此河上的Pushkalavati显然可用此河名称；如此则Caspapyros城名当即源于Choaspes河，其原名当为Chaspapura或Kaswapura。《汉书》循鲜城的“循”字，古音作Cha，《汉书》休循为Gulcha，可以为证，“鲜”字可为Swa的对音，故循鲜城当即为Chaswapura的对音，其意为临Chaswas或Choaspes河上的城市。《汉书》的循鲜城既为乾陀罗旧都古名的对音，则汉代罽宾为乾陀罗当无疑问。

不过我们再看《汉书·西域传》“难兜国”条，则云：

东北至都护治所二千八百五十里，西至无雷三百四十里，西南至罽宾三百三十里，南与婼羌、北与休循、西与大月氏接，种五谷蒲陶诸果，有银铜铁，作兵与诸国同属罽宾。

难兜九日行，即使有县度的险阻，三百三十里的路程亦不需要九天的时间，这样看起来，《汉书》所载的罽宾当指两个不同的地域，其一在Pushkalavati如前所证，另一罽宾则在其北，离难兜较近，若假设每日行程为百里左右，则难兜当在Pushkalavati东北九百里左右。“难兜”条所载的另一罽宾既在难兜西南三百三十里，则当在Pushkalavati以北五六百里。

“难兜国”条载其国东北至都护二千八百五十里，西至无雷三百四十里，北与休循，西与大月氏接；“无雷国”条载其国东北至都护二千四百六十五里，南至蒲犁五百四十里，南与乌秅、北与捐毒、西与大月氏接；“蒲犁国”载其国东至莎车五百四十里，北至疏勒五百五十里，南与西夜子合接，西至无雷五百四十里；“乌秅国”载其国北与子合蒲犁，西与难兜接，由此记载不难考定其位置。蒲犁国既在莎车西五百四十里，疏勒南五百五十里，则其地当为Chihil-Gumbar。其南的西夜子合当在Tashkurghan一带，无雷既在其西五百四十里，则当为Murghabi，其地在Irkeshtam即捐毒南。“无雷国”条的“南至蒲犁”当作“东至蒲犁”，此有“蒲犁国”条“西至无雷”一语可以证明，而且“无雷国”条里已言其国西接乌秅亦可为证。乌秅当即为Murghabi东北与Tash Kurghan以北的Beyik。难兜既在乌秅南，当即在Abii-Panja河上的Pasht-i-mirza Murad。此处离考订为无雷的Murghabi约三百里，唯Murghabi系在其东北，难兜国“西与大月氏接”一语可以为证，况且难兜国北接休循，休循即Gulcha，其地亦在捐毒Irkeshtam以西。县度在难兜西，当即指Karambar Baroghil或Ochill关隘，过此沿Yarkhum西南行抵Chitral，其地在难兜西南约三四百里，Pushkalavati以北约六百里，故Chitral当即为“难兜国”条的罽宾。

这样，《汉书》罽宾国的地域业已考证清楚，由此我们又可以解决《汉书》里“塞王南君罽宾”的疑问，原来塞王南君罽宾系指另一地域，其地在乾陀罗以北即今Chiltral，《汉书·西域传》的记载系不同时代所纂集，“罽宾”条的记载当纂于阴末赴为罽宾王时，阴末赴即Gondophar，见另考，其时有军侯赵德等使罽宾，阴末赴原为容屈即Arachosia的小王，故其攻罽宾当由西南道，杀罽宾王后即以南方的大城Pushkalavati为其国都，阴末赴即位在公元前124年，故在公元前124年以前的罽宾当指Chitral，公元前124年以后的罽宾当指Pushkalavati，即《汉书》的循鲜城。又据我们考证，大月氏西迁至飒秣建当在公元前138年左右，大月氏所臣服的双靡翕侯地即今Mastog。大月氏臣服大夏的年岁虽不可确知，当然在公元前130年至公元前120年，罽宾都城南迁或亦与此有关。

迦腻色迦王的年代问题

在印度古代史的研究里，迦腻色迦王的年代为一极重要的问题。因此问题一旦不解决，则贵霜诸王年代都无法确定。关于贵霜诸王的年代，我们今日所确知者，即丘就却与其子阎膏珍见于《后汉书》，故不得晚于125年，因其名不见于《前汉书》，故不得早于24年，迦腻色迦与胡韦色迦及韦苏袛婆的名称常见于北印度古代货币上，迦腻色迦的年代为3年至28年，胡韦色迦的年代为29年至60年，韦苏袛婆的年代为74至98年，唯此等年代系根据何种纪元起算，则近世学者尚无定论，有以此三王为在丘就却前者，亦有以此三王为在阎膏珍后者。堪耐狄（Kennedy）以迦腻色迦货币上用希腊文的事实，证明迦腻色迦的年代应在西历纪元前，菲力托（Fleet）亦由古代铭刻觅出古代有二迦腻色迦王的证据，唯诸家所证尚不足断定迦腻色迦的年代。

我们相信现在已发现迦腻色迦年代的秘密，《魏书》里关于大月氏佛经的记载为人所熟知，唯此记载除见于《三国志》外，又见于7世纪法琳所撰《辨正论》，文句略有差异。《三国志》所引原文为："昔汉哀帝元寿元年博士弟子景卢受大月氏使伊存口授《浮屠经》。"《辨正论》所引则为："前汉哀帝时秦景至月氏国，其王令太子口授《浮图经》还汉。"道宣所撰《广弘明集》所引亦作太子授经，而《魏书》《隋书》与玄嶷所撰《甄正论》所引则作伊存授经，与《三国志》相同。按《魏略》原书久已亡失，诸书所引容有省略，其所以或作太子授经，或作伊存授经者，显因原文作"太子伊存"，各书取舍不同，或取其本名而舍其称号，或取其称号而舍其本名。故由此可知当时大月氏王太子名伊存。

按"伊"字古代读音为u或ui，《后汉书》译Upasaka为"伊薄塞"可以为证；"存"字古音为Chen，故亦可为cha的对音。如此则伊存古音可读若ucha或uicha。此似即为迦腻色迦王太子胡韦色迦（Huvishka）一名的对音，因此名亦作Hushka或Uishka。伊存如为胡韦色迦，则当时大月氏王当然应为迦腻色迦。前此西方学者已有以此《魏略》中初传佛教的大月氏王为迦腻色迦者，盖因据印度记载迦腻色迦为初兴佛教的贵霜王。得此证据，则此假设应可以成立。

元寿元年（公元前2年）既为迦腻色迦在位的某一年，则旧说以迦腻色迦货币上年代系按Vikrama纪元起算的假设显然不能成立，盖该纪元自公元前58年起算，而迦腻色迦年代仅28年，唯一可能的古代纪元当为罗马货币上所用Actium纪元。此纪元自公元前30年起算，当时通行于东方，亚洲的希腊人与犹太人均用之。我们知道迦腻色迦王曾采用恺撒（Kaisara）的称号，且其货币模仿罗马货币，又曾与罗马恺撒、安东尼、奥古斯都货币同地发现，故其采用罗马纪元实为极可能的事。

按此纪元推算，则秦景宪使大月氏当迦腻色迦王在位最后一年。此与迦腻色迦晚年信奉佛教的传说亦相符合，迦腻色迦王在货币上的年代当相当于公元前28年至公元前2年，胡韦色迦即伊存的年代当为公元前2年至30年，韦苏祇婆的年代当为44年至68年。丘就却与阎膏珍的年代应在60年至123年间。此与《后汉书》亦相符合，《西域记》云，“迦腻色迦王如来涅槃之后第四百年君临膺运，统赡部洲”，佛涅槃年岁虽不能确定，然当在公元前5世纪间，故亦与此相符，似亦可为补充证据。

阿刺铭刻上的迦腻色迦纪元

在距离Bagnilab二英里的Ara地方曾发现一古代铭刻，据柏林的Luders教授的考证，其文如下：

Maharajasa Rajatirajasa Devaputrasa

Kaisarasa Vajheskaputrasa Kanishkasa

Sambarsarae Elachapari Sae Sam 2020 1...

（余从略）

其意为“大王，王中之王，天子，恺撒，伐吉色迦之子，迦腻色迦治下，于纪元第四十一年……”卢德教授的考证颇有精辟之论，他以为“大王，王中之王，天子，恺撒”四称号含有四方之意，即言其为全世界的共主，“大王”为印度称号，指南方；“王中之王”为伊朗称号，指北方；“天子”为中国称号，指东方；“恺撒”为罗马称号，指西方。他又引《十二游经》（*Dasaviharana Sutra*）里的四天子说为证：“东有晋天子，人民炽盛，南有天竺国天子，土地多名象，西有大秦国天子，土地饶金银璧玉，西北有月支天子，土地多好马。”故关于此点应无问题。

唯关于此铭刻上年代的解释，则诸家尚无定论，从钱币上看来，迦腻色迦的年代为3年至28年，胡韦色迦的年代为29年至60年，韦苏祇婆的年代为74年至98年。故此纪元第四十一年如同为一纪元的年代，由当在胡韦色迦在位时。然而铭刻上又明明说当时在位的王是迦腻色迦，过去学者多以为另一迦腻色迦，与胡韦色迦同时，其实有如假设另一迦腻色迦王的存在，不如解释此年代系根据另一纪元推算。过去一般学者多以迦腻色迦所用纪元为印度的Vikrama纪元，由公元前58年起算，但是我们业已证明此与我们所发现的证据不合，迦腻色迦在钱币上所用纪元应是罗马的Actium纪元，由公元前30年起算。唯此四十一年，既与钱币上年代不合，则当根据另一纪元，可能即是Vlkrama纪元，如此则第四十一年当为公元前17年，我们前此据Actium纪元推算，迦腻色迦的年代是公元前28年至公元前2年，与此相符，故此铭刻当为迦腻色迦在位第十一年时物。

又此铭刻上言迦腻色迦为伐吉色迦之子，伐吉色迦当即为公元前28年以前的贵霜翕侯。

迦腻色迦遣使罗马的记载

我们从迦腻色迦的货币上已可看出其所受罗马影响，从罗马记载里我们又找到他曾遣使罗马。如此则其采用Actium纪元的假设更获得新的证据。

据罗马记载，奥古斯都即位的消息远达印度，许多印度藩王奉使庆贺，奥古斯都自言此为过去西方从来未有的事，据Strabo及他人记载，有一强大的印度王名为Porus或Pandion，曾遣使至罗马，其使臣自Barygaza起程，于公元前25年离印度，路上经四年的时间。当时有一Damascus人名Nicolaus，在Antiochia附近曾见彼等。使臣带来一封以希腊文写成的信，中言此印度王君临六百小国，又带来一佛教僧人名Zarmanochegas，此僧在雅典为宣明佛教曾引火自焚。使臣带来礼物有猛虎、大鸟、蚺蛇、巨龟及一无手小儿能用足投矛射箭。公元前21年印度使臣在Samos见奥古斯都，带来的猛虎曾在Marcellus戏院开幕时公开展览。

此王的名字Porus显为附会，因自亚历山大征印度后，此名即成为传奇中印度王的称号，故不足为据。前人或以此即为南印度Pandya国王，唯若南印度遣使罗马当自Nelkynda或Muziris起程，不当自北方的Barygaza起程，故此王必君临北印度，所携僧人名当为梵文Sramanacharya的转译，由此可知此王必崇奉佛教。我们前已证明迦腻色迦曾采用罗马纪元，其起算的年岁为公元前30年，即奥古斯都在Actium战败安东尼而践帝位的年岁，按此纪元推算，迦腻色迦的年代为公元前28年至公元前2年，此次遣使既在公元前25年，当即为迦腻色迦所遣。由迦腻色迦货币形式，其所采用纪元，及此次遣使的事实看来，奥古斯都显然为迦腻色迦最尊敬的西方君主。

据罗马记载，99年，因罗马帝国征服Mesopotamia而缩短罗马与印度的距离，又有北印度一大王遣使罗马，按丘就却于68年至103年在位，故此王当为丘就却。

盘越与车离

《魏略·西戎传》载有盘越与车离两国，沙畹在他的笺注里未加解释，原文如下：

> 车离国一名礼惟特，一名沛隶，王在天竺东南三千余里，其地卑湿暑热，其王治沙奇城，有别城数十，人民怯弱，月氏天竺击服之，其地东南西北数千里，人民男女皆长一丈八尺，乘象橐驼以战，今月氏役税之。盘越国一名汉越，正在天竺东南数千里，与益部相近，其人小与中国相等，蜀人贾似至焉，南道而西极转东南尽矣。

《后汉书》里盘越讹作盘起，车离讹作东离，车离国人作“长八尺”，当系脱落“一丈”两字。按盘越当即为**Pandya**的对音，此为南印度古代大国；车离既为**Chola**的对音，又名沛隶，则可能为Pattinam的对音，因Kaveripattinam为此国主要大港，其王所治的沙奇城当即为Kanchi，亦即《西域记》的建志补罗。由“今月氏役税之”一语看来，当时贵霜王朝的势力显已达南印度。

盘越一名汉越，可能为Tanjore的译音，《集韵》汉字他干切，太岁在申曰汭汉，亦曰涒滩，可以为汉字可读若滩的证据。与盘越相近的益部或以为是益郡的误写，不过盘越在南印度离益郡并不太近。按公元初南印度有三大国，盘越与车离外，尚有Kerobothra，益部似即为其对音，此国的都城为Vanji，古代的著名南海大港Muziris即在其附近，故《汉书》的黄支似为其对音，而与此处的沙奇及《西域记》的建志补罗无关。

浿水即大凌河说

关于汉初辽东水的位置，至今尚无定论。《史记·朝鲜传》言："朝鲜王满者，故燕人也，自始全燕时，尝略属真番朝鲜，为置吏，筑彰塞，秦灭燕，属辽东外徼。汉兴为其远难守，复修辽东故塞，至浿水为界，属燕。"《史记·汉兴以来诸侯年表》言："自雁门太原以东至辽阳为燕代国。"前者言燕与辽东外徼以浿水为界，后者言燕东至辽阳，故浿水当离辽阳不远。又汉初的辽阳在今县西北，附近的太子河汉代名大梁水，浑河名小辽水，都不得为浿水，而辽河流域的东境只有这两条水，则浿水显然在辽河以西。

《史记·绛侯世家》言"定辽东辽西二十九县"。据《汉书·地理志》则辽东辽西有三十二县，可见武帝灭朝鲜后必曾将朝鲜一部划入辽东，故辽东辽西增多三县。又汉初所定辽东辽西两地一共不过二十九县，而又因"远难守"又放弃一部分而以浿水为界，则浿水以西的辽东辽西两郡似尚不足二十九县，此也可以作为浿水在辽河流域以西的另一证据。

《水经注》引《地理风俗记》云："阳乐故燕地，辽西郡治。"《通典》亦言卢龙县西有辽西故城，汉郡治此，后废。《汉书》则以且虑为西汉郡治。由此也可见汉初辽西郡治原在今河北东境的抚宁附近，武帝灭朝鲜后则东迁至热河东境的土默特旗。辽西郡治既东迁，辽东郡治亦必曾东迁。《后汉书》言："高句骊故城在兴京城北。"辽东既在兴京西千里，则其原来郡治显然当非襄平，而在《汉书》所载的辽西郡内，此又可为浿水在辽河以西的另一证据。

《史记·朝鲜传》言："燕王卢绾反，入匈奴，满亡命，聚党千余人，魋结蛮夷服而东走出塞，渡浿水，居秦故空地上下鄣，稍役属真番、朝鲜蛮夷及故燕、齐亡命者王之，都王险。"应劭注曰："辽东有险渎县，朝鲜王旧都。"故《汉书》辽东郡的险渎即旧日的王险城，王险在水以东，又在《汉书》辽东郡内，故浿水亦当在《汉书》辽东郡境，此又可为浿水在辽河以西的另一证据。

《汉书》乐浪郡又有浿水，"浿水西至增地入海"，此当为另一地。汉代好以征服的种族或地方名称作为其新建的县名，如觻得休屠皆是，而实非原地。许慎《说文》载："浿水出镂方东入海。”两水一东流入海，一西流入海，故显非同一。《水经注》亦言：“溷水出镂方东南，过临溷县，东入于海。”《辽志》言：“辽阳府紫蒙县本汉镂方县地。”《读史方舆纪要》载：“紫蒙川在营州西北。”《晋书》载记：“秦汉之间，东胡邑于紫蒙川，晋时南匈奴别部宇文氏国于此，为慕容氏所灭。”此又可为溷水在辽河以西的另一证据。

《辽史·地理志》载：“辽河出东北山口，为范河，西南流为大口，入于海，东梁河自东山西流与浑河合为小口，会辽河，入于海，又名太子河，亦曰大梁水。浑河在东梁范河之间。沙河出东南山西北流，经盖州，入于海。有蒲河，清河，溷水亦曰泥河，又曰蕲芋泺水，多蕲芋之草。”由此记载我们可以知道，汉初的溷水辽时人尚知其名，且知其另一名为泥河，我们因此想到大凌河西北与老哈河相接，东流入海，正是辽河以西的第一条大河。大凌河古名白狼水与溷水音近，辽金时又名土河与溷水的异名泥河同义，则溷水当即是大凌河。

《契丹国志》记老哈河有二名，曰北乜里没里，又曰啕猥思没里，华言土河。按蒙古语Muren为“河”，即此处“没里”。蒙古语“泥土”（Toghosun）即此处“啕猥思”，满洲语“泥土”（Bula、Bulangir）即此处“北乜里”。古代的大凌河与老哈河共名白狼水或土河，因此泃水当亦即满洲语Bula的音译，白狼水又作蒲狼水，当也是同字的音译，土河或泥河则为其意译。

论《辽志》浿水非汉代浿水

我们在前考里业已证明浿水为东胡语Bula、Bulangir的对音，其义为“泥土”或“混浊”，《武备志·北虏语汇》谓浑为补令吉儿亦即此字，因此同名的河又可意译作浑河或泥河或土河，或音译为白狼水，汉初的浿水是大凌河即白狼水，这似乎是不成问题的。《汉书·地理志》的浿水却另是一水。《辽志》与《明志》的泥河又另是一水。

我们先看《汉书·地理志》的浿水，辽东郡内的险渎为王险旧址应无问题，此即今辽宁盘山附近，而《汉书》的水在乐浪郡内，乐浪郡在马訾水即鸭绿江南，亦即水在王险西南，此为不可能的事，故《汉书》的浿水当非汉初的浿水。又据班固旧注，浿水西至增地入海，而据《说文》，旧日的浿水出镂方东流入海，故显非同一水。《汉书》的浿水为今日何水似难确定，唯乐浪郡北界似为鸭绿江即马訾水，因玄菟郡西盖马

注：“马訾水西北入盐难水，西南至西安平入海，过郡二，行二千一百里。”西盖马在玄菟郡内，西安平在辽东郡内，马訾水行过二郡，而乐浪郡在二郡南，马訾水当即为其北界水。《汉书》的测水既在乐浪郡内，当即在鸭绿江以南，又乐浪郡内的河流除测水外，又有列水与带水，平安南道龙冈郡发现黏蝉碑后，列水为大同江亦无疑问，带水则为乐浪郡南界的水，此有《魏志》“韩在带方之南”一语可证，大同江以南的大水为临津江，似即带水。《汉书》的测水在鸭绿江与临津江间，又非大同江，可能即为平壤城南的黑河。唯无论是否黑河，其在鸭绿江以南则无疑问，如此则此测水当非汉初的测水，亦非《辽志》的测水。

《辽史·地理志》东京道的测水“亦曰泥河，又曰蕲芋泺水，多蕲芋之草”，此似即《明史·地理志》盖州卫东的泥河，今盖平县东南的淤泥河亦即此河，《辽志》因河名相同而误以此泥河为汉初之测水，故又以其东的岩洲县为汉朝鲜王都，即今岫岩县。此在方向上看来固相当合理，唯我们业已证明古代测水当在辽河以西，故此泥河亦非汉初的测水。

论汉初真番的位置

《后汉书·东夷传》载：“涉貊及沃沮句骊本皆朝鲜之地。”又载：“涉北及高句骊沃沮，南与辰韩接。”又载：“高句骊在辽东之东千里，南与朝鲜涉貊，东与沃沮，北与扶余接。”朝鲜后汉时已亡，未另立传，故此处“朝鲜”二字当为衍文。辰韩据《魏志》在带方即汉江南，涉貊在辰韩北，当即据有鸭绿江以南至汉江以北一带地方，此为旧乐浪郡地。高句骊又在涉貊以北及辽东以东，当即据有鸭绿江东北一带地方，此似为旧玄浪郡地，涉貊以南有带方，高句骊以东有沃沮，北有扶余，则真番唯一可能的居地似即为辽东郡以北。因为我们知道朝鲜最盛时奄有涉貊、沃沮、高句骊，而真番与辰国则在其疆域以外，朝鲜南方已有三韩，则真番显然当在朝鲜以北的地方。

《史记·朝鲜传》：“真番旁众国欲上书见天子，又拥阏不通。”“真番旁众国”据《汉书》作“真番辰国”，按宋本《史记》本作“真番旁辰国”，故当以《汉书》为是。过去一般学者因真番辰国联举，以为真番必邻近辰国，而辰国即辰韩，在南方。不过我们知道朝鲜以南更无能容纳大国如真番的地方，故真番必在朝鲜以北。汉武帝灭朝鲜前，辽东郡的东界只至浿水，即大凌河，已见前考。武帝灭朝鲜后，始以朝鲜西部划入辽东郡内。如此则朝鲜以北的真番在武帝灭朝鲜前本无从与大凌河以西的中国通使。其形势与朝鲜以南的辰国略同。

《汉书·武帝纪》云：“元封三年朝鲜斩其王右渠降，以其地为乐浪临屯玄菟真番郡。”乐浪郡治朝鲜县去洛阳五千里，即今平壤。玄菟郡原治沃沮城去洛阳四千里，即今咸镜南道咸兴府。临屯郡治东暆县去长安六千一百三十八里，即今江原道江陵府。真番郡治霅县去长安七千六百四十里，其位置尚无定论，唯其去长安的距离较临屯郡治远一千五百里，而江陵府南至海最多不过五六百里，显然不得于南方求之，故此亦可为真番在朝鲜北的证据。

《后汉书·东夷传》云：“至昭帝始元五年罢临屯真番以并乐浪玄菟。玄菟复徙居句骊。自单单大岭以东，沃沮涉貊悉属乐浪，后以境土广远，复分岭东七县置乐浪东部都尉，建武六年省都尉官，遂弃岭东地。”乐浪玄菟二郡初设置时各有多少县已无从查考，唯如临屯真番各有十五县，乐浪、玄菟原来属县数目或亦差不多。据《汉书》记载，则西汉末玄菟只有三县，乐浪有二十五县，共为二十八县，还不足临屯、真番两郡属县原来的数目，由此可知临屯、真番两郡属县并入乐浪玄菟的必很少，而临屯真番地方的大部分必已于昭帝时放弃，临屯郡与乐浪郡相接，故必并入乐浪，《汉书》将临屯郡东陁作为乐浪属县可以为证。真番郡在玄菟郡东北，故必并入玄菟。而真番与玄菟合并后，玄菟郡只有三县，故其放弃的属县必相当多。我们知道岭东七县即沃沮华丽不而等县，原属玄菟后属乐浪东部都尉，又今咸镜南北的沃沮地方原属玄菟后为夷貊所侵而放弃，故昭帝以后的玄菟郡当非原地，而实只包括旧玄菟郡的西北一角与真番郡东南的一小部分。《魏志》载："以沃沮城为玄菟郡，后为夷貊所侵，徙郡句骊西北。"句骊西北当即今辽河上流开原铁岭一带。此当原为真番郡的南部与玄菟郡北部相接，故汉朝放弃玄菟东南以后，即迁郡治于此，以控制残余的玄菟西部地方与真番南部地方。

《史记·匈奴传》载："（燕）北隙乌丸夫余，东贾真番之利。"由是亦可见朝鲜扩展领土以前，真番曾与燕国有商业关系，故真番必接近辽东。又同书《朝鲜传》："自始全燕时，尝略属真番朝鲜，为置吏筑鄣塞。"此亦可为真番接近辽东的证据。

我们既已证明真番在辽东郡北与玄菟郡西北及扶余以东，我们又可以断定汉初的真番亦即后日的鲜卑，因其居地相同，真番与鲜卑又得为同名的异译。我们前面已说过古代真番与燕国有商业关系，《魏志·鲜卑传》载：“有貂豽鼲子，皮毛柔蠕，故天下以为名裘。”燕国商人所求于真番的当即是此等珍贵的皮毛。

再论汉初真番的位置

我前写《论汉初真番的位置》一文，结论是汉初真番当在辽东郡北，南与朝鲜西与匈奴接壤，真番亦即后日的鲜卑。后读金镇宪先生大文，仍持旧说，以真番在佟家江流域及鸭绿江中流左右。仅此做简略的答复，请金镇宪先生与诸位读者教正。

金先生不同意我所指辰韩与涉貊的位置，而以辰韩相当于今江原道及庆尚北道地，不过《魏志》明言“辰韩在马韩之东”，若辰韩包括江原道地，则当在马韩以北，而不在其东，近代一般研究此问题的学者亦多以辰韩相当庆尚北道地，不包括其北的江原道在内。金先生所谓汉代带水仅指京畿道的汉江，而不包括其上流地带，不知有何根据？又关于辰韩的位置，金先生言，“韩既在带方以南，即其地当在汉江以南地，此韩包括马韩、辰韩、弁韩而言”，后又言，“辰韩之位置不可求之于带方之南也明”。我以为此处实有前后矛盾的嫌疑。

其次，我所说涉貊据有鸭绿江以南至汉江一带地方，诚然略为“笼统含糊”，不过若辰韩大略相当于今庆尚北道，则涉貊大略相当于汉江以北的江原道地，此亦似无甚问题，此说曾经若干学者提出，并非新论。沃沮在貊北，当即大致相当咸镜南北道地，为此点似与本文所试证真番位置无甚关系，金先生所论，用意何指，不甚明了。

第三，金先生言高句丽在武帝初置四郡时尚未立国，“故不能以高句丽为一国，认其占有某某相当之地方，而求真番之位置于他地”，这里的指责不错，我也承认我所写太草略，我有一个坏毛病，即是太懒不愿写长文章，每每自己有些尚未发表的意见，自己认为不错的，不说就过去了，以致旁人看起来，莫名其妙。我所说的句骊在当时实为朝鲜，我认为后汉的句骊亦即前汉的朝鲜，又即后日东北的女真部族。蒙古及其他北方民族称女真为Churchen，朝鲜与句骊皆是同名异译。骊字据《集韵》为陈尼切，音驰，《汉书·地理志》张掖郡骊靬县下，李奇注曰：“音迟虔”，可以为证。又柔然原出东胡，故其名亦为女真的异译，已见另考。关于此问题，他日另有考证。总之，现代的韩国为古代三韩的后裔与其北的朝鲜、句骊无关，而朝鲜、句骊则皆为后日满族的祖先。隋唐时东北强悍的高句丽也是女真部族。唐灭高句丽后，南方的韩国始渐强大而袭取朝鲜、高句丽的名称，后人不察遂以朝鲜、高句丽为在其南方的韩国本名，这实在是一个历史的大错误，此对于中韩两国的历史疆界问题亦颇有重大关系，容更论之。前汉的朝鲜与后汉的句骊既为同一部族的名称，其疆域大致相同，约占有今东北辽宁、安东二省地，在此区域中更无大国如真番可以存在的地方，故真番必在其北，亦即在今辽北省一带区域。

《史记·朝鲜传》里的“真番旁众国欲上书见天子，又拥阏不通”一句，今本《汉书》作“真番辰国……”，宋本《汉书》原作“真番旁辰国……”当从古本，今本《汉书》脱去一“旁”字，今本《史记》则将“辰”字讹为“众”字。辰国本为殷商亡人在东北地方所建立的国家，故有箕子东封的传说，燕国亡人东建朝鲜，辰国被迫向西、南两方发展，汉初朝鲜兴盛时辰国尚在朝鲜以西，故与朝鲜以北的真番亦接壤。朝鲜拥阏不令入贡的是其西的辰国，而不是其北的真番。真番与中国本部古代有商业的往来，《史记·货殖传》所言，“北邻乌桓、夫余，东绾秽貉、朝鲜、真番之利”可以为证，真番与中国隔绝则是汉初匈奴强盛所致，真番以西为乌桓，再西为匈奴，匈奴强盛时真番（鲜卑）与乌桓皆成为匈奴的附庸，东汉匈奴衰灭，此二部族乃复见于中国史籍。

金先生又说，“武帝讨灭朝鲜后，置乐浪、真番、临屯、玄菟四郡，若真番在辽东之北，武帝又何缘灭辽东郡以东之朝鲜，而置郡于辽东郡以北之地？”此说似是而未必然，我说真番在辽东郡北，是指汉武帝灭朝鲜后的辽东郡，此前的辽东郡东界只至溴水即淩河或白狼水，我已另有考证。当时的真番应在辽东郡东北，后日朝鲜西界一部被并入辽东郡，真番的位置遂为辽东郡以北。

应劭注里所云，“玄菟本真番国”，我认为是指后日徙于高句丽西北的玄菟郡地，而非指在沃沮地方的玄菟郡旧地。高句丽西北为今铁岭开原一带，此处当亦即为武帝所设置的真番郡地，真番郡罢于昭帝始元五年，盖以其地荒远难制，西北移置的玄菟郡当即有原真番郡的一部分（玄菟郡只有三县，而真番郡原有十五县）。

至于《史记》及《汉书》所记，燕国“北隙乌丸、扶余，东贾真番之利”，我认为反足以证明真番临近乌丸。燕亡人建立朝鲜国时，燕国东邻当即为真番，其北则有乌丸，扶余则当在东北。关于这些民族，我想写的短文甚多，一时写不出来，大致说起来，我认为真番即鲜卑亦即今日东北北部的Samojed族，此族今日尚自称为Serb，或Serba，亦即真番或鲜卑的对音。鲜卑族大姓宇文氏我以为是满语Niuwen的对音，后来发现Samojed语呼“天”为Jumen，宇文原意如为“天”亦可为此字。此族一部后日到了欧洲东部，叫作Serb的民族似即属同一系统，容另考。乌丸即商周时代的北方大国名“鬼方”者，即后日的回鹘及今日的畏兀儿Uigur，扶余二字古音与今日“满洲”（Manchu）相近，即是满族的祖先，过去一般以为满洲一名出于佛教的文殊，实误。朝鲜或句骊或女真皆为Churchen的对音，已见前。肃慎一族当也是女真，不过似专指未经汉化的生女真而言。古代三韩大部为辰国的后裔，而辰国则为商朝亡人的殖民地，故中韩两国血统实不可分，而古代韩国之所以较北方诸边鄙民族汉化程度更甚者，亦自有其原因。因暑热，此文迟迟未写出，仅此向金先生致歉。

说“县官”“官家”为“可汗”的异译

汉代天子常被称为“县官”。《史记·绛侯世家》言条侯子“盗买县官器”，索隐云：“县官谓天子也，所以谓国家为县官者，夏官王畿内县即国都也，天子官天下，故曰县官也。”其说似甚牵强，因为就前后文看来，“县官”一称似出当时俗语，而并非为史官所定的尊称。《汉书》里也有两处称天子为“县官”，《霍光传》载：“禹为大司马，称病。禹故长史任宣候问，禹曰：‘我何病，县官非我家将军不得至是，今将军坟墓未干，尽外我家，反任许、史夺我印绶，令人不省死。’”又载：“山曰：‘今丞相用事，县官信之，尽变易大将军时法令。’”又载：“山、云、禹惊曰：‘如是，何不早告禹等，县官离散斥逐诸婿，用是故也。’”又《东平思王传》载：“今暑热，县官年少，持服恐无处所。”“县官”一词出于当时俗语，似无可疑。

我们知道绛侯周勃曾统率北军，霍光及其子弟霍山、霍云、霍禹等又曾统率北军，东平思王为宣帝子，其母为公孙婕妤，不为宣帝所宠，且与皇后不相得，故似为霍光所进，公孙本为胡姓，当原亦为北人。“县官”一词不见于他处，而只见于当时北人俗语，则其为胡语的译音乃大有可能。“县官”二字的古音为Giwan Kan，而在张衡《西京赋》里，“县”与“辩”字相叶，《集韶》与《正韵》都以“辩”为“必列切”，则“县”字可能亦脱去末尾的n音，如此则“县官”的古音似与“可汗”相近。

也许有人觉得“可汗”一称不见汉代记载，匈奴王称“单于”，故汉帝无称“可汗”的理由，不过“可汗”一称在东胡民族里起源甚古，《宋书·吐谷浑传》里鲜卑慕容氏已有“可寒”的称号，而其时慕容廆又有鲜卑大单于的称号，可见匈奴称单于时，东胡已自有“可寒”或“可汗”的尊称，如此则汉代北人称天子为可汗非不可能。汉代匈奴文化里伊兰的成分相当大，“单于”一词虽至今尚无确定的解释，我以为甚可能即伊兰“王中之王”（Shahan Shah）的译音。匈奴王自称为Shahan Shah固无害于其东的边鄙部族称天子为Khagan。

后世天子又有“官”“官家”“大家”等俗称。《宋书·后妃传》：废帝欲鸩王皇后，“左右人止之曰，若行此事，官便应作孝子。”若汉代“县官”一称即“可汗”异译的假设不误，则此处的“官”当即为“汗”（Khan）的译音。唯刘宋时皇帝又有“官家”的俗称，《宋书·吐谷浑传》：“虏言处可寒，宋言尔官家也。”在蒙古及通古斯语里，字尾的n音本可有可无，故“官家”亦可能为“可汗”的异译，女真译语称皇帝为“罕安”，首音若得译为“罕”，则当亦可译作“官”，又《后汉书·东夷传》“扶余国”条云：“以六畜名官，有马加、牛加、狗加，其邑落皆主属诸加。”前人业已指出此句的“加”当为“汗”的异译，如此则宋书的“家”亦当可为“汗”的异译。

隋唐时皇帝在俗语中又被称为“大家”，《海山记》载：隋文帝死，杨素既立炀帝，“归谓家人曰，小儿子吾已提起，教作大家，即不知了当得否。”《太平广记卷三十八·李泌》载：“肃宗每自为烧二梨以赐泌，时颖王恃恩固求，肃宗不与，曰：‘……何乃争此耶？’颖王曰：‘臣等试大家心，何乃偏耶？’”《五代史·唐家人传》载：“大家还魂矣。”如“家”得为“汗”的异译，则“大家”当即是“大汗”。

宋朝又称皇帝为官家，《花蕊夫人宫词》：“法云寺里中元节，又是官家诞辰。”《词苑丛谈》：“师师奏言‘邦彦得罪去，一杯相别，不知官家来’。”总之，历代自汉至宋，在俗语里，皇帝曾被称为“县官”或“官”或“官家”或“大家”，此似皆为“可汗”或“汗”或“大汗”的异译。乍看起来，古代中国人似不应胡化一至于此，唯若与现代中国人互称“达克透”或“密斯脱”或“密斯”一事相较，则似亦不足为奇。

班氏的先世

《汉书·班固叙传》说班氏之先与楚同姓：

> 秦之灭楚，迁晋、代之间，因氏焉。始皇之末，班壹避坠于楼烦，致马牛羊数千群。值汉初定，与民无禁，当孝惠、高后时，以财雄边，出入弋猎，旌旗鼓吹，年百余岁以寿终，故北方多以壹为字者。

又说班彪的伯父班伯“家本北边，志节慷慨，数求使匈奴，河平中，单于来朝，上使伯持节迎于塞下”。由此可见班氏原为北方大族。班壹既然旌旗鼓吹迎于王者，似即为北边的一独立小王，如此则班氏原来是否汉人颇成问题。班伯数求使匈奴，或亦了解匈奴语言。

我们因此想起汉初楼烦附近有白羊王，据我们知道楼烦与白羊亦即后日的宇文与慕容二氏。白羊与慕容同为蒙古语（Bayan）或通古斯语（Baia）的译音，其意为富足，《史记索隐》说，“白羊王居河南”，班壹避地楼烦，其孙班长为上谷守，则是白羊与班壹的居地相符，字音也相符。班壹以财雄边，白羊一名原意为富，此又相符。白羊为古代北方大族，《魏志·鲜卑传》檀石槐所属中部大人有慕容氏，其地约当在北平以西至上谷。自元代至今，北族称（Bayan）者甚多。东罗马史家记西侵入欧洲的（Avar）种族里亦有（Baianos），此皆与“北方多以壹为字”的话相符。《史记》言战国时赵武灵王北破林胡、楼烦，而不言白羊，可见当时北边尚无白羊一族，《史记》又载，“后秦灭六国，而始皇帝使蒙恬将十万之众北击胡，悉收河南地，因河为塞，筑四十四县城临河，徙适戍以充之”。此后匈奴强大，汉初冒顿始“南并楼烦、白羊河南王”。故白羊一族居河南，似当在始皇收河南地徙六国适戍以后，或即原为六国适戍，此又与班氏的来源相符，因此我们可以断定班壹即汉初河南的白羊王，亦即后日的慕容氏，原来是楚人，后为秦适戍北边，汉初为匈奴所并，渐趋胡化。《史记》言武帝元朔二年，“卫青复出云中以西至陇西，击胡之楼烦、白羊王于河南，得胡首虏数千，牛羊百余万，于是汉遂取河南地，筑朔方，复缮故秦时蒙恬所为塞，因河为固”。白羊氏或班氏复归汉土当即在此时。

至于后日的慕容氏可能为留在代北的白羊遗裔，也可能为白羊氏的一部分，未被匈奴所并，而东窜鲜卑山者。又可能与班氏本无亲属关系，而假其名称，如《汉书》所言，“北方多以壹为字”。

大秦道里考

大秦的位置久为东西学者争辩的问题，刘应（Claude de Visdelou）、特基纽（De Guignes）、克拉普洛（Klaproth）以之为西方的罗马，夏德（Hirth）以之为叙利亚，亚伦（Allen）以之为阿曼尼亚，白鸟库吉与伯希和则以之为埃及的亚历山大城，藤田丰八又以大秦的古名犁轩为波斯北部的Rhaga城。凡此诸说皆不能令人满意，诸家各持已见，皆以《史记》《汉书》《魏略》的记载为不可靠，任意更改字句，尤令后学惶惑不解，大秦古名犁轩，而《史记》明明说安息西北有奄蔡犁轩，大秦若在西北，则显然不得为西南方的叙利亚、亚历山大城或罗马。Armenia与Rhaga皆为安息的一部，大秦既在安息以西，则不得求之于安息国内。我们在另考里已证明大秦或犁轩或后日的拂菻同指东罗马的拜占庭城，即后日的君士坦丁堡。《后汉书》与《魏略》里都有关于大秦道里的记载，这些记载皆有助于此问题的了解。

《后汉书》载："自安息西行三千四百里，至阿蛮国，从阿蛮西行三千六百里至斯宾国，从斯宾国南行度河又西南，至于罗国九百六十里，安息西界极矣，自此南乘海，乃通大秦。"按安息的方向来看，阿蛮与斯宾应在黑海以南。如以三汉里约当一公里计算，则阿蛮当即为Armenia的Ecbatana城，即今Hamadan，斯宾当即为Sebastia即今Sivas，古代为黑海南的重要希腊殖民地。斯宾以南的于罗当即为Osroene，此为美索不达米亚北部的小国，都城为Edessa，即今Uria，斯宾以南的河当即Kizilirmak，此言赤水。这是古代由地中海通大秦的一条路。《后汉书》又载："和帝永元九年，都护班超遣甘英使大秦，抵条支，临大海欲度，而安息西界船人谓英曰：'海水广大，往来者逢善风，三月乃得度，若遇迟风，亦有二岁者，故入海人，皆赍三岁粮，海中善使人思土恋慕，数有死亡者。'英闻之乃止。"条支为古代阿拉伯的别名，见另考，这两段记载当同指一条路。

《魏略》所载大秦道里较详，不过所记载的几条交通路线都与《汉书》记载不同。《魏略》说："大秦国，一号犁靬，在安息条支大海之西，从安息界安谷城乘船直截海西。"安谷城似即黑海东南的Artaxata。故此处的海当指黑海，海西的大秦当指拜占庭。从Artaxata横渡黑海，而抵Byzantium是去大秦的一条路。

《魏略》又说："从安谷城陆道直北行，之海北，又直西行，之海西，复直南行，经之乌迟散城，渡一河乘船一日乃过，周回绕海，凡当渡大海六日，乃到其国。"乌迟散城似即黑海西岸的Odessus城。由此可知从安谷城，若不直截黑海，亦可由陆道北行至黑海北岸，再西行至黑海西北角，再南行经乌迟散城而抵拜占庭，这是去大秦的第二条路。

《魏略》又说："且兰王属大秦，从思陶国直南渡河，乃直西行，之且兰三千里，道出河南乃西行，从且兰复直西行，之汜复国六百里，南道会汜复，乃西南之贤督国，且兰汜复直南乃有积石，积石南乃有大海，出珊瑚真珠，且兰汜复斯宾阿蛮北，有一山东西行。大秦海东东各有一山，皆南北行。贤督王属大秦，其治东北去汜复六百里。汜复王属大秦，其治东北去于罗三百四十里渡海也。于罗属大秦，其治在汜复东北渡河，从于罗东北又渡河，斯罗东北又渡河，斯罗国属安息，与大秦接也。"这一段里似有错字，"大秦海东东各有一山"似为"大秦海东西各有一山"之误，夏德以海东为地名，似太牵强。如大秦海指黑海，则海东的山应为Caucasus，海西的山则为Haemus，又于罗在汜复东北渡河，又作渡海，二者必有一误。前面我们业已考证于罗为Edessa，其西南的河是Euphrates，所以渡海显应作渡河。于罗东北渡河到斯罗，此河应还是前面提到的Kizilirmak，古代名为Halys河。斯罗当即Sinopis，亦为黑海南的希腊王国，其都城为Sinope，于罗西南三百四十里是汜复，这据伯希和考证就是土名Bambyke的Hieropolis。脱烈美记载古代到东方一条大道即由此起算。因为北方来的商队和波斯湾方面的商队都会于此地。汜复西南六百里到贤督，据伯希和考证是Antiochia，这也不错，汜复直东六百里到且兰，我认为这就是Carrhae，“且”字《广韵》浅野切，兰字落千切，故且兰的原字当读若Charan，我们知道Charan地名见于耶教《旧约》，亦即Carrhae的土名。且兰、汜复、直南有积石，积石南有大海，出珊瑚真珠。积石就是Arabia Petreaea的意译。积石以南的海是红海，自不待言。且兰、汜复、斯宾、阿蛮北，有一山东西行，这山显然是Taurus，且兰东三千里的思陶国，就三汉里约当一公里计算，当即脱烈美所记的Hecatompylos，此城为安息古都之一，在里海以南。这条路从思陶到且兰、汜复、贤督，也就是脱烈美所志古代有名的丝道。

《魏略》除这三条路外又说：“又有水道通益州永昌，故永昌出异物，前世但论有水道，不知有陆道。”这是由南海通大秦的水道，由这几段记载看起来，汉永元九年班超遣甘英使大秦时，似乎不知道从Ecbatana到Sebastia，再南行渡河到Osroene的一条路。在汉朝末年罗马商人始发现水道，由南海到益州、永昌。《魏略》的三条陆道，由Artaxata直截黑海，由Artaxata沿黑海东岸北行至黑海西岸而抵拜占庭，由Hecatompylos经Carrhae，Bambyke，Antiochia而抵地中海，则当是魏晋间才发现的。

《魏略》又说：“从国下直北至乌丹城，西南又渡一河，乘船一日乃过。西南又渡一河，一日乃过，凡有大都三。”大秦国是拜占庭，则其北的乌丹城当即Hadrianopolis，西南的两条河当是Hebrus与Strimon。三个重要都城当指Hadrianopolis，Alexanopolis，Plolinopolis。《魏略》说：“其别枝封小国，曰泽散王，曰驴分王，曰且兰王，曰贤督王，曰汜复王，曰于罗王，其余小王国甚多，不能一一详之也。”且兰、贤督、汜复、于罗都是著名的希腊殖民地，附属于罗马帝国，前面已说过。泽散与驴分当也是古代东方著名的希腊殖民地。《魏略》又说：“泽散王属大秦，其治在海中央，北至驴分，水行半岁，风疾时一月到，最与安息安谷城相近。西南诣大秦都不知里数。”泽散与安谷城相近，安谷若为黑海东岸的Artaxata，泽散又在海中央，则其他不难考证，按克里米亚古名Chersonesus Taurica，泽散当即为Cherson的对音。驴分在泽散北，有水道可通，则亦不难考证。《魏略》又说：“驴分王属大秦，其治去大秦都二千里，从驴分城西之大秦，渡海飞桥长二百三十里，渡海道西南行，绕海直西行。”克里米亚西北最著名的希腊殖民地是Nymphaeum，其地在Cimmerian Bosphorus。驴分当即Nymphaeum的对音。从驴分到大秦西南行，再绕海直西行，也就是说西南直截黑海到黑海南岸，再西行到拜占庭。所谓“渡海飞桥长二百三十里”当即Hellespontus，此峡长约七十公里，与《魏略》长二百三十里相符。

大秦异名考

我们在《大秦道里考》里业已证明中国史籍里的大秦初指希腊，后指以君士坦丁堡为中心的东罗马。大秦历代颇多异名，我们由其异名看来，亦可证明前考的不误。

《史记》言张骞于公元前126年归国时，尚不知大秦一名，当时大秦的名称为犁轩。犁轩一名诸史所记不同，《史记》《北史》《魏书》作犁轩，《后汉书》《魏略》《晋书》作犁靬，谢承《后汉书》与司马彪《续汉书》作犁犍。

《隋书》始称大秦为拂菻，《西域记》作拂懔，景教经文作拂林，慧超《往五天竺传》作拂临，唯《诸蕃志》引杜环《经行记》则作拂桑，伯希和等相信《魏书》的普岚，于456年及457年献剑，亦即拂菻的异译。《魏书》又言大秦都城名安都。

外国汉学家对于此不同名称曾予以若干解释。唯皆不能令人满意。夏德以犁轩为阿拉伯的Regem的对音，伯希和与白鸟库吉以之为埃及的Alexandria，藤田丰八则以之为波斯的Rhaga。德巴拉威（De Paravey）以大秦为Seres的对音，其假设为汉人系由叙利亚迁来者，高迭哀（Cordier）以之为Tarsis，夏德以之为Tyre，藤田丰八则以之为伊兰语Dasina的对音，其意为左方。刘应（De Visdelou）以拂菻为Hellas的对音，玉尔（Yule）与沙畹（Chavannes）以之为希腊语Polin的对音，其意为都城，德吉恩（Guignes）以之为Frank，白鸟库吉以为罗马一名在蒙古语里当作Urum，拂菻即其对音，伯希和以为罗马一名在粟弋语里当作Phrom，拂菻即其对音，劳费（Laufer）以罗马一名在伊兰语里当作Frim，拂菻即其对音。至于《魏书》的大秦的城名安都，只有夏德以之为Antiochia，此外无新解释。

此等理论的薄弱不值一辩，大秦既为西方大国，自不得为波斯、叙利亚或埃及的一地，拂字古音为But，故与希腊文Polin不同，况且假使其即是Polis的译音，亦无用受事位的理由。罗马一名是否可读为Phrom或Frim，亦尚为疑问。

我们知道黑海至地中海一带古代为希腊文化所控制的地方。张骞去西方时，西亚的大国尚为希腊而非罗马，因引犁轩一名必与希腊有关。犁轩一名初见《史记》，而《史记》匈奴呼天曰撑犁，我们知道“撑犁”即突厥语Tengri的对音，由此可知当时人用“犁”字代表Gri音。轩字既通靬，又通鞬，则其字必代表Kien或Kia音，即希腊。

我们业已证明后日的大秦指以君士坦丁堡或拜占庭为中心的东罗马。我们要记得拜占庭在罗马帝国以前已是西亚最重要的希腊殖民地。《史记》言犁轩在西北方，显然亦即指拜占庭一带，因为拜占庭是东方贸易的中心。大秦一名在张骞去西域时尚不存在，99年甘英去西域时始为人所知，故其来源不难探考。我们知道黑海西南地方包括拜占庭在内原为希腊殖民地，曾保持独立至77年，该时其王尼可密三世（Nicomedes Ⅲ）始降于罗马，罗马皇帝维斯巴西昂（Vespasian）始将其地改为一省，此省的名称为Bithynia或简称Thynia，因其地原属于Thyni族人。大秦名称既为97年左右之事，当即为Thynia的对音。

我们若熟悉拜占庭的历史，即可知道Septimus Severus于196年改此城名为Augusta Antonina或简称Antonina，此名被用至330年始改为君士坦丁堡，故大秦都城安都即是Antonina的译音，与安提阿城无关。

拂菻一名，《诸蕃志》引杜环《经行记》作拂桑，故当为拜占庭的古译。菻字可能为森字的误写，唯林字古读亦可若掺。《汉书》引司马相如《大人赋》“丽以林离”，颜师古注林读若掺。占城古名林邑，亦可作林字读若占的证明，《史记》的蓝市城在《汉书》里作监氏，亦可见蓝监二音古读相符。如此拂菻为Byzantium的对音似亦已有相当证据。

附带可以提起的即是我们著名的景泰蓝又名珐琅，一般人多以为是Frank的译音，唯此等艺术实发源于东罗马，与西方的Frank人无关。如拂菻一名实为Byzantium的对音，则珐琅可能亦为其异译。

大秦国的制度与风俗

自《魏略·西戎传》以后，晋魏隋唐等书《西域传》里关于大秦国皆有相当夸张的描写。因为古代中国记载里的大秦差不多是理想的仙境，故有一些外国学者认为这些记载的内容全是假的，夏德首创此说，白鸟库吉继之，他在《见于大秦传中的中国思想》里，以见于史籍的大秦国风俗制度皆是虚构，皆是魏晋隋唐人的理想而实无其事。此等意见使许多人对中国史籍记载的真实性发生怀疑，是不可以不辩。

《后汉书》与《魏略》初有关于大秦的详细记载，其所言与罗马当时情形大致相符，并无过分夸张的地方。《后汉书》说大秦“列置邮亭皆垩塈之”，此与古罗马亭舍多用水泥（Puluis Puteo lanus）的事实正符。“城邑周围百余里”或夸大一点，不过拜占庭周围是一百一十一希腊里（Stadia），若此处的里指希腊里而非汉里，则又与事实符合。“城中有五宫”，拜占庭亦有五宫，即Chalce，Daphne，Sacra，Blachernae，Hebdomon。“宫室皆以水精为柱”，水精若指玉石，则亦无甚不确。“十里一亭，三十里一置”，我们知道罗马帝国在东方交通大道上每五英里左右设有邮亭，每邮亭有四十匹马，与此记载正符。“地方数千里有四百余城”的记载亦与罗马在亚洲的疆域相符。

《魏略》说：“其国无常主，国中有灾异，辄更立贤人以为王，而生放其故王。”我们知道在三四世纪间，这是罗马帝国经常的事，当时差不多没有传子的皇帝。《魏略》又说：“其国置三十大将，每议事，一将不至则不议。”我们知道在东罗马帝国初年其国置八大将以统制四方，此八大将下又置三十五将分主各郡军事，其数或增为三十六。此又与《魏略》相符。至于八大将分主四方，此又见《北史·西域传》“大秦国”条，亦大致相合。《旧唐书》则言大秦“有贵臣十二人共治国政”；此虽与东罗马初年的事实不同，与后日东罗马的情形相较则较为符合。按东罗马后分其国为十三州（Dioceses），其中中央一州直接受中央统辖，埃及一州又不受罗马统辖，其余的十一州为Asiana，Pontica，Thracia，Macedonia，Dacia，Pannonia，Italia，Africa，Gaulia，Hispania，Britania，则共由贵臣（Vicar）十二人统辖之，《旧唐书》所言当即指此。《唐书》又有描写大秦富丽的一大段记载，与西方史家所记的东罗马亦相符，且有西方记载中所无者，诚足珍贵，今照录于下：

> 其王冠形如鸟举翼，冠及璎珞，皆缀以珠宝，着锦绣衣，前不开襟，坐金花床。有一鸟似鹅，其毛绿色，常在王边倚枕上坐，每进食有毒，其鸟辄鸣。其都城垒石为之，尤绝高峻，凡有十万余户，南临大海。城东面有大门，其高二十余丈，自上及下饰以黄金，光辉灿烂，连耀数里。自外至王室，凡有大门三重，列异宝雕饰，第二门之楼中悬一大金秤，以金丸十二枚属于衡端，以候日之十二时焉；为一金人，其大如人，立于侧，每至一时，其金丸辄落，铿然发声引唱，以纪日时，毫厘无失。其殿以瑟瑟为柱，黄金为地，象牙为门扇，香木为栋梁。其俗无瓦，捣白石为末，罗之涂屋上，其坚密光润远如玉石。至于盛暑之节，人厌嚣热，乃引水潜流，上遍于屋宇，机制巧密，人莫之知，观者惟闻屋上泉鸣，俄见四檐飞溜，悬波如瀑，激气成凉风，其巧妙如此。

这段记载里关于石灰与水管的发明，我们知道是不错的，君士坦丁堡的金门与金人以及王座旁的鸟，我们据西方记载也知道确有其事。

总之，诸史关于大秦的记载略有夸大则有之，完全不确则绝无，外国学者如白鸟库吉等所以感觉中国史料不真实者，还是因为不熟悉罗马史籍的缘故。一般说起来，还是西方人多幻想，而中国人则比较崇实，中国古代史料所以有价值亦在于此。

汉武帝与拂菻

《史记·大宛列传》说汉武帝时，“初置酒泉郡以通西北国，因益发使抵安息奄蔡犁轩条枝身毒国。而天子好宛马，使者相望于道”。又说安息王“以大鸟卵及犁轩善眩人献于汉”，由此可知汉武帝与黑海方面的希腊殖民地已有交通，拂菻城虽当时尚非东罗马的都城，而其地当黑海通欧洲的要冲。汉武帝可能已知此重要希腊殖民地的名称，《大宛列传》里以犁轩在安息西北，犁轩当然也就是以拂菻为中心的黑海方面希腊殖民地。

《汉书·武帝纪》说武帝后元二年“立皇子弗陵为皇太子”，按“弗陵”一名甚奇，颇似外国字译音，音又与“拂菻”完全相同。皇子弗陵即后日的昭帝，昭帝生于太始三年，即公元前94年，因其母赵婕好居钩弋宫，故又名钩弋子，钩弋一名也颇似外国字音译。《汉书·武帝纪》又说太始三年“春正月，行幸甘泉宫，飨外国客”，此外国客中可能有拂菻方面的犁轩善眩人，如此则因年岁的相合，弗陵与拂菻或不无关系。

相传为东方朔所作的《海内十洲纪》，为魏晋时人伪作，当无问题，不过虽是伪作，而去武帝时未远，当亦采取若干当时实事加以附会，而非全部伪造。十洲中有凤麟洲，似即指黑海一带地方，凤麟一名亦与拂菻音近，其文摘录如下：

> 凤麟洲在西海之中央，地方一千五百里。洲四面有弱水绕之，鸿毛不浮，不可越也。洲上多凤麟，数万各为群，又有山川池泽及神药百种。亦多仙家煮凤喙及麟角合煎作膏，名为续弦胶，或名连金泥，此胶能续弓弩已断之弦，刀剑断折之金，更以胶连续之，使力士掣之，他处乃断，所续之际终无断也。武帝天汉三年，帝幸北海，祠恒山，四月西国王使至，献此胶四两，吉光毛裘，武帝受以付外库，不知胶裘二物之妙用也，以为西国虽远，而上贡者不奇。稽留使者未遣。又时武帝幸华林园射虎而弦弩断，使者时从驾，又上胶一分使口濡以续弩弦，帝惊曰：“异物也。”乃使武士数人共对掣引之，终日不脱，如未续时也。胶色青如碧玉，吉光毛裘黄色，盖神马之类也，裘入水数日不沉，入火不燋。帝于是乃悟，厚谢使者而遣去，赐以牡桂干姜

等诸物，是西方国之所无者，又益思东方朔之远见。

我认为此凤麟洲当指克里米亚地方，梁载言或张说所撰的《梁四公传》里关于此地亦有类似神异的记载，此记载里所述固然大部分靠不住，唯所说天汉三年武帝祠恒山事则见《汉书·武帝纪》天汉三年三月，恒山，《汉书》避讳作常山，北海则为北地的误写，据此则其后四月西国王使至，献续弦胶，当亦有事实根据，按此事又见张华《博物志》，其文如下：

> 汉武帝时，西海国有献胶五两者，帝以付外库，余胶半两，西使佩以自随。后从武帝射于甘泉宫，帝弓弦断，从者欲更张弦，西使乃进，乞以所送余香胶续之，上左右莫不怪。西使乃以口濡胶为水，注断弦两头，相连注弦，遂相著。帝乃使力士各引其一头，终不相离。西使曰，“可以射。”终日不断，帝大怪，左右称奇，因名曰“续弦胶”。

按天汉三年仅为太始三年前四年，武帝行幸甘泉射虎必为太始三年正月事，与《汉书·武帝纪》所载“飨外国客”事相合，此外国客当为拂菻方面人，昭帝幼名弗陵与拂菻有关，似为合理的假设。

陵或林字在汉晋时似有C音，《晋书》林邑即后日占城是其一证。《汉书·司马相如传》：“丽以林离”（注，林读若掺），又是一证。《史记·齐世家》：“晋军追齐至马陵”，《左传》成公三年作马陉，可见陵、陉同音，又是一证。此外证据尚多，不及备举，故弗陵正得为Byzantium或Byzan的对音。

至于昭帝另一名钩弋子，我以为可能与后汉的粟弋有关，我们在另考中已证明粟弋即西史的Goth，此族当时应尚在里海附近，在中国通犁轩或拂菻的大道上，献续弦胶的西国使臣或为隶附希腊的粟弋人，故武帝以钩弋子及弗陵名当时甫生的昭帝，汉武帝时已知有粟弋，此有《后汉书》卷八十上《杜笃传》为证，其中列举武帝武功，曾有“虏攈侲”一语，唐章怀太子注曰：“《方言》，侲，养马人也，字书，侲音真，字书攈无字，诸家并曰，攈侲为粟犊，西域国名也，传读如此，不知所出，今有肃特国，恐是也。”昭帝母赵婕妤所居钩弋宫名可能即为粟弋或粟特的异译。

粟特国考

《史记·大宛列传》记安息北有奄蔡犁轩，犁轩我们知道就是希腊Graecia的对音，当指黑海一带古代希腊的殖民地。自远古时希腊商人即取道黑海与里海以北，东求西伯利亚的皮毛，故罗马在扩展领土以前，东方人所知的希腊系在黑海附近。奄蔡在犁轩附近，又在安息以北，则其地当离里海不远。《史记》云："奄蔡在康居西北可二千里，行国，与康国大同俗，控弦者十余万，临大泽无崖，盖乃北海云。"汉代康居地为真珠河以北及黠戛斯旷野一带，奄蔡在其西北二千里，则当在咸海以北至里海北方一带，由此更西，则为黑海附近的希腊诸殖民地，奄蔡后日异名颇多，又名阿兰，又名阿兰聊，又名粟特，又名温那沙，又名特拘梦。白鸟库吉以为粟特即Sogdiana的对音，实则两地相离甚远，且后魏时粟特与悉万斤（Samarkand）曾同时朝贡，而悉万斤即为在Sogdiana的王国，粟特若亦为此地，则无分身为二的道理。故白鸟氏的考证全不可据。

据西方史籍，古代据此咸海及里海以北的种类总称为Sarmatae或Sauromatae，其中最强大的两支则为Iazyges与Alani，前一部族西迁较早，在公元前三四世纪，后一部族则较晚，大约在1世纪间始西迁至同一地域，驱走或征服前一部族。《三国志》引《魏略》言："又有奄蔡国，一名阿兰，皆与康居同俗，西与大秦，东南与康居接。其国多貂，畜牧逐水草，临大泽，故时羁属康居，今不属也。"此处的奄蔡别名阿兰即为Alani的对音，此已为东西学者所公认，奄蔡一名则至今尚无适当的解释，实则我们既知阿兰人所居地域原属Iazyges，则奄蔡当即为Iazyges的对音，亦应毫无疑问。如此则奄蔡阿兰本非一国，因1世纪间奄蔡为阿兰所并，故其地改名阿兰。《汉书·陈汤传》载郅支单于"遣使责阖苏大宛诸国岁遗"。颜师古引胡广注云："阖苏即奄蔡。"《史记正义》亦引《汉书解诂》云："奄蔡即阖苏。"此二名古音皆为Iapzak，与西史所言种族名正合。

《魏略》言奄蔡附近，"又有岩国，又有柳国"。《后汉书·西域传》又提到康居西北二小国粟弋与岩国："粟弋国属康居，出名马牛羊葡萄众果，其土水美，故葡萄酒特有名焉。岩国在奄蔡北，属康居，出鼠皮以输之。”唯《后汉书》无《魏略》的柳国。由其“奄蔡改名阿兰聊”一语可知当时聊国似为阿兰的附庸，故《后汉书》将之并为一国，按聊或柳字古音为Rau，此正为Volga河的古名。当地居民古代称Rauks，在脱烈美书中转讹为Roboskoi，在Jordanes书中则作Ragaus。古代罗马记载中阿兰人亦作Roxalani，此显然为阿兰与聊国的合并。故《后汉书》的阿兰聊并非误字，即相当于西史的Roxalani。

据白鸟氏及其他学者考证，岩字古音为Kam，故此当指发源于乌拉尔山自东北方注入窝瓦河的Kama河流域，即今日的Perm地方，此亦为绝无疑问者。《魏略·西戎传》无粟弋而在康居以北有乌伊别国，康居东北有呼得国。《晋书》则言：“康居与粟弋伊列邻接。”《晋书》的伊列显然即是《魏略》的乌伊别国，别字当为列字之误，一般西方学者多以伊列即指后日的伊犁流域。此实为不可原谅的错误，即就地域而言，汉代康居东界有大宛乌孙，康居亦从未与伊犁流域邻接。且伊字汉晋时读音为U或O，如梵文Upasaka即译作伊蒲塞，其音亦与后日的伊犁（Ili）完全不同。我们以为乌伊列或伊列当即为西史所言的Aorsi，此部族据罗马史家斯特拉堡等所载，原来自奄蔡或阿兰以东的北方高地，后日亦与阿兰人合并，而称为Alanorsi。我们既已考证清楚岩国、柳国、乌伊列、奄蔡、阿兰这些民族，则在此地域中待考者只有《魏略》的呼得与《后汉书》及《晋书》的粟弋。弋字古音为Dek与得字略同，粟字相玉切或须玉切，其首音亦得为X，如此则《魏略》的呼得当即为《后汉书》的粟弋。

此粟弋或呼得国在《魏略》中尚在康居东北，《魏略》云："呼得国在葱岭北，乌孙西北，康居东北。胜兵万余人，随畜牧，出好马，有貂。"唯《魏略·西戎传》纪安息事，而安息灭亡则在226年，故粟弋或呼得在康居西北亦与为226年以前的事。此后《晋书》载康居与大秦事，并言康居于泰始中（265—274年）献马，可见康居与大秦中间诸国事当时必非毫无所闻，然而《晋书》只言康居在大宛西北，又言其国与粟弋伊列邻接，此唯一的解释似为当时康居以西只有此二国，我们知道在后魏时粟弋或粟特已成奄蔡或阿兰的异名，即奄蔡阿兰已为粟弋所并，如此粟弋蔚为大国当在晋泰始年以前，否则《晋书》似应言及旧日在康居以西的奄蔡阿兰。

西史载Goth人于250年开始西侵罗马帝国，其所据的地域亦即古代Iazyges与Alani所居地，后两种族我们业已指出即为中史所言的奄蔡与阿兰，则Goth人当即为粟弋似亦毫无疑问，加以年代相符，其音亦甚相近，过去西方学者根据古代神话多以此种族系来自北欧，今日则多数学者已断定此族当来自中亚。

匈奴西侵事在4世纪中叶，较粟弋西侵约晚一百年，当时匈奴王阿提拉先击破阿兰后向粟弋进击，其时粟弋王Hermanric被刺，Withimer继立。此王于375年为匈奴所杀，三传至5世纪中叶，粟弋王Walamer于454年击破匈奴，后死于阵，其侄Theodoric继立，关于此王的事迹西史所载甚多。我们再看《魏书》上所载此时粟弋国事，《魏书》云："粟特国在葱岭之西，古之奄蔡，一名温那沙，居于大泽，在康居西北，去代一万六千里，先是匈奴杀其王而有其国，至王忽倪已三世矣。其国商人先多诣凉土贩货，及克姑臧悉见虏，高宗初粟特王遣使请赎之，诏听焉，自后无使朝献。"《通典》引《魏书》文与此稍异，"其王忽倪已三世矣"一句前有"文成帝初遣使朝贡"一句，总之此王忽倪当为魏文成帝即高宗初年人，其遣使在文成帝初年，当指452年以后数年。此正为Walamer击破匈奴的时代，忽倪的"忽"字呼骨切，正可为Wa的对音，夏德以忽倪为匈奴王Hernac，实则忽字绝不能为Her或Er的对音。此王以后的Teodoric大王曾西侵义大利，《魏书》所载粟特入贡终于太和三年即479年，此年适为Theodoric开始西侵意大利的时期，此后粟特即以意大利为其首府，故与后魏的关系亦告断绝。《周书》言保定四年粟特又来贡献，按保定四年为564年，粟特于478年既已西迁，则此次来贡者显为其别部

Gepidae。此部族当时的王为Cunimund，566年即来贡后二年，西侵的Avar灭其国，杀王而以其头颅为饮器。此次以后黑海附近即无粟特国存在，我国史籍亦不再见有粟特的记载。蠕蠕本与后魏为敌，粟特遣使中国当由于蠕蠕的威迫，而有求援的意义。

总之，我国史籍的粟特与西史的Goth，其年代地域王名事实无一不合，故其为同一种族已无疑问。不过《北史》言粟特又名温那沙，《通典》言粟特又名特拘梦。此二异名似也有考证的必要。据西方记载，粟特附近有一种族名Vandals，附属于粟特，此族与粟特人同侵罗马帝国。其名为Wends或Winidae，即为后日斯拉夫民族的远祖。所谓粟特异名温那沙当即为Winidae或Winisae的对音。一部分西方学者则以Vandal或Goth为同一民族。据罗马史家Jornandes记载，Winidae族分两大部，一部名为Antes，另一部名为Sclavenes，后一部落即后日的斯拉夫人。此族原在黑海与Danube河一带，后为粟特与匈奴驱逐至北方，匈奴帝国瓦解后又回至原来粟特所据地域。我们认为特拘梦的特字当为恃字的误写，而恃拘梦亦即是Sclavenes的对音。

粟特或阿兰聊或温那沙或特拘梦古代居地为今黑海以北地域，已如上述。唯公元四五世纪间乌拉尔山与窝瓦河间又有

Bulgaria国，其地当邻接粟特且在较东的方面，故《魏书》亦应有关于此国的记载。按《魏书》载："伏卢尼国都伏卢尼城，在波斯国北，去代二万七千三百二十里，累石为城。东有大河南流，中有鸟，其状似人，亦有如橐驼马者，皆有翼，常居水中，出水便死。城北有云尼山，出银、珊瑚、琥珀，多师子。"波斯在北魏时都宿利城，在达曷水西，故波斯国北当即指里海以北的Bulgaria地方。Bulgaria古名Bolyari，伏卢尼显然为其对音，其城北的云尼山当然即是乌拉尔山，城东南流的大河当然即为流入里海的乌拉尔河。至此，有关里海与黑海以北古代诸国的种种问题业已全部解决。

我们因此可做如下结论：里海与黑海以北古有Iazyges部族，此即中国史籍所载的奄蔡，此族于1世纪间为东来的Alani族所并，后一族即中国史籍上的阿兰。西方历史上有重大影响的Goth人，亦即中国史籍上的粟特，此族在二三世纪间自康居东北西徙至奄蔡、阿兰所居地，始为大国，250年遂侵罗马帝国的北疆。粟特定居黑海以北时又臣服邻近的诸国，《通典》引《魏书》粟特"附庸小国四百余城"，可见粟特在北魏时为大国。粟特臣服黑海以北的古代斯拉夫部族，因此其国又有温那沙Wenedonia，Wenesa与特拘梦Sclavonia二名。匈奴于公元4世纪中叶西侵时，粟特国亡，其王Withimer于375年亦为匈奴所杀。至454年粟特王忽倪，此即西史的Walamer，击破匈奴而复其国，此后粟特多次遣使至北魏，至粟特西征意大利时始不再遣使。西史的Bulgaria国亦即《魏书》的伏卢尼国，粟特西徙，伏卢尼乃定居乌拉尔河的西岸。

桓谭《新论》里的佛教思想

《汉书》载桓谭父成帝时为太乐令，谭以父任为郎，哀帝皇后父孔乡侯晏深与谭善，光武中元元年十一月（56年），诏议灵台位置，帝欲以谶决之，谭极言谶之非经，帝怒贬谭为六安郡丞，道病卒，年七十余，著《新论》二十九篇，今佚，残篇见《御览》及《群书治要》等书。

《群书治要》引《新论》逸文云："王翁好卜筮，信时日而笃于事鬼神，多作庙兆洁斋祭祀，牺牲殽膳之费。"这使我们想起《汉书·王莽传》所载另一件事："每有水旱，莽辄素食，左右以白，太后遣使者诏莽曰：'闻公菜食，忧民深矣，今秋幸孰，公勤于职，以时食肉，爱身为国。'"这是汉平帝初年的事，上距哀帝元寿元年博士弟子秦景受大月氏王令太子授《浮屠经》还国不过两三年，当然仅仅洁斋素食不足证明王莽曾受佛教影响，唯就其年代看来，此事亦颇有可能性。“洁斋”二字又令人想起后日楚王英的“洁斋三月，与神为誓”。“殽膳之费”也许就是后日楚王英所设“伊蒲塞桑门之盛馔”，而楚王英为佛教徒是毫无疑问的。素食与施饭为初期佛教的特色，而其事适在佛教初次传入中国的年代，则此事不无可疑，颇值得思考，《汉书》又载王莽曾奏请平帝“爱精休神，阔略思虑”，这也像是初期佛教的思想。

神不灭论为后日佛教玄学的主干，而关于此说的论辩适肇始于桓谭《新论》，桓谭又是佛教始传中国时代的人，此事似非偶然。《御览》引《新论》逸文云：“刘子骏信方士虚言，谓神仙可学，尝问言：‘人诚能抑嗜欲，阖耳目，可不衰竭乎？’余见其庭下有大榆树，久老剥折，指谓曰：‘彼树无情欲可忍，无耳目可阖，然犹枯槁朽蠹，人虽欲爱养，何能使之不衰？’”此处所言忍抑情欲，令人想起《四十二章经》所言：“爱欲之于人犹执炬火逆风而行。人为道，去情欲，当如革见火。”《四十二章经》里革火的譬喻，又令人想起《弘明集》所引《新论》桓谭与刘歆兄子伯玉问答一段：“余后与刘伯师夜燃脂火坐语，灯中脂索而炷焦秃将灭息，则以示晓伯师曰：‘人衰老亦如彼秃炷矣。’……伯师曰：‘灯烛尽当益其脂，易其烛。人衰老亦如彼自缵续。’余应曰：‘人既禀形体而立，犹彼持灯一烛，及其尽极，安能自尽易？’”对照看来，其间似不无关系。《四十二章经》传入中国，过去相传以为汉明帝时事，我们业已证明汉明帝梦佛求经完全为神话，并非事实，汉代已有《四十二章经》亦无问题，因为后汉襄楷已见此经，襄楷延熹九年上书桓帝曰：“浮屠不三宿桑下，不欲久生恩爱，精之至也。天神遣以好女，浮屠曰：‘此但革囊盛血。’遂不盼之，其守一如此。”其言皆《四十二章经》本文。桓谭《新论》里既亦有《四十二章经》的痕迹，则其传入中国当更早。我们前此已说过，佛教传入中国当始于哀帝元寿元年，受大月氏王口授的《浮屠经》当即为《四十二章经》。隋费长房《历代三宝记》“本经”条下亦言：“旧录云，本是外国经抄，元出大部，撮要引俗，似此《孝经》十八章。”由此可见此经并非翻译，而为摘要，此亦与大月氏王口授的记载相符。

汉明帝梦佛求经的神话

东汉末年牟子《理惑论》所载，为永平求法最早的记录，其文曰：

> 昔孝明皇帝梦见神人，身有日光，飞在殿前，欣然悦之。明日，博问群臣，此为何神，有通人傅毅曰："臣闻天竺有得道者，号之曰佛，飞行虚空，身有日光，殆将其神也。"于是上悟，遣使者张骞，羽林郎中秦景，博士弟子王遵等十二人，于大月支写佛经《四十二章》，藏在兰台石室第十四间。时于洛阳城西雍门外起佛寺，于其壁画千乘万骑，绕塔三匝，又于南宫清凉台及开阳城门上作佛像。明帝存时，预修造寿陵，陵曰显节，亦于其上作佛图像。时国丰民宁，远夷慕义，学者由此而滋。

此后洛阳白马寺名始见于西晋《竺法护诸记》及南齐王琰《冥祥记》。又《冥祥记》始言沙门摩腾赍优填王画释迦佛像至，《高僧传》又言竺法兰与摩腾并至洛阳，则白马寺与摩腾法兰皆为后人所附益的传说，已至显然；唯后世佛教徒多以此为佛教东渐的起源，待至今日此传说已被一般人认为史实，虽博学如汤用彤先生，亦不敢言此说全伪，我们则认为此传说全部为佛教徒所杜撰，其理由如下。

按明帝感梦的年代，或作永平三年，或作永平七年，或作永平十年，唯据《后汉书・西域传》，永平十六年前汉与西域交通中绝者亦十五载，则永平十六年前数年遣使求法为必无的事，此为梁任公先生所提出者。

据《魏略・西戎传》，汉哀帝元寿元年，博士弟子秦景受大月氏王使伊存，授《浮屠经》，其后亦十六年，即永平八年，明帝诏楚王英，已言及佛徒，如此则明帝感梦传说以前，中国已有佛教，此为汤用彤先生所提出者。

据《后汉书》，傅毅建初中始被召为兰台令史拜郎中，明帝时，尚未仕，则不得与明帝对答。张骞武帝时使西域，秦景哀帝时使西域，则皆在明帝以前；王遵是光武时人，见《后汉书・隗嚣传》，建武六年为乐浪太守，显然不能在明帝时做博士弟子。

我们再看后日增益的摩腾、竺兰二人。竺法兰为三国时人，梁僧佑《出三藏记·支谦传》言支谦“从竺法兰道人更练五戒”，支谦曾重译《四十二章经》，此当为竺法兰传说的来源。又隋《长房录》谓兰译《二百五十戒合异》二卷，实则此书为东晋竺昙无兰所作，昙无即梵文“法”字的音译，故昙无兰亦即法兰，此又一竺法兰，而其年代更晚。

摩腾译经，刘宋以前所不知，已难置信。摩腾赍优填王画佛像，则其人当与优填国有关；按优填国与汉代罽宾本为一地，亦即《西域记》的乌仗那国（Udyana）。《西域记》“乌仗那国”条及优填国皆记此地有末田底迦罗汉（Mahyantika）始建佛像，时在佛灭后三百余年，“大教宣流，始自此像”，佛教记载皆以此末田底迦（又译作末田提、末阐提）为佛法东渐的创始者。末田底迦既为在罽宾弘布佛法的第一人，汉代中国的佛教又来自罽宾，则佛教徒附会造成其赍优填王画佛像至中国的传说，实极自然。摩腾与末田底迦为一名的异译似无疑问，其人又在明帝以前。

这样看来，除去永平年间遣使求经为不可能和明帝以前中国已有佛教两条证据外，此记载中有关人名，如傅毅、秦景、张骞、王遵、摩腾、法兰，无一为明帝时人，其故事本身又荒唐无稽，则其说全伪已无疑问。

唯后世佛教徒将佛教东流的事实附会到明帝身上，当亦有其理由。按佛教传入中国虽始于哀帝元寿元年，唯当时天下动乱，又历五六十年始有明帝时的楚王英提倡佛教，故佛教流行中国实始于汉明帝时。《后汉书》载楚王英：

> 晚节更喜黄老学，为浮屠斋戒祭祀。八年，诏令天下死罪皆入缣赎，英遣郎中令奉黄缣白纨三十匹，诣国相曰："托在藩辅，过恶累积，欢喜大恩，奉送缣帛，以赎愆罪。"国相以闻，诏报曰："楚王诵黄老之微言，尚浮屠之仁祠，洁斋三月，与神为誓，何嫌何疑，当有悔吝？其还赎以助伊蒲塞桑门之盛馔。"因以班示诸国中传。

明帝既宽容楚王英的佛教，又还缣帛以助佛馔，又颁示诸国，则实有保护及宣扬佛教的事实。佛教自是渐行，似与其保护政策不无关系，后世佛教徒造出明帝梦佛求经的神话当由于此。

汉桓帝时仁孝之辩

后汉桓帝时有一次关于仁孝前后的论辩，其事约在党锢祸起前几年，见《后汉书·延笃传》：

> 延笃字叔坚……桓帝以博士征，拜议郎，与朱穆、边韶共著作东观，稍迁侍中。帝数问政事，笃诡辞密对，动依典义。迁左冯翊，又徙京兆尹。……笃以病免归，教授家巷。时人或疑仁孝前后之证，笃乃论之曰："观夫仁孝之辩，纷然异端，互引典文，代取事据，可谓笃论矣。夫人二致同源，总率百行，非复铢两轻重，必定前后之数也。而如欲分其大较，体而名之，则孝在事亲，仁施品物。施物则功济于时，事亲则德归于己。于己则事寡，济事则功多。推此以言，仁则远矣。然物有出微而著，事有由隐而章。近取诸身，则耳有听受之用，目有察见之明，足有致远之

劳，手有饰卫之功，功虽显外，本之者心也。远取诸物，则草木之生，始于萌芽，终于弥蔓，枝叶扶疏，荣华纷缛，末虽繁蔚，致之者根也。夫仁人之有孝，犹四体之有心腹，枝叶之有本根也。圣人知之，故曰：'夫孝，天之经也，地之义也，人之行也。''君子务本，本立而道生，孝悌也者，其为仁之本与！'……"前越巂太守李文德素善于笃……欲令引进之。笃闻，乃为书止文德曰："夫道之将废，所谓命也。流闻乃欲相为求还东观，来命虽笃，所未敢当。"……后遭党事禁锢。永康元年卒于家。

从这段记载看来，此次论辩参加的人必相当多，故有"纷然异端，互引典文"的话，也许此次论辩不下于后日关于形神论辩，可惜《后汉书》未详记此事。我们以为此事发生的年代颇值得注意。第一，此事发生在党锢祸起前数年，二者可能有关。第二，此事发生在桓帝时，而桓帝曾祠浮图老子，当时佛教始兴，有安世高、支识、朔佛、安玄、支昙、康巨、严浮调等在洛阳译经，魏《阴持入经注序》有曰："于是俊人云集，遂致滋盛，明哲之士靡不羡甘。"晋谢敷《安般守意经序》亦曰："于时携义归宗，释华宗实者，若禽兽之从麟凤，鳞介之赴虬蔡矣。"故此仁孝之辩可能如后日形神之辩，而与当时佛教有关。

从延笃的仁孝论看来，他的话虽极委婉，而其意实崇孝道而轻仁术，故以孝为仁本，他的意见也就是汉代儒家传统的意见，汉代的《孝经》本据有至高的地位，不过在桓帝时黄老浮屠的学说大行，《后汉书》说桓帝“饰芳林而考濯龙之宫，设华盖以祠浮图老子”，此时《孝经》的声势似远不如《道德经》与《四十二章经》，也许就是这个原因，故延笃说：“夫道之将废，所谓命也。”佛教首重仁慈好施，《明帝纪》云：楚王英“尚浮屠之仁祠”。《四十二章经》云：“佛道守大仁慈。”又云：“为道务博爱。”当时佛道尚不可分，故《太平经》亦言乐施好生，又言道属天，德属地，而仁属人。又言天道好生，地亦好养，故仁爱有似天地，汉魏佛经多言仁术，如《六度集经》云：“道士仁如天地。”又云：“大仁为天，小仁为人。”释迦一名释为“能仁”亦始于汉代。这样看起来，仁孝之辩当即是当时佛道与传统儒教的论辩。

当时佛道又与方伎有极密切的关系，而宫里的内侍宦官又多通方伎，如《后汉书·吕强传》云：“小黄门甘陵吴伉，善为风角。”宦者《张让传》云：“让等实多与张角交通。”桓帝又在“宫中立黄老浮屠之祠”，故当时提倡仁术者似即大都为宫里的宦侍。后日党锢之祸始于儒生与宦侍等的冲突，仁孝之辩，似即为其远因。《党锢列传序》云：

> 时河内张成善说风角，推占当赦，遂教子杀人，李膺为河南尹，督促收捕，既而逢宥获免，膺愈怀愤疾，竟案杀之。初成以方伎交通宦官，帝亦颇谇其占，成弟子牢修因上书诬告膺等养太学游士，交结诸郡生徒，更相驱驰，共为部党，诽讪朝廷，疑乱风俗，于是天子震怒，班下郡国，逮捕党人。

由此可见，汉代党锢之祸，实源于儒教与方伎即佛道的冲突，而仁孝之辩则为此次冲突中第一件大事。

汉刘平国龟兹刻石考

汉刘平国龟兹刻石，此在白山附近发现，过去为之考释者，有王国维、郭沫若诸氏。刻文如下：

龟兹左将军刘平国以七月廿六日发家,从秦人孟伯山、狄虎贲、赵当卑、万羌、石当卑、程阿羌等六人，共来□□□□□□关，八月一日始断山石作孔，至七日巳。坚固万岁人民喜，长寿亿年宜子孙。永寿四年八月甲戌翔，十二日乙酉直建纪此,东乌累关城皆□将军所作也。佐坡。京兆长安淳于伯隗作此诵。

此颂文末行“东乌累关城皆”以下郭氏以为缺二字，我以为就此石的形式看来，可能只缺一字，如此大概就是“左”字，指刘平国。“共来”二字下大概缺六字，首字不甚清楚，王氏以为是“伊”字，郭氏则以为是“化”字，我们以为从王氏为宜；末字也大约可以猜测，郭氏以为“谷”字，我以为从下文看来，可能即是“累”字，上缺“东乌”二字，如此则伊字下二字可能即是“吾卢”，因为我们知道伊吾卢即伊州伊吾县地，当今哈密，为汉代通西域要冲。

《后汉书》言：“明帝永平十六年，汉取伊吾卢，通西域，车师始复内属。”这是缺文为“伊吾卢”的第一证据。此石在白山附近发现，而伊吾卢即在白山南，如《括地志》所言“白山在伊吾县北百二十里”。这是缺文为“伊吾卢”的第二证据。

乌累关不见其他记载，就本文看来，当即在伊吾卢以东不远。伊吾古代有关隘，也可找到证据。东晋时，吕光自西域还，杨翰言于凉州刺史梁熙云：“伊吾关可拒。”可以为证。又“伊”“乌”字汉代音同，梵文Upasaka就译作“伊蒲塞”，如此“乌累”与“伊吾卢”恐怕是同一名的异译。《新唐书》言龟兹王“届伊逻卢城北，倚阿羯田山，亦曰白山”，伊逻卢当即伊吾卢的异译。若乌累关即伊吾关，则汉代的乌累城可能亦即《唐书》的伊逻卢城，其音亦极相近。

刻石的年代为永寿四年，我们知道永寿纪元只有三年，故此即为延熹元年，即158年。由刻石作“四年”一点看，刘平国等必久已离开首都，故不知道改元的事，《后汉书》载："永兴元年（153年）车师后王复反，攻屯营，虽有降首，曾莫惩革，自此浸以疏慢矣。"刘平国被封为龟兹左将军来镇守伊吾当即此时事。这是汉朝控制西域的最后一次尝试，此后龟兹方面的记载即不复见史传，故此石刻足补史文的遗缺，弥足珍贵。《后汉书》"车师"条又有一段较详的记载：

永兴元年，车师后部王阿罗多与戊部候严皓不相得，遂忿戾反畔，攻围汉屯田且固城，杀伤吏士。后部候炭遮领余人畔阿罗多诣汉吏降，阿罗多迫急，将其母妻子从百余骑亡走北匈奴中。敦煌太守宋亮上立后部故王军就质子卑君为后部王。后阿罗多复从匈奴中还，与卑君争国，颇收其国人。戊校尉阎详虑其招引北虏，将乱西域，乃开信告示，许复为王，阿罗多乃诣详降。

就年代看来，刘平国镇守伊吾并在白山刻石，当即在阿罗多复立为王的年代。我们知道在明帝时曾置度辽将军，"以卫南单于众新降有二心者"，刘平国被封龟兹左将军，当亦即因阿罗多新降，朝廷不放心他，故置此官。

龟兹与乾陀的雀离伽蓝

《水经注》引道安《西域记》云："龟兹国北四十里山上有寺，名雀离大清净寺。"梁《高僧传·鸠摩罗什传》亦言："什在胎时，其母慧悟倍常，闻雀梨大寺名德既多，又有得道之僧，既与王族贵女、德行诸尼弥，日设供养，请斋听法。"玄奘《西域记》又言："荒城北四十余里，接山河，隔一河水，有二伽蓝，同名昭怙厘，而东西相称，佛像装饰，殆越人工。僧徒清肃，诚为勤励。东昭怙厘佛堂中有玉石，面广二尺余，色带黄白，状如海蛤，其上有佛足履之迹，长尺有八寸，广余八寸。或有斋日，照烛光明。"道安《西域记》的雀离大清净寺，《高僧传》的雀梨大寺，与玄奘《西域记》的昭怙厘伽蓝，显为同名的异译。

《魏书·西域传》"乾陀国"条言乾陀国亦有同名的佛塔："所都城东南七里有佛塔，高七十丈，周三百步，所谓雀离佛图也。"贝尔（Beal）指出此处雀离与前文昭怙厘为同一字的对音，诚为卓见。按《魏书·西域传》“乾陀国”条文出于《宋云行纪》，据《洛阳伽蓝记》所引，此塔为大月氏王伽腻色迦所建，“塔内佛事，悉是金玉，千变万化，难得而称。旭日始开，则金盘晃朗；微风渐发，则宝铎和鸣。西域浮图，最为第一。”玄奘《西域记》亦言及此塔。

关于此名雀离的原意，尚无定论，瓦特（Watters）以之为印度语Churi的对音，意为小鸟。或为侏离的转讹，意为明暗混合的杂色。唯其说颇缺少证据。实则古代龟兹与乾陀国的关系颇值得思考，此名不见于于阗、迦湿弥罗等南道佛教国内，而独为龟兹与乾陀的伽蓝所有，其中必有缘故。我们知道乾陀国的雀离佛图为月氏王所建，龟兹在汉初又为乌孙与月氏的旧壤，如此则雀离一名似与大月氏不无关系。

我们知道大月氏别名昭武，《隋书·西域传》“康国”条云：“其王本姓温，月氏人也。旧居祁连山北昭武城，因被匈奴所破，西逾葱岭，遂有其国，支庶各分王，故康国左右诸国并以昭武为姓，示不忘本也。”昭武据我们考证，即Soadiana土名Soghd的变音，此名变为Zawal Zabul或Zaul，亦即昭武九姓国内曹国的曹，漕国的漕，《西域记》的漕利与窣利，梵语杂名的苏哩，智度论的修利，《南海寄归传》的速利。此处昭怙厘与雀离与之同音，当即为昭武的异译。龟兹的雀离大寺亦为月氏所建。

晋代的成都大秦寺

《蜀中名胜记》引赵清献记云，“真珠楼基在石笋街。一说有大秦胡于其地起寺，门楼十间，皆饰以真珠翠碧，贯之如帘，寺即大秦寺也”，按石笋街在成都西门，杜甫《石笋行》云，“君不见益州城西门，陌上石笋双高蹲，古来相传是海眼，苔藓蚀尽波涛痕，雨多往往得瑟瑟，此事恍惚难明论”，《酉阳杂俎》云：“蜀石笋街，夏中大雨，往往得杂色小珠，俗谓地当海眼，莫知其故，蜀僧惠嶷曰：‘前史说蜀少城饰以金碧珠翠，桓温恶其太侈，焚之，合在此。今拾得小珠时有孔者，得非是乎？’”若前世传说不误，成都当西晋时，应有大秦寺，后为桓温伐蜀时所焚。唐代时其遗址已不可复见，唯有偶时发现的杂色小珠来证明它一度存在。瑟瑟即玻璃杂色小珠，古代罗马人与埃及人多用以与非洲与亚洲等地土人交易货物，在古代中国甚少发现，尤其在西晋时，中国尚未有自造玻璃，此尚为外国传来的贵重货品。《通雅》云，“瑟瑟有三种，宝石如真珠者透碧，番烧者圆而明，中国之水料烧珠亦假名瑟瑟”。唐代人在成都西门发现的瑟瑟当指番烧的玻璃珠，《唐书》言，大秦国宫室以瑟瑟作饰。可见当时瑟瑟多出大秦，故此亦可作为当地曾有大秦寺的证据。

《方舆胜览》云，“成都城西琴台后为金花寺，以晋胡僧持金花玉像住此故名”，按琴台在成都西门外，晋胡僧的传说亦与前面大秦寺的记载相符，故可能即指同一地方。《蜀中名胜记》又载成都西门有石牛寺，即古龙渊寺，乃晋王羽宅，后舍为寺，佛殿有水眼如井，云与海通，高僧传载晋惠持到蜀，止金渊精舍，谓即此地，按此寺有海眼的传说，与前记相符，故亦应指前文的大秦寺，龙渊、金渊、金花等，应皆为此大秦寺的异名。

按大秦与中国的往来，见于记载者，东汉延熹九年后唯有晋太康时入贡一事，此大秦寺既在成都，则建立此寺的大秦僧人似非由海道来，晋太康以前，波斯方强，罗马由陆道通中国似不可能，故我们可假设此大秦寺的建立在晋太康年间或较晚，即此寺的建立不得早于280年。此寺既相传为桓温所毁，则其被毁当在347年，即桓温伐蜀的时期，罗马君士坦丁笃信基督教，即位于206年，崩于337年，其时基督教始盛行于东罗马帝国，时代亦与此寺的建立年载相符。我们今日虽无早期基督教传布东亚的详细记载，然知当时必有罗马基督教徒到东方传教，相传345年有主教多马（Thomas）到Malabar传教，其事确实可据，后世且有人目睹其遗迹。印度离成都不远，此大秦寺的建立既在280年至347年间，则其事似非仅仅是年代上的巧合。《册府元龟》引天宝四载九月诏曰，“波斯经教，出自大秦，传习而来，久行中国”。这似乎也可作为基督教在唐代前久行中国的证据。

此大秦寺若即为《方舆胜览》所说的金花寺，则金花寺一名似又暗示其与龟兹有关，金花为龟兹古代王名，见《大唐西域记》。龟兹为古代西域北道要冲，由大秦陆道来中国当经此地。金花一名又令人想起唐代民间崇奉的金花夫人神，关于此神另有考证，简言之，此为一种送子娘娘，与后世的送子观音相似，唐代长安宫人求子辄祷于此神。今日在兰州、西安以及湖南与广东等地都还有金花夫人庙。相传晋胡僧持来的金花玉像似乎就是金花夫人的神像，神名当源出龟兹。

观世音像世俗多作妇人，按观世音在西藏与印度皆本作男身，《陔余丛考》据南北史证明其作妇人形盖始于南北朝，唐代以后始盛行，如果金花夫人的崇拜是晋代胡僧带到中国来的，则由时代上看来，很可能观世音作女身是受了它的影响，女身的观世音也就是金花夫人的化身。

若此持金花玉像的胡僧是大秦僧人，则此像又可能源出基督教，则又可能原是云石造成的圣母马利亚像，因道经龟兹，而得到金花夫人的称号。过去西方传教士颇有谓中国的送子观音，就其形态上看来，当原为圣母马利亚的化身的，今得到关于金花夫人的记载为其关键，此说或可成立。

读《北史·西域传》

初读《北史·西域传》，感觉这是一篇无法弄清楚的糊涂账。呎哒就是大月氏，而二者并见。小月氏就是乾陀，二者又并见。有了吐火罗又有吐呼罗，有了安息又有忸密，有了悉万斤又有康国，有了迷密又有米国，有了破落那又有钹汗国，有了色知显又有史国，有了伽色尼又有何国，有了伽不单又有曹国，有了罽宾又有漕国，然而再细读几遍，却悟出许多道理。

据《北史·序传》，李延寿父撰《南北史》，未毕而殁，终于贞观二年即628年，延寿续成其书，修撰了十六载，故其书当成于644年。《隋书》开始纂修于贞观三年，即延寿父死后一年，成于显庆元年即656年，二书时间差不多相同，故其《西域传》一部分原料也应该相同，隋代部分大概都本于裴矩的《西域图记》。《隋书》《北史》都说："大业中来朝四十余国，然事亡失，书所存录者二十国焉。"不过今本《隋书·西域传》却有二十三国，就是吐谷浑、党项、高昌、康、安、石、女、焉耆、龟兹、疏勒、于阗、钹汗、吐火罗、挹怛、米、史、曹、何、乌那曷、穆、波斯、漕、附。这里面的吐谷浑、党项与附国，据《北史》不应在《西域传》内，当另为一卷，所以原来的《隋书·西域传》当只有高昌到波斯二十国与记载正符。这是关于《隋书·西域传》的一个新发现。

《隋书》的西域二十国都见于《北史·西域传》。不过其中有十三国的记载完全相同，就是康、安、石、女、钹汗、吐火罗、悒怛、米、史、曹、何、乌那曷、穆，因此我们可以断定这十三国的记载来自一源，大概都是从裴矩的《西域图记》一字不差抄下来的。这是第二个发现。

《隋书·西域传》里其余七国的记载，若与《北史》的记载相较，则可见《北史》记载较长，而其中一部分与《隋书》记载相同。我们若从《北史·西域传》七国记载里减去与《隋书》重复的部分，则所余的都是北魏时的记载，于是我们又可以断定二书重复的部分是从裴矩《西域图记》里抄来的，《北史》里多增的部分则可能是《魏书·西域传》的原文，这是第三个发现。

我们把这二十国的隋代记载去掉，则《北史·西域传》业已清楚得多，许多国名的重复，尤其是隋代昭武九姓与魏代悉万斤诸国的并见，是没有了。余下的记载都是北魏时代的东西，我们实无理由不承认这就是据说业已亡失的《魏书·西域传》，过去人相信《魏书·西域传》为后人所补，乾隆刊本《魏书》卷一、二后附考证云："魏收书亡，此卷全写《北史·西域传》，而不录安国以后。"其实，《魏书·西域传》与《北史·西域传》相同，并不能证明《魏书》抄《北史》。反之，我们若拿《北史》与《隋书》对看，就可以知道《北史·西域传》里的隋代部分都是一字不易的，而且是不加审查的，从隋代典籍抄过来的。李延寿或他的父亲能一字不易地抄裴矩的《西域图记》，当然也能一字不易地抄魏收的《西域传》。所以《北史》与《魏书》的《西域传》相同，实反足以证明《北史》抄《魏书》，而不是《魏书》抄《北史》。

不过今本《魏书·西域传》最后一条是康国，这一条无问题的是隋代记载，有"王妻突厥达度可汗女"一语可以为证，只有大业年号不知被哪一位聪明人改成太延，与《隋书》对看便可以看出这点毛病。这最后一条显然是宋代某一位先生妄加的，可是我们还认为除这末一条以外，其他应都是魏收的原文。

我们还可以提出若干证据。譬如唐杜佑《通典》所引《魏书》波斯等传，与今本《魏书》大致相同。《北史·西域传序》称魏代诸帝，如太武道武等，都不加魏字，又有"魏德益以远闻”“天子方以混一为心”等语，也都可见本文是当时人所写。“小月氏”条言，“自佛塔初建，计至武定八年，八百四十二年”，可见此条是魏武定八年记录的，武定八年是550年，又正是魏收奉敕撰《魏书》的时代。因此我们可以断定《魏书·西域传》是原文，除开最后的康国一条以外。又魏收原书共一百三十卷，据说今本只存一百十四卷。而宋人补了三十余卷，这数目也前后不符。所以我们可以说我们业已从《北史》里找到魏收《西域传》的原文，这是第四个发现。

我们于是丢开隋代材料，重读《魏书·西域传》，不过我们现在还可以发现一些重复，如大月氏与哌哒并见即其最显著的一例，因此我们知道魏代的西域史料也不是一时或一人收集的。《魏书·西域传》最末八国的记载，康国除外，都是本于惠生与宋云的《行纪》，这与《洛阳伽蓝记》所载对看，即可知确是如此。

我们把哌哒以下八国再丢开，又可以发现从阿钩羌起小月氏、天竺等九国与北魏发生关系最晚，南天竺与叠伏罗都是宣武时，500年至515年，始朝贡，小月氏则有武定八年的记载。我们又可以断定这九国的记载是武定八年即550年始记录的。

“阿钩羌”条以前诸国有十五国曾遣使贡献，就是鄯善、于阗、悉居半、车师、高昌、焉耆、龟兹、乌孙、疏勒、悦般、破洛那、迷密、粟特、波斯、者舌。按《北史·西域传》，董琬于太延中奉使西域后，来使者十六国，与此数大致相符。《北史·西域传》提到龟兹、疏勒、乌孙、悦般、渴槃陀、鄯善、焉耆、车师、粟特、破洛那、者舌，共十一国，其中渴槃陀不在正文的十五国内，加上恰好是十六国，“渴槃陀”条所以不见正文，应该是因为本于《宋云行纪》的后面部分也有此国，故为避免重复而删去的。又诸国贡魏都在480年以前。只有波斯据本条记载神龟时始贡献，则在518年或519年，不过这里显有错讹，因为《魏书·帝纪》载太安元年，455年，波斯已来朝献。又同书《西域传》“于阗”条亦言显祖皇兴二年即468年魏遣使使波斯，波斯王献驯象及珍物。这样看起来，“阿钩羌”条以上诸国记载都可能是5世纪内纂集的。

由此看来，《魏书·西域传》的材料可以分作三部分，最早的一部分自“鄯善”条至“大秦”条当纂集于5世纪内，阿钩羌以下九国记载最晚，当纂集于550年，此下哌哒等八国记载是本于《宋云行纪》的，宋云于正光二年始归国，正光二年是521年。

至此，我们认为《北史·西域传》的困难业已全部解决，同时我们也判定了《隋书·西域传》与《魏书·西域传》的价值。

《魏书》地豆于即鞑靼考

《魏书·地豆于传》云："地豆于国，在失韦西。"同书《乌洛侯传》云："乌洛侯国，在地豆于之北。"乌洛侯即《唐书》乌罗浑。又《北史·奚国传》云："太和四年辄入塞内，辞以畏地豆于抄掠，诏书切责之。"由此可知地豆于在奚国北。地豆于的名称北魏以后即不复见，唐代据居此地的民族名为霫或白霫。《旧唐书·霫传》云："霫，匈奴之别种也，居于潢水北……南至契丹，北与乌罗浑接，地周二千里，四面有山，环绕其境。"又同书《奚传》云："东接契丹，西至突厥，南拒白狼河，北至霫国。"白鸟库吉于其《东胡民族考》中考订霫国即地豆于，诚为卓见。《北史》记地豆于魏武定八年（550）入朝。《隋书·突厥传》则记奚、霫五部于仁寿元年（601）内附。地豆于改称为霫当即在此四十年间，《突厥阙特勒碑文》中常连称"三十姓Tatar，Kytai，

Tatabi”，足见此三种族居地相近。Kytai即契丹，而Tatabi据Thomson与Radloff考证即为奚国，唯白鸟库吉独言Tatabi当为霫国。实则我们既知地豆于为霫国，如言地豆于与Tatabi音近，毋宁言与Tatar音近。Tatar我们知道即后世的鞑靼，故《魏书》地豆于当为鞑靼的前身。

《新唐书》以白霫为回鹘十五部的一部，可见白霫原非东胡种而为突厥种。鞑靼的名称原指阴山北的白达达，亦为突厥种。清人顾祖禹《读史方舆纪要》云：“霫与突厥同俗，保冷陉山，南奥支水，后为奚、契丹所侵，益徙而北。”《新五代史》云：“鞑靼，靺鞨之遗种。本在奚、契丹之东北，后为契丹所攻，而部族分散，或属契丹，或属渤海，别部散居阴山者，自号鞑靼，当唐末，以名见中国。”这段记载所说应是一件事，唯孟珙的《蒙鞑备录》云：“鞑靼始起地，处契丹之西北，族出于沙陀别种，故于历代无闻焉。”此处言鞑靼原在契丹西北，与《五代史》写作东北的记载不同，不过我以为此记载并不错误。前引《五代史》已言别部散居阴山者自号鞑靼，故《蒙鞑备录》所言当指阴山的鞑靼，故作在契丹西北。所谓族出于沙陀别种，亦与白霫为突厥种的记载相符，又鞑靼在《金史》里名为阻轐，此亦与霫字古音相近。这样看起来，魏国的地豆于即《唐书》的霫国，亦即唐代以后的鞑靼。

过去西方学者曾猜测汉末曹操在柳城附近所斩的乌丸大人蹋顿，为鞑靼一名的起源，我们现在即知鞑靼即地豆于，则此名至晚在5世纪即已存在，蹋顿为鞑靼乃大有可能。东胡一名与通古斯并无关系，前人已多所考证。乌桓、鲜卑当为蒙古与突厥之混合种，乌桓或乌丸一名似即后世的回鹘，而鲜卑一名与《唐书》的霫与室韦，《辽史》的阻卜，《金史》的阻𨍏，亦似皆为同一字。唯此种种与本文无关，当另为文考证。

宇文氏名称的起源

陈寅恪先生的《北朝胡姓考序》里提到一个颇有趣味的问题：陈先生说："北朝之宇文泰，《周书》《北史》俱称其字为黑獭，而《梁书》兰钦、王僧辩、侯景诸传均目为黑泰，可知泰即其胡语獭对音，亦即黑獭之雅译汉名，而黑獭则本其胡名，并非其字也。由此推之，胡化汉人高欢，史称其字为贺六浑，其实欢乃胡语浑之对音，亦即贺六浑之雅译汉名，而贺六浑则本其胡名，并非其字也。"高欢与贺六浑音近，其汉姓"高"当即取自其原来胡名的首音。宇文泰胡名既为黑獭或黑泰，而"宇文"与"黑"字音不同，则唯一的解释为"宇文"为某胡语的对音，"黑"则为同一胡语的意译。

"于"或"宇"字的古音，据高本汉氏当为Gjiu，如此则宇文Gjiuwen正得为满洲语Niowan，Niowan Gijan的对音，其意为"青色"。我们因此想起黑龙江在《唐书》里名为黑水又名为那河，《魏书》又作难水，后一名亦为Nioean的对音，白鸟库吉在他的《东胡民族考》里已说得很清楚，突厥碑文上所见的一条河Jasyl Uguz，其意亦为“青水”，据白鸟氏考证，即为泺河，古名濡水，其汉名“濡”或“泺”，又为满语Niowan或蒙古语Nogo的对音。《水经注》亦言濡水东北注难河，“濡难声相近，狄语讹耳”。

《魏书·昭帝纪》云昭帝立，“分国为三部，帝自以一部居东，在上谷北，濡源之西，东接宇文氏。”据此可知宇文氏当时在上谷及濡水上流一带。濡水既为其根据地，则宇文一姓当即源于濡水。“黑”则为同字Niowan的意译。

按宇文氏西接拓跋，东接慕容氏。慕容氏亦为匈奴别部，其汉书当为蒙语或满语Bayan的对音，其义为“富”。《史记·匈奴传》有白羊王当即为后日的慕容氏。《史记》言匈奴冒顿南并楼烦、白羊河南王，楼烦与白羊两王并称。若白羊为慕容氏，则在其邻近的楼烦王当即为宇文氏，楼烦亦得为Niowan的对音。楼烦原在阴山与上谷一带，此亦与宇文氏的居地相符。

蠕蠕为女真前身说

《魏书·蠕蠕传》谓为东胡苗裔，白鸟库吉考订蠕蠕语与蒙古、女真等语相近，已成定论。按蠕蠕的名称据《魏书》始作柔然，柔然古音读若Zu Zen或Niu Nen。我们因此想起后日东胡族的女真。在中古的波斯记载里，女真一名都作Churche，则其名的首音亦可为Ch或Z。《大金国志》亦言女真当作朱理真，满洲原属女真，其旧名作珠申，当也是同名的异译。Abdalla Beidavi或Benaketi所撰的《中国史》（*Tarikhi-khata*）里有一段如下的记载："在契丹附近又有一农业种族，契丹人名之为Niuche，而蒙古及其他种族则名之为Churche。"这样看起来，宋人从辽人处得知金人的名称，故译其名为女真，而波斯人得知金人是由于蒙古的媒介，故译其名为Churche。女真与柔然音既相同，又皆为东胡苗裔，则蠕蠕为女真前身的假设实极可能。

东罗马史家Priscus言461年至465年间，东方有一族名Avar驱逐Sabir族，后一种族又西侵邻近东罗马的各种族。据我们考证后，一族当即是悦般，而驱逐悦般者当即是蠕蠕。东罗马史家Theophylactus又言Avar为西戎中最大种族，后为突厥所败，一部避居桃花石，一部则避居Moukri。桃花石即中国的突厥名称，或即拓跋的对音，Moukri则当为勿吉或靺鞨。《北史》云，“勿吉国在高句丽北，一曰靺鞨”，东罗马记载所言蠕蠕余众避居靺鞨事，似甚可信，而女真部族原出靺鞨也是无疑的事实，这样看起来，蠕蠕当是女真的前身。

蠕蠕始祖木骨闾的原籍问题

《北史·蠕蠕传》载：

> 蠕蠕姓郁久闾氏，始神元之末，掠骑得有一奴，发始齐眉，忘本姓名，其主字之曰木骨闾，木骨闾者首秃也。木骨闾与郁久闾声相近，故后子孙因以为氏。木骨闾既壮，免奴为骑卒。穆帝时，坐后期当斩，亡匿广漠谿谷间，收合逋逃，得百余人，依纯突邻部，木骨闾死，子车鹿会雄健，始有部众，自号柔然。

我们业已证明蠕蠕或柔然与女真同为Churchen一名的异译，蠕蠕亦即后日的女真，我们又已说过蠕蠕始祖的名称木骨闾，与后日的蒙古同为Mungur一语的异译，其意为“鲁钝”或“圆秃”。蒙古国名可能即源于蠕蠕始祖木骨闾。木骨闾原为东胡族人当无问题，而其原籍究为何地及其被掠为奴的事如何，则似尚有加以考证的需要。

神元即北魏始祖拓跋力微，据《北史·本纪》，神元在位58年，卒于晋咸宁三年冬十月，即277年，木骨闾被掠为奴事若在神元末，当即在咸宁三年左右。此奴被其主称为木骨闾，则其主当亦非汉人而为东胡，我们知道在晋初东胡慕容廆方盛，则慕容廆可能即为木骨闾的主人。《晋书·夫余传》载："尔后每为廆掠其种人，卖于中国。帝愍之，又发诏以官物赎还，下司、冀二州，禁市夫余之口。"则慕容廆实曾大量掠卖东胡人口。《晋书·慕容廆传》又载："廆率众东伐扶余，扶余王依虑自杀，廆夷其国城，驱万余人而归。"按此为太康六年亦即285年事，其时离神元卒年不远，况且神元卒后九年间诸部离叛，当时的事被史臣误记入神元末年亦甚可能，古代的扶余本为女真族，若蠕蠕始祖本出扶余，则蠕蠕为女真更无疑问。

悦般国的覆灭

《北史》纪悦般国事甚详：

悦般国，在乌孙西北，去代一万九百三十里。其先，匈奴北单于之部落也。为汉车骑将军窦宪所逐，北单于度金微山西走康居，其羸弱不能去者往龟兹北。地方数千里，众可二十余万，凉州人犹谓之单于王。其风俗言语与高车同，而其人清洁于胡，俗剪发齐眉，以醍醐涂之，昱昱然光泽。日三澡漱，然后饮食。其国南界有火山，山傍石皆燋熔，流地数十里乃凝坚，人取以为药，即石流黄也。与蠕蠕结好，其王尝将数千人入蠕蠕国，欲与大檀相见。入其界百余里，见其部人不浣衣，不绊发，不洗手，妇人口舐器物。王谓其从臣曰："汝曹诳我，将我入此狗国中。"乃驰还，大檀遣骑追之不及。自是相仇雠，数相征讨。真君九年，遣使朝献，并送幻人，称能割人喉脉令断，击人头令骨陷，皆血出或数升或盈斗，以草药纳其口中，令嚼咽之。须臾血止，养疮一月复常，又无痕瘢。世祖疑其虚，乃取死罪囚试之，皆验，云中国诸名山皆有此草，乃使人受其术而厚遇之。又言：其国有大术者，蠕蠕来抄掠，术人能作霖雨、盲风、大雪及行潦，蠕蠕冻死漂亡者十二三。是岁再遣使朝贡，求与官军东西齐契讨蠕蠕。太武嘉其意，命中外诸军戒严，以淮南王佗为前锋，袭蠕蠕。仍诏有司，以其鼓舞之节施于乐府。自后每使朝贡。

蠕蠕自5世纪初年后魏道武帝时起，东界达朝鲜，西界仅达焉耆，《北史》言高昌国于和平元年（460年）为蠕蠕所并，悦般在高昌以西，故460年以前悦般国当尚存在。《北史》载："献文末，蠕蠕寇于阗，于阗患之，遣使素目伽上表曰：'西方诸国今皆已属蠕蠕，奴世奉大国至今无异，今蠕蠕军马到城下，奴聚兵自固，故遣使奉献，遥望救援。'"献文末当指470年或前此数年。此时西方诸国已属蠕蠕，悦般国的覆灭当即在此时，故此后中国史籍即不见悦般的名称。

东罗马的Priscus，在他的《出使纪要》（*Excepta de Legationibus*）里，说到蠕蠕（Avar）因受东方种族压迫，向西进展而击走Sabir人，于是以西的部族Saragur，Ugor，Onogur又推动附近其他种族至高加索山以北，此次迁移约在462年或463年。悦般既为蠕蠕西方的强敌，其名又与Sabir相近，时代亦符合，故悦般当即为东罗马史家所言的Sabir。其西部的三部族名称亦可从《隋书·铁勒传》里找到，Saragur当即为里海附近的苏路羯，Ugor似为白山附近的乌护，Onogur似为大秦以东的恩屈。462年为后魏和平三年，后魏于458年北征蠕蠕，蠕蠕王吐贺真远遁，此后蠕蠕“怖威北窜，不敢复南”，其西侵悦般即在此时。和平五年（464年）吐贺真死，子予成立，又率部侵塞。此时蠕蠕当已击灭悦般，得其余众，国势复振，故又来犯塞。铁勒部族的西侵为欧洲史上一件大事，而蠕蠕击灭悦般及后日突厥击灭蠕蠕皆与之有关，故约考其事如上。

《西域记》的大族王摩醯罗炬罗

《西域记》载玄奘去西域前数百年，有王名摩醯罗炬罗，唐言大族，其故都奢羯罗城，王有才智，性勇烈，邻境诸国莫不臣伏，迫害佛法，斥逐僧徒，时摩揭陀国婆罗阿迭多王崇敬佛法，爱育黎民，以其淫虐刑政，出兵擒之，后赦免大族王，命其还国，大族王乃投迦湿弥罗国。迦湿弥罗王深加体命，封以土邑，岁月既淹，乃率其邑人矫杀迦湿弥罗王而自立，又西讨犍陀罗国，遂杀其王，国族大臣诛锄殄灭，废僧伽蓝凡一千六百所，旋还本国，寻即殂丧。

此王原名据梵文作Mahira Kula，其名见Klhaana的《迦湿弥罗王纪》，又见于古代铭刻及钱币上，又见《莲华面经》作寐曷罗俱罗，又见《付法藏传》卷六作弥罗崛，故实为历史人物，并非杜撰的故事。唯关于此王的年代，则尚无定论，大都以为当在四五世纪间。若干西方学者以此王为㖡哒，唯㖡哒是否曾侵入迦湿弥罗，并未见记载；《宋云行纪》载附属𡡉哒的乾陀国王与罽宾争境，此事亦与传说不类。

古代的于阗国因当南道，与迦湿弥罗关系甚密，于阗的古代传说与迦湿弥罗的古代传说大致相同，在《西藏传》里我们发现于阗也有异族王入侵且焚毁寺院的记载，据《西藏传》言在Vijayakirti二世时，有Druggu王Anoshas侵入于阗直到牛头山焚毁寺院，据藤田丰八考证，此于阗王当在5世纪时。我们又知道异族王名Anoshas并非真名，乃梵文Anasha（无鼻人）的意义。因此我们感觉此侵入于阗焚毁寺院的王，年代既与摩醯罗炬罗大致相同，可能即为同一人。

按5世纪时有两族曾寇于阗，《北史·西域传》载："献文末蠕蠕寇于阗。"这大概在470年。《北史》又载："真君中，太武诏高凉王那击吐谷浑慕利延，慕利延惧，驱其部落渡流沙，那进军急追之，慕利延遂西入于阗，杀其王，死者甚众。"据《魏书·世祖纪》，慕利延入于阗在太平真君六年，即445年。藤田丰八考证《北史·西域传》所载实为吐谷浑事，Druggu即吐谷浑的对音，其王则为慕利延，这是完全不错的。我们因此也获得一个颇为重要的发现。

《北史·吐谷浑传》载慕利延入于阗国后，"杀其王，死者数万人。南征罽宾。遣使通宋求援，献乌丸帽、女国金酒器、胡王金钏等物，宋文帝赐以牵车，七年遂还旧土”。按罽宾即迦湿弥罗，慕利延既曾南征其地，慕利延又得为Mihirakula的对音，年代也相符，则吐谷浑王慕利延即为《西域记》的大族王摩醯罗矩罗，似毫无疑问。

据伯希和考证，吐谷浑就语言看来当为蒙古种族，此亦与《西藏传》中“无鼻”的称谓相符。此蒙古种族的南侵罽宾既在攻入于阗以后七年间，当即在450年左右。就其杀于阗居民数万人的记载，我们亦可想象迦湿弥罗曾受相当厉害的屠掠。

说西史所见的库蛮即库莫奚

白鸟库吉在其《东胡民族考》中以库莫奚为东胡苗裔，鲜卑的一种。唯白鸟库吉于其书首业已指明古代东胡一名与后日的通古斯族一名无关，如此则库莫奚究为满洲种族或蒙古种族抑为突厥种族，似尚有考虑的余地，白鸟氏在其书中只提出大洛泊、萨葛、库莫奚三词为其考据的资料，大洛为突厥语与蒙古语Tala的音译，其意为旷野。库莫奚为突厥语与蒙古语Kumak的音译，其意为沙漠。萨葛为突厥语与蒙古语Sagal的音译，其意为须发。萨葛一词见《唐书》，为库莫奚一都督的名称，而《通典·突厥传》中亦有突厥官名曰索葛吐屯。凡此皆可证明库莫奚当为东突厥种族，或邻近突厥的蒙古种族。

《隋书》载：“奚本曰库莫奚，东部胡之种也，为慕容氏所破，遗落者窜匿松漠之间，其俗甚为不洁，而善射猎，好为寇钞，初臣于突厥，后稍强盛，分为五部。”《北史》所载与此略同，不过说明击破库莫奚的是慕容晃，则库莫奚一名初见记载当在325年，我们在此不拟多引奚族史料，《五代史》记言，德光灭晋后奚族即不复见于中国，则库莫奚一族在东方的记载当止于10世纪末。关于在4世纪前此民族的先世为何，我们拟另作考证，我们只拟在此指出11世纪初在欧洲出现的库蛮人当即此族，而库蛮与库莫奚实为同名的异译。

库蛮人（Cumani）是东罗马历史家给与此民族的名称，其原名为Kumak，意为沙漠的民族，故与库莫奚同名。库蛮人首次出现于欧洲1030年左右，此与库莫奚不复见于中国的时代恰好相符。在1120年左右此族与钦察人相并，故后日中国与阿拉伯记载里的钦察汗国亦即包括此族。日耳曼人称此族为Walwen，意为淡色或黄色的民族，俄罗斯人则称此族为Polovtsi。此民族在十一二世纪时领土包括伏尔加河与多瑙河一带，为一颇有才能的民族，曾在埃及建立一王朝，在保加利亚建立二王朝，且与塞尔维亚、基辅及匈牙利诸王联姻。在意大利凡尼斯城的圣马可图书馆尚保存一部《库蛮文存》（*Codex Cumanicus*），此书有1880年布达佩斯出版的竭乍军伯爵（Count Gesa Kuun）校本，其文字显然为一种东方突厥语。

据俄国聂司脱（Nestor）《纪年》的记载，此民族的习俗最为不洁，好杀戮寇钞，食尸肉及人血，乱伦杂交，髡头唯留长辫，以射猎为业。故其习俗亦与我们所知的库莫奚相符。其出现的年代，种族，语言，习俗，名称既无一不符合，则东方库莫奚即西方库蛮的假设似可成立。

说乌孙与库莫奚为同一民族

伯希和曾经假设，西方在中古时代盘踞黑海、高加索、里海以北大平原的库蛮人，与中亚西元初相传为皙面赤须青眼的乌孙种族有关。他的理由是库蛮的名称本出突厥语Kumak或Kumaghi，其意为“沙漠的民族”，据《史记》所载，乌孙最初的王名昆莫，昆莫似乎也是突厥语Kumak的译音。伯希和的话只能算作一个假设，因为他不能解释何以公元初迁向中亚的一个种族到了11世纪才在东罗马的北疆出现，而且西史上的库蛮人，是辫发射猎的东方突厥或鞑靼种族，而乌孙则相传为赤须青眼的种族。不过一般人相信乌孙为赤须青眼种族只是根据颜师古的一句话：“乌孙于西域诸戎，其形最异，今之胡人，青眼赤须，状类猕猴者，本其种也。”唐代在怯沙即今疏勒附近有碧睛的种族，见《大唐西域记》，颜师古当指同一地的民族，此种族为乌孙遗裔只是颜师古的假设，而且显然他的假设的唯一根据只是唐代在葱岭附近有碧睛赤须的种族，其居地与汉代乌孙相近，按《汉书》言乌孙西迁后居地本属塞种，后为大月氏所据，乌孙又西迁夺大月氏地，故乌孙人民有塞种及大月氏种，如此则即使在汉代乌孙居地有赤须碧睛种族，此种族亦得为塞种或大月氏，而不足为乌孙种族赤须碧睛的证据，何况颜师古所知为唐代的西域胡种，前后相差数百年，其间游牧民族时常更易其居地，颜师古所言显然不可为据。我们相信库蛮人的前身为库莫奚，见另考，而库莫奚的前身则为乌孙，如此则伯希和的假设亦可成立。

库莫奚的名称亦出于突厥或蒙古语的沙漠一字，此已见白鸟库吉的《东胡民族考》。库莫奚一名初见《魏书》，当时慕容氏曾击破此民族，使之窜匿松漠间。《魏书》又载388年，即魏登国三年，“太祖亲出讨，至弱落水南大破之，获其四部”。慕容氏击破库莫奚则似在此前五六十年，《北史·宇文莫槐传》载：

> 惠帝三年（325年），乞得龟屯堡浇水，固垒不战，遣其兄悉跋堆袭廆子仁于栢林，仁逆击斩悉跋堆。廆又攻乞得龟克之，乞得龟单骑夜奔，悉虏其众，乘胜长驱，入其国城，收资财亿计，徙部人数万户以归。先是，海出大龟，

枯死于平郭，至是而乞得龟败。别部人逸豆归杀乞得龟而自立，与慕容晃迭相攻击，遣其国相莫浑伐晃，而莫浑荒酒纵猎，为晃所破，死者万余人。建国八年，晃伐逸豆归，逸豆归拒之，为晃所败，杀其骁将涉亦干，逸豆归远遁漠北，遂奔高丽，晃徙其部众五千余落于昌黎，自是散灭矣。

按《魏书》载库莫奚为东部宇文别种，又言慕容氏击破此族，使之窜匿松漠间，此处的浇水又即饶乐水又即弱落水，皆为突厥语Sarak的音译，库莫奚又原在弱洛水附近，故慕容氏击破宇文氏事当即为慕容氏击破库莫奚事，而库莫奚实原为宇文氏的附庸，此殆无疑问。我们其次要注意的就是库莫奚所据的弱洛水，在元魏时为何水。白鸟库吉考证弱洛水或饶乐水古代有二，这是不错的，其一可能指西喇木伦河，另一指和林附近的喀尔喀河，见白鸟库吉的《东胡民族考》。据我们考证的结果，三国至南北朝时的弱洛水皆应指喀尔喀河，无一处得为西喇木伦河或英金河者，如《魏书·蠕蠕传》云：“社仑远遁漠北，侵高车，深入其地，遂并诸部，凶势益振，北徙弱洛水。”可以为证。弱洛或饶乐水指东方的西喇木伦河或英金河，则为唐代以后的事，库莫奚若在元魏时尚在喀尔喀河附近，后日始东徙至今热河境，则其为乌孙遗裔，非无可能。

《汉书·张骞传》云："昆莫父难兜靡本与大月氏俱在祁连、敦煌间小国也。"《史记·大宛传》又云："昆莫之父匈奴西边小国也。"由《史记》与《汉书》记载，我们又知道乌孙故地即匈奴浑邪王地，则乌孙原在月氏东北，即张掖以北地方，此殆无疑义。月氏在乌孙西南，故被匈奴击破后即一部西逾葱岭，"其羸弱者南入山阻，依诸羌居止"。乌孙日后虽西夺月氏地，而其一部分必尚留居故地，此当即为张掖以北喀尔喀河与和林附近的库莫奚。汉初西去的乌孙部族有塞种大月氏种，故可能有赤须青眼者，此似即为后日中亚的阿兰（Alani）或阿速（Asa）人。留居故地的乌孙或库莫奚则当为蒙古与突厥的混合种族。10世纪时此民族一部又西迁为西史的库蛮及近世的Kalmuk，留在中国者在明代为瓦剌，在清代为准噶尔，待另考。

昭武九姓国考

《隋书》载：

> 康国者，康居之后也，迁徙无常，不恒故地，然自汉以来，相承不绝，其王本姓温，月氏人也，旧居祁连山北昭武城，因被匈奴所破，西逾葱岭，遂有其国，支庶各分王，故康国左右诸国并以昭武为姓，示不忘本也。

又《隋书》载袭姓昭武的国家有九，为康、米、何、安、乌那曷、穆、史、钹汗、漕。《唐书·康国传》所载，与《隋书》略有不同，其文曰：

> 君姓温，本月氏人，始居祁连山北昭武城，为突厥所破，稍南依葱岭，即有其地，支庶分王，曰安，曰曹，曰石，曰米，

曰何，曰火寻，曰戊地，曰史，世谓九姓，皆氏昭武。

这九国里，《唐书》康国地是飒秣建，《隋书》康国都萨宝河上的阿禄迪城，阿禄迪似为飒秣建一名Alexandria的对音，当指同一地方。米为Maimarg的对音，即今Guma-a-Bazar。何国为Kusani的对音，安国为Buchara，史国为Kess。两书记载相同。唯除此五国外，则《隋书》有穆、乌那曷、钹汗、漕四国。《唐书》则有火寻、戊地、石、曹四国，两书记载不同，故有以为昭武国在唐代实数为六而非九者。

不过如果我们把诸国位置详细考证清楚，便知二书实际大致相符，昭武原为九姓亦无问题。《隋书》言乌那曷国东北去安国四百里，西北去穆国二百余里，《西域记》载伐地国在捕喝西四百里，伐地显然即是《唐书》的戊地，捕喝又即《隋书》《唐书》的安国，则《唐书》的戊地应即为《隋书》的乌那曷国。译名虽不同，然乌那曷与伐地当为同一名的对音。

《唐书》火寻在戊地西北六百里，《隋书》穆国在乌那曷西二百余里，距离虽有三百余里的差别，然方向大致相符，故应为同一国。

《隋书》言钹汗国西去苏对沙那国五百里，苏对沙那即Ura Tube，这是人所熟知的，苏对沙那东北二百里为俱战提，见《唐书》，故汗国都当在俱战提东北二三百里，《唐书》载石国南二百里抵俱战提，又言南去东曹即苏对沙那四百里许，距离方向全符，故《隋书》的汗国即《唐书》的石国。过去一般外国学者误以石国为Tashkend，几成定论，唯Tashkend去Uratube的距离为一千五百里左右，与此不符，Tashkend即《汉书》唐居的卑阗城，此处石国则当在汉大宛国境内。《唐书》也说："石或曰柘支，曰柘折，曰赭时，汉大宛北鄙也。"按石国当为大食人称Syr河为Schasch的对音，此国亦见大食记载，其都城似为Kasan，在Tashkend南一千里左右。《隋书》的漕国为Zabul的对音，其地自Gandhara至Kandahar一带。漕国为月氏向南开辟的疆域，亦即《魏书》所载的小月氏国："小月氏都富楼沙城，其王大月氏寄多罗子也，寄多罗为匈奴所逐西徙后，令其子守此城，因号小月氏焉。"此亦即《唐书》的罽宾，唐初为西突厥所并，故不复为昭武姓国。《唐书》的曹国亦见于《隋书》，即Istikhan，唯《隋书》言其国无主，康国主令子乌建领之，其国既无昭武的王，故只能算作康国的属部，不能算是昭武姓国，《唐书》因漕国当时已属西突厥，故附会曹国以补足九姓之数。

总上所考，《隋书》乌那曷即《唐书》戊地，穆国即《唐书》火寻，钹汗即《唐书》石国，只有漕国与曹国不同。昭武姓国在隋代为九，唐代诸国颇有变异，唯《唐书》所载则大略依照《隋书》的昭武九姓。

隋代的康国都城

《隋书》所载的康国与《唐书》所载略异，《隋书》记康国都于萨宝水上阿禄迪城，《唐书》则言："康者，一曰萨末鞬，亦曰飒秣建，元魏所谓悉万斤者，其南距史百五十里，西北距西曹百余里，东南属米百里，北中曹五千里，在那密水南。"一在萨宝水上，一在那密水南，这似乎不会是同一地方，那密水一名是伊兰语Namidh的对音，即Zarafshan河，萨宝水名则不见于他处。

我们再看《隋书》关于史国的记载，则可知其"北去康国二百四十里"。史国据《唐书》："隋大业中，其君狄遮始通中国，号最强盛，筑乞史城，地方数千里。"隋唐两代的史国都城既皆为乞史城（Kess），则隋代的康国都城阿禄迪显在飒秣建以北九十里，《隋书》说曹国东南去康百里，此与《唐书》的百余里亦略有差异，《隋书》

说米国西北去康百里，此似与《唐书》相符。唯《唐书》说“东南属米百里”，其意似为康国都城东南距米国边界百里，故两书距离似有若干差异，故假使两书所载距离都可靠，则隋代的康国都城当在唐代康国都城以北九十里，亦即在唐代曹国境内。《通典》引杜环《经行记》云：“康国在米国西南三百里”，此与我们的考证相合，依此米国与隋代康国及唐代康国当成三角形，米国与隋代康国的距离亦约为百里，米国与唐代康国的距离则较远，约为三百里。

隋代康国都城既在唐代康国都城以北九十里，唐代康国都城即飒秣建以北五十里为中曹都城迦底真城，则隋代康国都城阿禄迪必在迦底真北四十里左右。唐代中曹据《唐书》在西曹东，西曹亦即隋代曹国。据《唐书》当时西曹治瑟底痕城，东北越干底城有得悉神祠，隋代曹国既在唐代中曹北，唐代中曹又在唐代西曹东，则隋代康国当在唐代东曹东北。如此则唐代西曹东北的越干底城，似乎就是隋代康国都城阿禄迪城，隋代曹国都城在阿禄迪城西北百里，故当非瑟底痕城，而为其北的另一城邑。《隋书》记曹国“国无主，康国王令其子乌建领之”。由此可见曹国在隋代实尚为康国的一部分。又《隋书》无东曹、中曹、西曹等名，此三国似在康国南迁飒秣建后始成为独立国。在隋代康居国地当包括飒秣建以北的曹国地方。在隋代以前疆域似更广，《隋书》称康国东南的米国，曹国以西的何国，康国以南的史国，同为旧康居地，安国、漕国等则只与康国王同族，其地不在康居国境内。

若《隋书》的阿禄迪城即为西曹瑟底痕城东北的越干底城，则阿禄迪与越干底当为同一名的异译，按此两名同得为Alexandria的译音，此名或读为Iskanderia或Alosadda，阿禄迪为Alosadda的对音，《唐书》谢国在《慧琳音义》里作谢越，故越可读为Uit，则越干底为Iskanderia的对音，我们知道亚历山大在飒秣建附近曾建Alexandria Eschata城，其遗址尚未发现，唯必在飒秣建以东或以北的地方。隋代康国都城似即其地。

阿禄迪城旁的萨宝水应非那密水，而为那密水西北的Zarafshan另一支流，萨宝一名似与曹国名同为Zabul的对音，据我们考证，此名又即大月氏王姓的“昭武”，见另考。

释桃花石

桃花石Taugas的名称始见于7世纪初Theophylactus Simocatta的《历史》，这部史书只说到波斯王Chosroea的逝世，故此名起源大概不晚于638年，这部书里关于桃花石的记载如下：

此年（598 年）初，著名的东方突厥可汗遣使于罗马皇帝，并呈国书，中述其战胜诸国的经过，词甚夸耀，其言曰，七姓大首领，世界七国共主，突厥可汗致书罗马皇帝，可汗已战胜嚈哒，取得其国土，乘胜与室点密可汗共灭悦般。悦般既灭，余众亡于桃花石，此为有名城聚，地属突厥，距印度千五百哩，其民众多而勇于战斗，世莫能及，又有一部逃亡 Moukri，地近桃花石，人亦好战。

此后又言：

桃花石国王号Taissan，其意为天子，此国从无政变，一系相传，国信异教，惟守法至慎，国法禁人着金饰，商业兴盛，国多金银，地有一河分国为二，南北常相攻战。南北衣色不同，一方衣黑，一方衣红。当Maurice皇帝在位时，黑衣民渡河攻红衣民，战胜而夺其国，其都城相传为亚历山大王所建，其王有七百妃嫔，出游乘金车、驾牛。其他贵妇乘车则用银饰。王死，其妃终身守丧，截发黑衣，居王墓旁。

沙畹以此在598年致书罗马皇帝的突厥可汗，应即为达头可汗，这大概是不错的。邻近桃花石的Moukri似指木杆汗地，木杆为室点密侄，死于572年，其地东自辽海，西至西海（应指热海），故此记载当为572年以前事，又Menandros言室点密于562年灭嚈哒，将攻悦般，故其事当在562年与572年间。

木杆可汗以西的地方是突骑施，桃花石既邻近木杆可汗，当即为突骑施的另一译音，其地在今伊犁流域，《西域同文志》谓伊犁西热海东的库纳萨尔Kouna Char为突骑施王廷，《西域图志》谓突骑施初在博罗塔拉河两岸，此与当地有河分国为二的记载相符，突骑施分两部，曰索葛莫贺部，曰阿利施部。《唐书》又言其国有黄黑二姓，时相争斗，此当即西史所载红衣与黑衣之民。Menandros记载576年罗马使臣至突厥，先见Touxanth可汗，后见其兄达头可汗。马迦特以为此Touxanth应为“突骑施设”的译音。Simocatta言桃花石王号Taissan，当与此处Touxanth为同一字，应即为“突骑施设”Taugasshad的促音。

桃花石一名又见于7世纪突厥碑文，此后波斯与大食人遂以此名称中国，其实是附会。劳费以之为唐家的译音，伯希和以之为拓跋译音，证据皆极牵强，根据Simocatta记载，人民守丧截发黑衣，显为突厥风俗。况都城相传为亚历山大所建，也足证明其地应在新疆西部。《长春真人西游记》载丘处机抵阿里马Alimalik城时，有云：“桃花石诸事皆巧，桃花石谓汉人也。”可见在13世纪伊犁地方还保存此名。虽说当时此名已变成伊犁地方汉人的称呼，然亦适以证明此名源自伊犁流域。

东罗马遣使突厥考

沙畹的《西突厥史料》引弥南《希腊史》残卷所载突厥Diziboul可汗事甚详，唯沙畹误以此可汗为西突厥可汗室点密，故其考证亦全部错误。今节录其文如下（用冯承均先生译文）：

> 有一康居使臣名 Maniach 者……于五六七年达东罗马都城，陈述可汗贺词，呈献多数丝绢，并递呈粟特字之国书，Justin 帝使人译之。国书略云：突厥分为四部，然全国大权皆属 Diziboul 一人，突厥曾完全征服㘁哒，俾纳贡献，并谓阿哇尔（Avar）族（质言之伪阿哇尔）私逃至欧洲者应有二万人。召见既毕，Maniach 并发誓言，谓突厥人将对罗马人罄其忠诚。五六八年初，Justin 遣 Maniach 归国，并遣使报聘，其正使 Cilicie 人 Zémarque 也……使臣后抵可汗 Diziboul（Istami）之驻所，其地在 Ektag 山之中，弥南

云，此言金山。……Zémarque归后，有突厥使臣Anankastes至孔士坦丁堡，东罗马遣赴突厥之使臣先后有Entychios、Valentin、Hérodian、Paul de Cilicie诸人。Valentin之奉使最晚应在五七六年，……此使臣于五七六年自东罗马首途，并送前此因奉使而留居之突厥百六人归国。其出使之目的，乃在告可汗以Tiberius之即帝位，并建议重订昔日Zémarque与Diziboul所订之条约，且说突厥讨击波斯。……后至一地谒Tourxanth，其人为突厥八部首领之一……Tourxanth不以礼接Valentin，……并责使臣谓Tourxanth之父Diziboul可汗去世，使臣何不剺面表哀……（使臣）次赴Tourxanth之兄（按原文实为从兄）Tardou处，其兄居Tourxanth之Ektel山。

沙畹考证Tardou为达头，因此又以Dizaboul为室点密，这实在是完全错误的。

我们在《突厥遣使东罗马考》里已证明当时与东罗马发生关系的，不是西突厥，而是北突厥。Dizaboul即为北突厥大可汗，统率四部突厥，当为北突厥时最高可汗。弥难《希腊史》残卷言此可汗于562年宣告将击Avar，罗马使臣于576年奉使时此王初死，由此年岁的根据应不难考订此可汗的原名。我们知道木杆可汗曾击灭蠕蠕，而蠕蠕又即Avar，然则此可汗似即为木杆可汗。沙畹以为木杆可汗死于572年，故此不得为木杆，其考证实在是错误的。按土门可汗死于553年，《隋书》言弟逸可汗继立（《北史》作子科罗立，号乙息记可汗，故弟逸与乙息记当为同名的异译），弟逸可汗又破茹茹，病且卒，舍其子摄图，立其弟俟斤，称为木杆可汗。突厥破灭蠕蠕事在555年，此当为弟逸可汗时事。《隋书》虽又言木杆可汗灭蠕蠕，唯此甚可能为木杆可汗即位以前的事。《隋书》复言处罗侯擒阿波可汗亦为处罗侯继沙钵略为可汗以前的事，可以为证。弟逸可汗当卒于555年左右，木杆继立，在位二十年，则当卒于575年左右。沙畹未查《隋书》及《北史》原文，只据儒莲（Stanislas Julien）所言，故有此误。木杆可汗既死于575年或576年，则与弥南所记正合，且木杆名俟斤，又得为Dizaboul的对音，故Dizaboul当即为木杆可汗。Tourxanth既为其子，当即为大逻便，Tardou为Tourxanth从兄，当即为木杆兄子摄图，即后日的沙钵略。Ektel山在东方，沙钵略居都斤山亦在东方，《隋书》亦言沙钵略当时为尔伏可汗统东面。Ektel山意为金山，当即为阿尔泰山（Altai），都斤山亦属阿尔泰山。沙畹以之为龟兹北的白山。而言弥南所记不足据，实蔽于成见，以此为西突厥史料，故有此误。

突厥遣使东罗马考

沙畹的《西突厥史料》是一部极有权威的著作，唯其中错误亦不少。冯承钧先生的译本也是一部名译，唯冯氏过于相信沙畹考据的正确，故亦未能指出若干相当重要的错误。原书第四篇引用罗马史家谛奥毗喇脱（Théophylactus）所记，突厥可汗遣使东罗马事，其文如下（用冯氏译文）：

> 此年（598 年）初，著名东方突厥之可汗遣使于 Maurice 皇帝，并呈其叙述战胜诸国事之国书，其词甚丽。国书首云，七姓大首领，世界七国之主人、可汗，致罗马皇帝书，盖此可汗曾经战胜 Abdel（原注云应即㘅哒）之王，而取此民族之国，因此胜利，更具雄心。而与 Stembis 可汗共同征服 Avar，此一民族之起源后别有说，Avar 既服，其余众奔亡于桃花石（Taugas）之中，桃花石有名之城聚也，距

突厥千五百里，而与印度为邻，其居住桃花石之蛮人，为人民极众而极勇之民族，世界诸国无能及焉。另有一部分Avar之余众逃之勿吉（Moukri），此民族居地与桃花石极近，人颇好战。自是以后，可汗又征服一切回纥（Ogor，Ouigour）部落，此民族人众而强，居在东方Til河上，突厥习名此河为黑河，此民族最古酋长一名乌罗（Ouar），一名浑（Khounni），后来若干部落因取以为名焉……可汗征服回纥之后，曾以Kolkh（民族）首领试其剑锋，此族之人在此役中殁于阵者不下三十万，陈尸之地，通行四日尚可见之。当可汗建功于外之时，突厥内乱遂起，可汗亲属名Touroum者，聚兵以叛，窃居汗位，可汗攻之不胜，乃遣使征Sparzeugoun，Rounaxola，Touldikh三大可汗之兵，援军既集，在大平原中Ikar地方作战，敌人初颇顽抗，旋伪汗殁于阵，敌军遂溃，可汗肆行屠杀，复得其国，可汗乃遣使告Maurice帝以此种武功……突厥可汗既平内乱以后，国家遂安，由是与桃花石订立条约，维持和平。

沙畹言此可汗既号称世界七国主，当即为突厥最高可汗，这是不错的。然而他又说，在598年能自号为东西突厥可汗的只有达头可汗，此言却令人大惑不解。达头在599年始自立为步迦可汗，598年以前的大可汗似为沙钵略，而绝不能为达头。

《隋书》与《北史》俱载沙钵略事甚详，沙钵略事与此处所说正符，故此遣使东罗马的突厥可汗当即为沙钵略。今节录《隋书》文如下：

当后魏之末，有伊利可汗以兵击铁勒，大败之，降五万余众，遂求婚于茹茹，茹茹王阿拿环大怒，遣使骂之，伊利斩其使，率众袭茹茹，破之。卒，弟逸可汗立（《北史》作子科罗立，科罗号乙息记可汗），又破茹茹，病且卒，舍其子摄图，立其弟俟斤，称为木杆可汗……木杆在位二十年，卒，复舍其子大逻便，而立其弟，是为佗钵可汗，佗钵以摄图为尔伏可汗，统其东面……及佗钵卒，国中将立大逻便，以其母贱，众不服……国中相与议曰，四可汗之子，摄图最贤。因迎立之，号伊利俱卢设莫何始波罗可汗，一号沙钵略，治都斤山……大逻便乃请沙波略曰，我与尔俱可汗子，各承父后，尔今极尊，我独无位，何也？沙钵略患之，以为阿波可汗，还领所部。沙钵略勇而得众，北夷皆归附之。……既而沙钵略以阿波骁悍，忌之，因其先归，袭击其部，大破之，杀阿波之母，阿波还无所归，西奔达头可汗。达头者，名玷厥，沙钵略之从父也，旧为西面可汗。既而大怒，遣阿波率兵而东，其部落归之者将十万骑，遂与沙钵略相攻。……时沙钵略即既为达头所困，又东畏契丹，遣使告急，请将部落度漠南，寄居白道川内，有诏许之。诏晋王广以兵援之，给以衣食，赐以车服鼓吹。沙钵略因西击阿波，破擒之。……沙钵略大喜，乃立约以碛为界。

沙钵略破擒阿波是在开皇五年，即585年，罗马记载言突厥来书在598年，如记载不误，则使臣似在途中延误几年。总之，二文对照看来，致书的突厥可汗显为沙钵略，Stembis从沙畹说为室点密，所破的Abdel当为铁勒，事在546年，后破的Avar当为蠕蠕，事在555年，Moukri当是勿吉或靺鞨，Taugast当为大隋的对音，我前考其为突骑施，似误。回纥的祖先一名Ouar似为乌桓，一名Khounni即匈奴，冯承钧译为乌罗浑，实易发生误解。《隋书》言当时有叛乱的纥支可汗，似即Kolkh首领，可汗亲属Touroum当然是大逻便，至于可汗所征的三可汗可能为其弟叶护处罗侯，其子都蓝可汗雍虞闾，及其子突利可汗染干，也可能有其子钦羽没在内。《隋书》只说征阿波有处罗侯，其他二可汗都未提及。决战的西边平原名Ikar，可能即为西突厥的南庭鹰娑，此在龟兹以北的裕勒都斯流域。沙畹认为此段记载里的事实无法考证，实由于误认此为西突厥史料的缘故。此实为北突厥事，与西突厥无关。

6 世纪间突厥与波斯的交涉

6世纪间波斯与突厥的交涉已见沙畹的《西突厥史料》，唯沙畹假设波斯与希腊记载里的突厥最高可汗Dizaboul为西突厥的可汗室点密，因此又以战死的突厥可汗Schaba为役属突厥的康居小王。我们则认为此二可汗当皆为东突厥最高可汗，盖西突厥当时尚未成为强大的独立国家，故此等记载亦有重新考定的必要。

6世纪中叶突厥兴起，波斯王Khosrou Anouschirwan欲雪其祖父Pirouz败亡的耻辱，乃以突厥可汗的女儿为妻，而与结盟，共谋嚈哒。嚈哒为突厥所灭事约在568年前数年内。陀跋（Tabari）《纪年》云：Sinzibou可汗为最勇健的突厥可汗，统军最众，败嚈哒而杀其王者即为此人。《隋书》亦有木杆可汗西破挹怛的记载，故Sinzibou为木杆可汗当无疑问。沙畹纂集《西突厥史料》时，因其主见中已有西突厥为强大国家的观念，遂以此波斯记载中的可汗为西突厥室点密可汗，而非木杆可汗。我们于此点已多所论辩，今不更论。

据波斯记载，哌哒败亡后，波斯王乃进军吐火罗、迦布罗、石汗那等地，唯此时突厥可汗夺取赭时、拔汗那、康国、安国、史国、小史国等地，波斯王乃命其子往征突厥，突厥乃弃其所夺诸地。沙畹疑此记载非事实，唯我们知道木杆可汗死于572年，《隋书》记此事有“于阗、波斯、挹怛三国一时即叛”的记载，故当木杆可汗死后混乱的一年间，突厥似确曾放弃其中亚的领土于波斯。波斯、挹怛叛突厥的记载既见于开皇三年的隋高祖诏，则突厥放弃其中亚领土当在583年以前，572年以后的十年内。

波斯王Khosrou死于579年，其子Hormizd继位，据陀拔《纪年》，此王在位第十一年时，588年，突厥最高可汗Schaba领兵三十万来侵，兵至Badhaghis及Herat两地，波斯大将Bahram败突厥，突厥可汗中箭死，乃进兵Baikand城，擒可汗于Barmoudha。据Abulteda所志，Baikand在安国附近，乌浒河北。《隋书》载安国西百余里有毕国，可千余家，其国无君长，安国统之，当即为此地。此次突厥西侵，波斯仅败之于安国以西，可见突厥业已恢复其在中亚西达铁门的疆土。按在588年突厥的最高可汗为处罗侯，又称为莫何可汗。《资治通鉴》于此年末载，“突厥莫何可汗西击邻国，中流矢而卒”。此与波斯记载完全相合，故波斯记载里的Schaba当即是处罗侯。由此亦可见即在西方的达头可汗最强盛的时候，远达中亚的突厥西部疆土亦同为东突厥最高可汗所统辖。此亦可为此前的Dizaboul可汗为木杆而非室点密的旁证。

7 世纪初西突厥与东罗马的联盟

7世纪初，西突厥与东罗马曾联盟会攻波斯，沙畹误以为突厥可萨部此时业已独立，又以与东罗马联盟者为突厥可萨部的首领，与西突厥无关，我们认为此事殊有辨正的必要。

按突厥可萨部的名称在波斯大食记载里泛指波斯北部的骑马民族，历代为波斯的敌人，故此当即为《隋书》的铁勒部族。《隋书》载：

> 铁勒之先，匈奴之苗裔也，种类最多。自西海之东，依据山谷，往往不绝。独洛河北有仆骨、同罗、韦纥、拔也古、覆罗，并号俟斤，蒙陈、吐如纥、斯结、浑、斛薛等诸姓，胜兵可二万。伊吾以西，焉耆之北，傍白山，则有契弊、薄落职、乙咥、苏婆、那曷、乌讙、纥骨、也咥、於尼讙等，胜兵可二万。金山西南有薛延陁、咥勒儿、十

槃、达契等，一万余兵。康国北，傍阿得水，则有诃咥、曷截、拨忽、比干、具海、曷比悉、何嵯苏、拔也未、渴达等，有三万许兵，得嶷海东西有苏路羯、三索咽、蔑促、隆忽等诸姓，八千余，拂菻东则有恩屈、阿兰、北褥、九离、伏嗢昏等，近二万人，北海南则都波等。虽姓氏各别，总谓为铁勒，并无君长，分属东、西两突厥，居无恒所，随水草流移，人性凶忍，善于骑射，贪婪尤甚，以寇抄为生，近西边者颇为艺植，多牛羊而少马。自突厥有国，东西征讨，皆资其用，以制北荒。

铁勒部族既东自独洛河西达东罗马，此间更无另有可萨部存在的可能，故可萨一名如在波斯记载里泛指北鄙骑马民族当即为铁勒，否则亦当为铁勒的一部。

在波斯大食记载里，可萨部一名曾见于陀拔《纪年》，据说当588年突厥最高可汗西攻波斯时，东罗马曾由叙利亚进兵，可萨部兵亦至里海南岸的Derbend，大肆焚杀。此突厥最高可汗为处罗侯已见前考。铁勒部族在木杆可汗及沙钵略时皆为东突厥臣属，故此时与处罗侯东西会攻波斯实为极自然的事。

西突厥独立始于大逻便时，大逻便为处罗侯所执，其国立泥利可汗，卒，子处罗可汗立，西突厥始强大，始立二小可汗，一在石国北，以制诸胡国。东突厥自处罗侯死后，其势力显亦不能统制中亚，故波斯东罗马此后记载的突厥当为西突厥。据西亚美尼亚历史记载，在598年时，波斯王曾东征吠哒地方，当地小王求援于北方突厥可汗，突厥援兵三十万渡乌浒河，败波斯军，突厥兵退后，波斯军又进掠诸地，此当即为西突厥处罗可汗时事。《隋书》言大业初处罗可汗抚御无道，其国多叛，与铁勒屡相攻，大为铁勒所败，突厥此次战胜波斯而终退却，可能即由于北方铁勒的叛变。

西突厥在射匮可汗与其弟统叶护可汗时代，611年至630年，广开疆土，又并有铁勒。《旧唐书》言西突厥西疆达雷翥海，此海名见《水经注》，似即咸海，亦可能为里海，故铁勒诸部西抵拂菻，此时当皆成为西突厥的一部。《旧唐书》载此二可汗事云：

射匮可汗者，达头可汗之孙也，既立后，始开土宇，东至金山，西至海，自玉门以西诸国皆役属之，遂与北突厥为敌，乃移庭于龟兹北三弥山，寻卒，弟统叶护可汗代立，统叶护可汗勇而有谋，善攻战，遂北并铁勒，西扼波斯，南接罽宾，悉归之，控弦数十万，霸有西域，据旧乌孙地，又移庭于石国北之千泉，其西域诸国王悉授颉利发，并遣吐屯一人监统之，督其征赋，西戎之盛未之有也。

东罗马史家Theohbanes于其《纪年》中又提及突厥可萨部，此为见于东罗马史籍最早的关于可萨部记载。627年至628年间，东罗马皇帝Heraclius与来自东方的突厥民族名为可萨者结盟会攻波斯，可萨西破里海诸关。其首领为Ziebel，二军相会于Titlis城下，东罗马帝许以其女Eudoxia妻突厥可汗，突厥可汗以兵四万人付其子而还。后波斯国中有变，其王被害，乃与罗马议和。亚美尼亚史籍亦记此事，唯称此可汗为Djebou Khakhan。按《新唐书·波斯传》有“隋末西突厥叶护可汗讨残其国，杀王库萨和”的记载，故此时的Djebou或Ziebel可汗当即为统叶护可汗。毫无疑义，沙畹独以此说为非，而以此处的突厥可汗为一里海附近的可萨部首领。唯可萨至少当指铁勒的一部，而《隋书》明言铁勒并无君长，故此处的可汗必为西突厥可汗。《隋书》所载拂菻以东铁勒部族不足二万人，而东罗马记载中突厥可汗曾以兵四万付其子，故在兵力方面看来，此处的突厥兵亦当为西突厥，《唐书》载当此前数年统叶护可汗曾遣使来中国请婚，后因路梗未果，此似亦与东罗马记载里突厥向东罗马帝请婚的事实相合。据亚美尼亚史籍，突厥可汗于628年东归，留其子Chath于西方，据《新唐书》统叶护卒于628年，《慈恩寺传》则谓可汗卒于630年，总之，统叶护讨伐波斯后不久即死，《唐书》言其子于咥力此时亡在康居，亦与西史所载可汗留子于西方的记载相符。于咥力后为肆叶护可汗，卒于康居。《唐书》言此时其西域诸国及铁勒先役于西突厥者悉叛，西方可萨部脱离西突厥而独立当即在此时。

沙畹以为根据中国记载，可萨与突厥不可混而为一，其说似是而非。可萨原为西方的铁勒部族，在西突厥强盛时，因为西突厥臣属，肆叶护以后始独立为国。《唐书》无铁勒传而只有回纥传，而回纥只是居住东边的铁勒部族，故可萨部当即为在西方的铁勒部族，中国人未识其族，故不另立传。突厥可萨部的名称初见于杜环《经行记》，故在7世纪初，此部当尚未脱离其他铁勒部族而独立。总之，东罗马与西突厥发生交涉似仅始于7世纪初统叶护可汗时，其所谓东方突厥名可萨部者，实指当时在统叶护领率下的西方铁勒部族，而前此与东罗马发生交涉的突厥则当皆为东突厥。

唐代东罗马遣使中国考

《旧唐书》载:

隋炀帝常将通拂菻，竟不能致。贞观十七年，拂菻王波多力遣使献赤玻璃、绿金精等物，太宗降玺书答慰，赐以绫绮焉。自大食强盛，渐陵诸国，乃遣大将军摩栧伐其都城，因约为和好，请每岁输之金帛，遂臣属大食焉。乾封二年，遣使献底也伽。大足元年复遣使来朝，开元七年正月，其主遣吐火罗大首领献狮子、羚羊各二。不数月，又遣大德僧来朝贡。

这里值得注意的，即是东罗马此数次遣使都在一百年内。贞观十七年为西历643年。大食的主将摩栧即Caljph Moawiys，其进攻东罗马据Theophanes记载在673年至677年间。据Elmacin

记载则在668年至672年的五年间。乾封二年为西历667年。大足元年为701年，开元七年为719年。此处有两个问题，一个是贞观十七年遣使的拂菻王波多力是何人，另一个是何以此数次遣使都在一百年内。此两个问题的解决当有助于对当时东罗马历史的了解。

我们知道在西历643年左右东罗马并没有名为波多力的皇帝，当时东罗马皇帝君士坦二世（Constans Ⅱ）在位才十四岁，并无实权，当时拥有军权的诸贵族才是东罗马实际的君主；第二次东罗马遣使中国是在西历667年，当时君士坦二世出亡，国家无主；第三次东罗马遣使中国是在西历701年，当时茹斯丁连二世（Justinian Ⅱ）也正在出亡，东罗马又在无政府的状况里；第四次与第五次东罗马遣使中国是在西历719年，此次东罗马确有皇帝，就是利奥三世（Leo Ⅲ），原籍阿蛮尼亚（Armenia），曾为阿那多尼亚（Anatolian）节度使，被他的军士拥上皇位。

我们知道在赫拉克留（Heraclius）朝，东罗马的实权是在诸节度使手里，我们知道当时东罗马分为三大军区，即中央（Opsikioi）、阿蛮尼亚（Armeniakoi）与阿那多尼亚（Anatolikoi）。后两军区的节度使实为国家的领袖，此等拥有军权的贵族被称为Patrice，我们若记得这些贵族实居于东罗马皇帝地位的事实，则可以了解何以在643年东罗马皇帝据中国记载名为波多力，因为波多力也正是Patrice的对音，显然，当时遣使中国的不是年方十四岁的君士坦二世，而是其代理人，一位拥有军权的贵族。我们知道赫拉克留临死时，曾把东方的军政大权交给一位贵族瓦兰丁（Valentin），瓦兰丁后来也曾一度称帝。阿那多尼亚军当第二次遣使中国时曾统制东罗马，当第三次遣使中国时，贵族尼彻佛罗（Nicephorus）的儿子巴达尼（Bardanes），原籍阿蛮尼亚，也自居于东罗马皇帝的地位，且于711年至713年间称帝。至于最后二次遣使时，我们已说过利奥三世原为阿蛮尼亚人，且为阿那多尼亚节度使，这样看起来，当时遣使中国的东罗马皇帝实际多半都是拥有军权的诸贵族，大概与皇帝本人无关。

我们知道隋炀帝数次欲通东罗马而失败，可是这事实并不能解答何以半世纪后东罗马曾数次来使中国，在568年东罗马皇帝茹斯丁连曾遣使至金山谒突厥可汗，请其联盟共抗强盛的波斯，谛别里留二世（Tiberius Ⅱ）在十年后也遣使至突厥，不过到7世纪初年国际情势大异，当时在东方中国已征服突厥，在西方波斯势力渐衰，不足为东罗马患。继波斯而起的新敌人就是641年灭波斯的大食，中国成为亚洲的霸主，在大食威迫下，波斯余众及中亚诸国都向中国乞援，东罗马亦非例外，这当然就是数次遣使的原因。

我们若详细看一看这几次遣使的年代，则其原因当更明显，第一次东罗马来使时，大食方战败东罗马军，侵入叙利亚（Syria）、西利西亚（Cilicia）而达黑海与东罗马国都附近。第二次来使为大食首次围攻东罗马的前一年，第三次来使正当大食二次进犯的时候。第四次与第五次来使正当大食二次围攻东罗马时，此后东罗马用称为希腊火的火炮击退大食，大食即未再能进犯东罗马的国都，从此以后东罗马亦未再遣使中国。

《旧唐书》这一段记载使我们更了解当时东罗马的内政与外交情况。我们由此可知赫拉克留的后裔多无实权，当时的贵族节度使是东罗马真正的领袖，外交政策都由他们决定施行，遣使中国也是他们的政策，我们也可以知道当时东罗马一贯的外交政策是联合东方的强国以对抗较近的敌人，最初请突厥缔盟以抗波斯，后来突厥降为中国的附庸，波斯为大食所灭，则又请中国与之联盟以抗大食，数次遣使当即此意。在七八世纪间中国在中亚的进取政策，其事终因高仙芝在751年的失败而中止，可能即为东罗马数次遣使的结果，此外中国曾否与东罗马以实际援助，则史缺有间，无从考证。

不过我们知道火药最初是由中国发明的，相传最初为后汉马钧所发明，至少在隋代已普遍应用，隋炀帝常在宴会中用烟火爆竹向外国人夸耀，故西方人对于火药的知识当得自中国。西方人用火药始于东罗马的希腊火，很可能这是东罗马使臣从中国带去的，相传希腊火为加利尼科（Callinicus）所造，而此人相传来自叙利亚的希利奥城（HeliopoLis）。此城又名Bambyke，即《魏略·西戎传》所载的汜复，我们知道大秦的丝路由中国经中亚的思陶城（Hecatompylos），过且兰（Charrae）而以汜复为西方的终点，故来自汜复的加利尼科很可能本来自中国。隋代的波斯与突厥使臣对中国的烟火颇感兴趣，可能东罗马的贵族也听到这个发明，当大食进攻时，即由中国求得火药的制作方法，而以之击退大食。我们知道造纸的方法是大食人在8世纪从中国方面学得的，故西方火药的制造极可能也由中国学来，如此，我们可以说中国实延迟了东罗马的灭亡，给了欧洲诸国长成的机会，因此而挽救了欧洲的文明。

附记：

这篇考证大概是1945年年底到1946年时写的。1945年日本战败投降后，重庆国立编译馆人员正纷纷准备离川，去南京或北京等地。因交通不便，我们一家到1946年秋天才乘船到了南京。这篇考证大概就是这个时间写的。当时我对东罗马史很有兴趣，经历史学家贺昌群介绍，还在中央大学历史系做过一年教授，教的也是东罗马史。我实际只讲了几堂课，学生们很欢迎。但因那时学生们正反对蒋介石发动内战，忙于罢课示威，我和亡妻乃迭同情学生的行动，经常帮他们写英文标语，课也无心继续教下去了。当时钱锺书兄正在上海，为上海的图书馆编了一种名为*Philo Blion*的英文刊物，向我约稿，我即把这篇考证寄他，大概一共登了两期。文中所说的希腊火，我当时把它同我国发明的火药联系起来，这只是一个大胆的假设。不过，东罗马遣使中国，《唐书》记载是确有此事的。至于东罗马都城被土耳其人攻陷则是几百年以后了，我在文中认为中国传去的火药延迟了东罗马的灭亡，这个假设就极端大胆。今天看来，当时的想象力有些过分丰富了。

“黑海东头望大秦，千秋霸业杳难寻。虽然乞得唐家火，难敌东来突厥军。”

这首打油诗第一句记得是王国维的句子。大秦，罗马的译名。突厥，指土耳其。

附记载《寻根》2000年第6期

唐代西班牙与中国的通使

《太平广记》八二“袁嘉祚”条：

> 其人顾嘉祚曰：“眼看使于蠮螉国，未知死所，何怒我焉。”嘉祚思其言，不能解，异之。明复至朝，果为二相（岑义、萧至忠）所召，迎谓曰“知公迹素高，要公衔朝命充使，今以公为卫尉少卿，往蠮螉国报聘，可乎？”……其蠮螉国在大秦国西数千里，自古未尝通。

此唐睿宗时事，亦即710年至711年间。

岑仲勉先生说，蠮螉即Emir的对音，此为东非及北非酋长头衔，唐人读外语R如T，故Emir恰等于蠮螉。

不过大食语Emir似应读若Amir，如此则与蠮螉的读音不同，《唐书》载：“永徽二年（651年），大食王豃密莫末腻始遣使者朝贡。”此莫末腻不知为谁，唯非当时的哈利发（Othman），当为一独立的酋长其名似为Mahmudlib，而其名前的徽密当，即为Emir的对音。如果Emir的读音为徽密，则蠕蟣国一名当与此无关。

我们再从方向来看，蠕蟣国在大秦西数千里。蠕蟣国如在北非，则方向当作西南。《新唐书》载：“自拂菻西南度碛二千里有国曰磨邻。”磨邻当即北非的大食名称Mughrib的对音，北非在唐代既被称为磨邻国则不当更名为蠕蟣，磨邻即北非既在大秦西南，则此在大秦以西的蠕蟣国当在北非以北。

我们再从年代来看，大食于永徽二年已遣使朝贡，蠕蟣如为在北非的大食酋长名称，则不当在睿宗景云年间言其国自古未尝通，况且唐朝人知道大食，亦不当以其在北非的部属认为独立王国。总之，无论在读音上或方向上或年代上看来，蠕蟣当皆与大食酋长的名称Emir无关。

7世纪至8世纪间，波斯、大秦诸国纷纷遣使至中国，其原因皆为恐惧大食的侵略，而向唐朝乞援，唐代大秦数次遣使皆当大食人来侵的年岁，已见前考，此次蠕蟣国来使当亦可能为此。我们知道710年至711年间正是大食西侵西班牙的年代。蠕蟣国既在大秦西数千里当即是西班牙。

西班牙当时正当西粟特Visigoth王朝末年，大食来侵时，坚强抗战的只有西部的主要都城Emerita，即今日的Merida城。此当时为一主教区Bishopric，曾抵抗大食三年的时间，至713年始降，蠼螋可能即Emerita的译音，又希腊人名西班牙为Iberia，蠼螋为其对音亦有可能。蠼螋若指西班牙全部，则当时遣使求援者当为西粟特末世的王Roderic，若蠼螋为Emerita的对音，则遣使者当为此城的主教或贵族。

萨宝新考

关于萨宝的问题，我们已经有了几篇很好的考证，伯希和在他的*Le Sapao*里业已很详尽地讨论过此问题，不过他只采戴孚礼（Deveria）的旧说，以萨宝还原于叙利亚语的Saba，其意为长者（Vieillard Ancien），别无新意。

劳费不同意此说，在他的名著*Sino-Iranica*里，他说以萨字译Sa音，不适合唐代音译的法则，因为萨字尾应该有齿音或流音，又谓波斯对于自己神圣的制度不应用叙利亚语。于是劳费以萨宝为古波斯语Xsa-thra-pavan的对音，此字亦即希腊语的Satrapes、阿述语的Axsdrapan、梵语的Ksatrapa，其意为主帅或首领，不过劳费在同一篇考证里，又以波斯语的Xsathra为波斯王名库萨和的原字，此二字显然同一语根，在中文里也不应同时有萨宝与库萨和两个完全不同的译法，而且Xsa-θra-Pavan的字义似乎也与祆教无关，劳费的假设虽然难得成立，然而他对于唐代音译的意见是完全正确的。萨字尾一定要有齿音或流音，因此藤田丰八也写了一篇关于萨宝的考证，而以萨宝还原于梵语的Sarthavaho，其意为商主。可是萨宝应该是祆教官名，以之为西域贾胡的名称总嫌有些牵强，所以藤田丰八的考证也难得成立。不过我们觉得藤田丰八从梵文里寻找萨宝的原字是颇有意义的，他的研究无疑地使我们离此问题的最后解答又近了一步。

劳费所给予萨宝的定义为“掌持在长安的波斯宗教事件的官名，此官始立于621年左右，其时始建火天神的庙宇于长安”。实则此定义是颇有问题的，《通典》卷四十于“萨宝府祆正”下注曰：“祆呼烟反，祆者，西域天神，佛经所谓摩醯首罗也。武德四年置祆祠及官，常有群胡奉事，取火咒诅。”此无疑为劳费所本，不过我们如果看其他有关祆祠及萨宝的记载，便知祆祠及萨宝的建立并不始于唐初，而且此教是否来自波斯也颇有问题，宋敏求《长安志》卷十载：“唐京城朱雀街（西）第三街布政坊西南隅胡祆祠。”其下原注曰：“武德四年立，西域胡祆神也，祠内有萨宝府官，主祠祆神，亦以胡祝充其职。”《长安志》的材料引自唐韦述的《西京新记》，此书今只有残本，其文与《长安志》及《通典》所载，大同小异，故不更举，《旧唐书》卷四十二《职官志》也提到萨宝："又有视流内起居，五品至从九品，初以萨宝府、亲王国官及三师、三公、开府、嗣郡王、上郡国以下护军以上勋官带职事者府官等品。开元初一切罢之。今唯有萨宝、祆正二官而已。又有流外自勋品以至九品，以为诸司令史、赞者、典谒、亭长、掌固等品。视流外亦自勋品至九品，开元初唯留萨宝、祆祝及府史，余亦罢之。"前所引《通典》卷四十《职官》卷二十二载：大唐官品"视流内，视正五品萨宝，视从七品萨宝府祆正，……视流外，勋品萨宝府祓祝，四品萨宝府率，五品萨宾府史。"《新唐书》卷七十五上《宰相世系表》载有郑行谌为萨宝果毅。以上这些都是关于唐代长安萨宝府的记载，不过《新唐书》卷七十五下又载："武威李氏本安氏，……后魏有难陀孙婆罗，周、隋间居凉州武威为萨宝。"由此条看来，长安的胡祆祠及萨宝府官虽始建于武德四年即621年，而萨宝官名已早见于周隋了。萨宝又写作萨保，《隋书》卷二十八《百官志》："流内视品十四等，雍州萨保视从七品，诸州胡二百户以上萨保为视正九品。"藤田丰八又找到一条关于萨保的更早记载，《周书》卷十一《晋荡公护（宇文护）传》载："晋荡公护字萨保，太祖之兄，邵惠公显之少子也。"

据《宇文护传》："普泰初自晋阳至平凉，时年十七。"

由此可知宇文护当生于北魏宣武帝延昌四年（515年）左右。宇文护生于515年，而小名已用“萨保”一词，可见萨保的称谓在北魏时早已流行了。据以上的几条证据，我们可以断定萨宝一名早见于中国，而非始于唐武德四年。

我们再看关于祆教的记载，宋姚宽《西溪丛语》载：“唐贞观五年，有传法穆护何禄将祆教诣阙闻奏，敕令长安崇化坊立祆寺，号大秦寺，又名波斯寺。”穆护即波斯拜火教的僧侣，故此为波斯拜火教传入中国的起始当无可疑。贞观五年是631年，而此时始有波斯教传入中国，则前此十年在长安建立的萨宝府供奉何神似大有问题。姚宽名此贞观五年传入的新教为祆教又号大秦或波斯，又说：“火祆字从天，胡神也，经所谓摩醯首罗，本起大波斯国，号苏鲁支。”显然他误将大秦的景教、波斯的苏鲁支教、印度的摩醯首罗教合而为一了，祆教见于记载远在唐代以前，它应该不是波斯的苏鲁支教，更不是大秦的景教。《说文》载“关中谓天为祆”，此字最早见顾野王的《玉篇》，音呵怜切，注为祆神，徐铉据以增入《说文》。宋敏求《东京纪》载，宁远坊有祆神庙，相传石勒时立此，如此则祆教在晋初已入中国。安息帝国灭亡后，中国与波斯断绝往来，至北魏时二国始更通使，据《北史·西域传》“波斯”条：“神龟中，其国遣使上书贡物云：‘大国天子，天之所生，愿日出处常为汉中天子，波斯国王居和多千万敬拜。’朝廷嘉纳之，自此每使朝献。”唐杜佑《通典》卷一九三也说：“波斯后魏通焉。”若波斯与中国的交通始于518年即神龟元年以后，则515年作为宇文护小名的萨保及晋初已传入中国的祆神，显然与波斯无关。《续高僧传》卷九载有宇文护与一姓宋的佛教僧的书札，卷十《释昙延传》又载宇文护上昙延法师事，由此可见宇文护为佛教徒，则其小名萨保似亦应为梵文而非为波斯语。前引《新唐书·宰相世系表》亦言：“后魏有难陀孙婆罗；周、隋间居凉州武威为萨保。”无论难陀孙婆罗国籍为何，其名为梵文则毫无疑义，如此则萨宝亦应为梵文，实则《通典》早已说得很明白，“祆者西域天神，佛经所谓摩醯首罗也”，摩醯首罗是梵文Mahesvara的对音，即婆罗门教的神祇大自在天又名湿婆（Siva）。祆教当即是印度的湿婆崇拜，萨宝一名也应与此有关。按难陀孙婆罗一名还原应为Nanda Sampra。此字首半“难陀”意为“欢喜”，又为湿婆天神的一称谓，“孙婆罗”意为“属于”，故此名有“属于大自在天”或“湿婆侣属”的意义，故萨宝一名与湿婆崇拜有关乃毫无疑问。我们知道湿婆或自在天为后期婆罗门教的主要神祇。此神不见于吠陀经典。在吠陀经典里主要的神祇为天神因陀罗（Indra）与火神阿耆尼（Agni），后日因陀罗与阿耆尼又与另一主持风雨的神努陀罗（Rudra）相合而成为湿婆又名自在天。在*Athavaveda*里，此神有Bhava，Rudra，Pasupati，Sarva诸名，*Satha patha Brah Mana*里记载当时东方人称湿婆为Sarva，西方则称此神为Bhava，在《摩诃婆多》（*Mahabarata*）、《大藏经》里湿婆与火神阿耆尼又为同一神祇。我们又知道此后期婆罗门教的主要支派湿婆崇拜自汉魏以至隋唐时代曾遍布中亚细亚，甚至波斯的东部人民亦信奉湿婆，此有近世的考古发掘可资证明，在东方湿婆崇拜则远及于阗、龟兹一带，如前所述在东方的湿婆崇拜当名为Sarva，此名当即为萨宝的原字，Sarva一名可指湿婆又可指崇奉湿婆的僧侣，故此与中文的萨宝意义完全相合，Sarva译为萨宝亦合于唐代音译的原则。

祆即天，故祆祠亦即天祠，天祠亦即婆罗门教，此有早期佛经及《佛国记》《西域记》等记载可以为证。《唐书·西域传》言于阗国“喜事祆神浮屠法”，又言康居国“尚浮屠法祠祆神”，皆浮屠与祆祠并列，可见二者有密切关系。韦节《西蕃记》言康国“俗事天神，崇教甚重，云神儿七月死失骸骨，事神之人，每至其月，俱着黑叠衣，徒跌抚胸号哭，涕泪交流，丈夫妇女三五百人散在草野，求天儿骸骨，七日便止”，此记载里的宗教风俗显然与波斯的苏鲁支教无关，而当为湿婆崇拜的一种。法显《佛国记》言及“外道天寺”，天寺或天祠亦即祆祠，《西域记》里亦言及湿婆崇拜的天祠，不胜枚举，兹举其数例：迦毕试国“天祠数十所，异道千余人，或露形，或涂灰，连络髑髅以为冠鬘”“跋虏沙城东北五十余里至崇山，山有青石大自在天妇像，毗摩天女也。闻诸土俗曰，此天像者，自然有也，灵异既多，祈祷亦众，印度诸国求福请愿，贵贱毕萃，远近咸会。其有愿见天神形者，至诚无贰，绝食七日，或有得见，求愿多遂，山下有大自在天祠，涂灰外道式修祠祀。”阇烂达罗国“天祠三所，外道五百余人，并涂灰之侣也”；垩醯掣呾逻国“天祠九所，异道三百余人，事自在天，涂灰之侣也”；劫比他国“天祠十所，异道杂居，同共遵事大自在天”；婆罗痆斯国“天祠百余所，外道万余人，并多宗事大自在天，或断发，或椎髻，露形无服，涂身以灰，精勤苦行，求出生死”；阿点婆翅罗国“天祠十所，多是涂灰外道之所居止，城中有大自在天祠，祠宇雕饰，天像灵鉴，涂灰外道游舍其中”；狼揭罗国“天祠数百所，涂灰外道，其徒极众，城中有大自在天祠，庄严壮丽，涂灰外道之所宗事”；《西域记》又言于阗王城东三百余里有媲摩城，其地今在Ugum-Tati（见Stein：*Ancient. Khotan*，pp. 452–457），按媲摩（Bhima）亦即湿婆别名，亦为湿婆神妇；媲摩城又见《洛阳伽蓝记》（宋云记载），作捍摩城，由此可见汉魏时于阗地方已有湿婆崇拜。至此，萨宝即湿婆的别名而祆祠亦即湿婆崇拜已毫无可疑。《太平广记》卷二八五引唐张鹫的《朝野佥载》里面有两段关于祆神的记载：

唐梁州妖（当作祆，下同）神祠，至祈祷日，妖主以利铁从额上钉之，直洞腋下，即出门，身轻若飞，须臾数百里，至西妖神前舞一曲，即却至旧妖所，乃拔钉，一无所损，卧十余日，平复如初，莫知其所以然也。

唐河南府立德坊及南市西坊，皆有胡妖神庙，每岁商胡祈福，烹猪杀羊，琵琶鼓笛，酣歌醉舞。酹神之后，募一胡为妖主，看者施钱并与之，其妖主取一横刀，利同霜雪，吹毛不过，以刀刺腹，刃出于背，仍乱扰肠肚流血，食顷，喷水咒之，平复如故，此盖西域之幻法也。

与此两段记载相似的还有Stein从敦煌千佛洞中携出一《地志》残篇，其中述伊州柔远县的祆庙云：

祆庙中有素书形像无数，有祆主翟槃陀者，高昌未破以前，槃陀因入朝至京师，即下祆神，因以利刀刺腹，左右通过腹外，截弃其余，以发系其本手，执刀两头，高下绞转，说国家所举，百事皆顺天心，神灵助无不征验，神没之后僵仆而倒，气息奄七日，即平复如旧，有司奏闻，制授游击将军。

此篇中祆主翟槃陀的名字我疑与湿婆神的一别名束缚者（Bandhaka）或Bandhakaptri有关。

上面两三段记载令人想起古代婆罗门教僧多善幻术的事实。我国史籍上有不少关于幻术的记载，其中多数都似乎与婆罗门教有关。唐道宣的《法苑珠林》卷六十一即载：

晋永嘉中，有天竺胡人来渡江南，其人有幻术，能断舌、续筋、吐火，所在人士聚共观试，其将断舌先吐以示宾客，然后刀截，血流覆地，乃取置器中，传以示人，视之舌头半舌犹在，既而取还合续之，有顷坐以见人，舌则如故，不知其实断不也。

藤田丰八于其《犁轩与大秦》一文中，引《魏书·西域传》所载悦般国幻术事，且猜想北魏时祆教传入中国，似与悦般国所送幻人有关，此点我亦同意，不过藤田丰八又以悦般幻人为波斯僧侣，则此假设我以为甚难成立。据《魏书》卷一〇二载：

悦般国，在乌孙西北……其风俗言语与高车同，而其人清洁于胡。俗剪发齐眉，以醍醐涂之，昱昱然光泽，日三澡漱，然后饮食……真君九年，遣使朝献，并送幻人，称能割人喉脉令断，击人头令骨陷，皆血出或数升或盈斗，以草药纳其口中，含嚼咽之，须臾血止，养疮一月复常，又无痕瘢。世祖疑其虚，乃取死罪囚试之，皆验。云中国诸名山皆有此草，乃使人受其术而厚遇之。又言其国有大术者，蠕蠕来抄掠，术人能作霖雨、狂风、大雪及行潦，蠕蠕冻死漂亡者十二三。

由“其人清洁于胡。俗剪发齐眉，以醍醐涂之，昱昱然光泽，日三澡漱，然后饮食”几句看来，悦般国幻人必为婆罗门教徒无疑，《旧唐书》一九八《西戎传》“泥婆罗国”条即言“其俗剪发与眉齐”，而泥婆罗亦为信奉婆罗门教的国家，至于婆罗门教徒以醍醐涂发日三澡漱的习俗亦为人所共知，龟兹久有印度文化，其北的地域有婆罗门教国亦极自然，悦般一名似即湿婆一名Saiva的对音，其所用的草药疑即为Soma，实则早自汉魏时中国可能已有湿婆崇拜。湿婆神在北印度的名称或作Saiva或作Sarva，后者即前述萨宝的对音，此字原意为箭，又作Sari，似亦即《魏略》的沙律。《三国志》引《魏略·西戎传》述浮屠（即佛）事后，言："天竺又有神人名沙律。"此沙律（Silvain Levi）以为即佛弟子（Sariputra），实则就本文看来，沙律与浮屠同为天竺所尊奉，故沙律当指婆罗门教的大神，而非指佛弟子舍利弗。

在公元前数年间，中国有一西王母崇拜，此名西王母初见于公元前6年即汉哀帝建平元年刘秀所校的《山海经·西山经》载："又西三百五十里曰玉山，是西王母所居也，西王母其状如人，豹尾虎齿而善啸，蓬发戴胜，是司天之厉及五残。"此处所描写的西王母颇与一般记载中湿婆神或其女身Kali的形状性质相似，西王母亦可能为Siva Bhaga的对音，《汉书》卷十一《哀帝纪》载建平四年"春大旱，关东民传行西王母筹，经历郡国，西入关，至京师，民又会聚祠西王母，或夜持火上屋，击鼓号呼相惊恐"。此处关于会祠西王母的描写亦与湿婆教徒的行为相符。建平四年是公元前3年，次年即元寿元年，我们要记得元寿元年哀帝使博士弟子秦景使大月氏王受浮屠经返汉，此次突然遣使西求佛经或与前一年的西王母祠不无关系。

汉魏以后北方沙门，如后赵佛图澄、姚秦罗什、北凉昙无谶皆善方术，实则当时沙门未必尽为佛弟子，就元魏沙门多兼知术数一事看来，其中恐有不少为婆罗门教徒。《五明论婆罗门天文》亦在关中译出。古代印度的婆罗门教徒常为妖幻变叛，元魏沙门亦有用方术符瑞以谋乱者，《续高僧傅·超达传》云："魏氏之王天下也，每疑沙门为贼。"据《魏书·本纪》：孝文帝延兴三年（473年）十二月"沙门慧隐谋反伏诛"，孝文帝太和五年（481年）二月"沙门法秀谋反伏诛"，孝文帝太和十四年（490年）五月"沙门司马惠御自言圣王，谋破平原郡，擒获伏诛"，宣武帝永平二年（509年）正月"泾州沙门刘惠汪聚众反，诏华州刺史奚康生讨之"，宣武帝永平三年（510年）二月"秦州沙门刘光秀谋反，州郡捕斩之"，宣武帝延昌三年（514年）十一月"幽州沙门刘僧绍聚众反，自号净居国明法王，州郡捕斩之"，《魏书》卷十九又载：延昌四年（515年）六月，沙门法庆聚众反于冀州，"法庆既为妖幻，遂说渤海人李归伯，归伯合家从之，招率乡人，推法庆为主，法庆以归伯为十住菩萨、平魔军司、定汉王，自号大乘，杀一人者为一住菩萨，杀十人者为十住菩萨，又合狂药令人服之，父子兄弟不相识，唯以杀害为事，于是聚众杀阜城令，破渤海郡，杀害吏人，诏以遥为持使节、都督北征诸军事，率步骑十万以讨之”，孝明帝熙平二年（517年）正月“大乘余贼复相聚结，攻瀛洲。刺史宇文福讨平之”。在此四十余年间，沙门谋反者八次，就其自起圣王以妖幻惑人诸事看来，这些大概都是婆罗门教徒。

唐代初年与末年也有沙门谋反的记载，《新唐书》卷八十六《高开道传》：“武德元年（高开道）陷渔阳郡有之，有铠马数千，众万人，自号燕王。先是怀戎浮屠高昙晟因县令具供，与其徒袭杀令，伪号大乘皇帝，以尼静宣为耶输皇后，建元法轮，遣使约开道为兄弟，封齐王，开道引聚从之，居三月，杀昙晟，并其众，复称燕王。”此段记载里最值得注意的即是“以尼静宣为耶输皇后”一事，耶输（Yasoda）是黑天（Krishna）的母亲的名字，而黑天又即由湿婆所分化，故此谋反的沙门似亦为湿婆崇拜的信徒。

北朝与隋唐时北方人多信奉婆罗门教，此由当时人的小名多为婆罗门教名一事可见，我们试以隋高祖杨坚一家为例，杨坚小名那罗延，此为梵文Narayana的对音，亦即湿婆的一别名。文献皇后小名伽罗（Kala），此为司幸运的女神，亦即湿婆女身的一别名，杨坚五子多有梵名，废太子勇小名睍地伐（Kandivat），此字前半Kandi为湿婆女身的一称谓，故此名的一意义亦即“湿婆信奉者”。隋炀帝小名阿摩，此似为Auma

或Uma的对音，即湿婆女身的一称谓，又得为“湿婆信奉者”的意义。秦王俊小名阿祇，此似为Aditya的对音，亦即“天母后裔”的意义。庶人秀小名不见隋书，庶人谅小字益钱，此似为某一梵名的意译，可能即为Sivadatta，因为此名前半“湿婆”一字亦可作“财富”解。如此看来，杨坚一家信奉湿婆似无疑义。

不过就杨坚诸弟皆无梵名一事看来，可能最初信奉湿婆的是文献皇后。文献皇后出独孤氏，是独孤信第七女。隋帝杨坚本亦从独孤信，故此湿婆崇拜可能源于独孤氏。《北史》卷六十一《独孤陁传》有祀猫鬼事，似亦与湿婆崇拜有关，独孤陁是文献皇后的异母弟，《北史》载：

> 陁性好左道，其外祖母高氏先事猫鬼，已杀其舅郭沙罗，因转入其家。上微闻而不信。会献皇后及杨素妻郑氏俱有疾，召医视之，皆曰：“此猫鬼疾。”上以陁，后之异母弟，陁妻，杨素之异母妹，由是意陁所为。阴令其兄左监门郎将穆以情喻之，上又遣左右讽陁，陁言无有。上不悦，左转迁州刺史。出怨言，上令左仆射高颎、纳言苏威、大理正皇甫孝绪、大理丞杨远等杂案之。陁婢徐阿尼言，本从陁母家来，常事猫鬼，每以子日夜祀之。言子者鼠也。其猫鬼每杀人者，

所死家财物潜移于畜猫鬼家。陁尝从家中索酒，其妻曰：“无钱可酤。”陁因谓阿尼曰：“可令猫鬼向越公家，使我足钱。”阿尼便咒之，居数日，猫鬼向素家。后上初从并州还，陁于园中谓阿尼曰：“可令猫鬼向皇后所，使多赐吾物。”阿尼复咒之，遂入宫中。杨远乃于门下外省遣阿尼呼猫鬼，阿尼于是夜中置香粥一盆，以匙扣而呼曰：“猫女可来，无住宫中。”久之，阿尼色正青，若被牵拽者，云猫鬼已至。上以其事下公卿。奇章公牛弘曰：“妖由人兴，杀其人可以绝矣。”上令犊车载陁夫妻，将赐死于其家。陁弟司勋侍中整诣阙求哀，于是免陁死，除名，以其妻杨氏为尼。先是有人讼其母为人猫鬼所杀者，上以为妖妄，怒而遣之。及此，诏诛被讼行猫鬼家。

我们知道后世人祭狐或黄鼠狼为大仙姑源于唐代，唐代小说里颇多关于狐仙的记载，前引《朝野佥载》曾记：“唐初以来，百姓多事狐神，房中祭祀以乞恩，食饮与人同之，事者非一主。当时有谚曰：‘无狐魅不成村。’”祭猫鬼事与此年代相隔非远，猫鬼似即后日狐仙的前身。按湿婆一名又可训为豺（Jackal），此兽昼伏夜出，且形与狐猫相近，豺既为湿婆的象征，狐神或猫鬼可能原为一种湿婆崇拜。

据《北史》卷十四《独孤皇后传》，隋高祖的独孤皇后与高祖在宫中并称为二圣，我疑心此亦有婆罗门教色彩，可能与湿婆与其妻Kali的崇拜有关。

《旧唐书》卷六《则天皇后传》亦载当时则天与高宗并称为二圣。则天皇后亦有强烈的婆罗门教色彩，其尊号金轮圣神皇后可为证据。伪撰《大云经》一事似亦可为证据，后当更论。《新唐书》卷一二七《张嘉贞传附弘靖传》载："俗谓禄山、思明为二圣，弘靖惩治乱，欲变其俗，乃发墓毁棺，众滋不悦。……幽蓟初效顺，不能因俗制变，故范阳复乱。"安史的叛乱可能亦曾假宗教的宣传，而安禄山的父系为婆罗门胡则似为无疑的事实。《新唐书》卷二二五上载："安禄山营州柳城胡也，本姓康，母阿史德为觋，居突厥中，祷子于轧荦山，虏所谓斗战神者……母以神所命，遂字轧荦山。"安禄山本姓康，则其父显然原是昭武九姓胡。《旧唐书》卷一〇四《哥舒翰传》："哥舒翰，突骑施首领哥舒部落之裔也……翰母尉迟氏，于阗之族也。禄山以思顺恶翰，尝衔之，至是忽谓翰曰：'我父是胡，母是突厥，公父是突厥，母是胡，与公族类同，何不相亲乎？'翰应之曰：'古人云，野狐向窟嗥不祥，以其忘本也，敢不尽心焉。'禄山以为讥其胡也，大怒骂翰曰：'突厥敢如此耶！'"此处所谓显然与突厥不同。《北史·波斯传》又言波斯"文字与胡书异"，然则隋唐时一般所谓胡者当不指波斯亦不指突厥，而是指信奉婆罗门教的中亚民族。《旧唐书》卷一九八《康国传》言其国"有婆罗门为之占星候气，以定吉凶，颇有佛法"，可以为证。安禄山母为女巫，虽是突厥，当亦信奉婆罗门教。突厥于七八世纪间信奉佛法，此有《悟空行纪》可以为证。所祷的神名"轧荦山"后又为安禄山的原名似即为Yagnasah的对音，此言祭主，原为毗纽天的尊称，后日婆罗门教将毗纽天、湿婆天、梵天并为一神，故Yagnasah亦得为大自在天或摩醯首罗的称号。安禄山既用此名当即亦为大自在天或萨宝的信徒。

前面我们业已说过，武则天皇后伪撰《大云经》一事似与婆罗门教有关。宋敏求《长安志记·大云经寺》云："寺本名光明寺，隋开皇四年（584年）文帝为沙门法经所立，时有延兴寺僧昙延，因隋文赐以蜡烛，自然发焰，隋文奇之，将所住寺改为光明寺，昙延请更立寺以广其教，时此寺未制名，因以名焉。武太后初，此寺沙门宣政进《大云经》，经中有女主之符，因改为大云经寺，遂令天下每州置一大云经寺。"此寺与隋文帝及则天皇后有关，而二人都有极浓厚的婆罗门教色彩，这似乎不是偶合。过去东西学者认为光明寺或大云经寺可能与中亚的摩尼教有关，胡三省引《唐会要》卷十九云："回鹘可汗王令明教僧造法入唐，大历三年六月二十九日（西历768年7月17日）敕赐回鹘摩尼为之置寺，赐额为大云光明。六年正月敕新荆洪越等州，各置大云光明寺一所。”《佛祖统纪》亦有相似的记载，唯较简，不过沙畹在其名著《摩尼教入中国考》里曾提出反证，认为此大云光明寺的名称完全与摩尼教无关，因《大云经》今尚存，为天竺经文，又据各地大云经寺所立的碑志，大云寺亦似为明教庙宇。我们在此拟提出一个新的解释，即《大云经》与大云光明寺实与当时在中国传布的明教有关，《大云经》完全为崇奉湿婆的婆罗门教经文，大云光明寺为崇奉湿婆的婆罗门教庙宇，明教亦当为一种湿婆崇拜，而并非摩尼教在中国的别名。

过去东西学者多误以明教为摩尼教，实则我们如细细看一看有关二者的历史记载，便可见摩尼自为摩尼，明教自为明教，二者不同，未容混淆。喀喇巴耳伽逊有回鹘碑文，此碑名《九姓回鹘爱登里逻汩没蜜施合毗伽可汗圣文神武碑》，碑文为中国突厥、康居二种文字，其有关明教部分如下：

（第八行）帅将睿息等四僧入国，阐扬二祀，洞彻三际。况法师妙达明门，精研七步。才高海岳，辩若悬河，故能开正教于回鹘，□□□□□□□，为法立大功绩，乃□□傒

悉德，于时都督刺史内外宰相，□□□

(第九行)云，今悔前非，愿事正教。奉旨宣示，此法微妙，难可受持。再三恳□，往者无识，谓鬼为佛，今已悟真，不可复事。特望□□，□□□日，既有志诚，任即持受，应有刻画魔形，悉令焚爇，祈神拜鬼，并□□

(第十行)□受明教，薰血异俗，化为茹饭之乡，宰杀邦家，变为劝善之国。故□□之在人，上行下效，法王闻受正教，深赞虔□□□□□德，领诸僧尼入国阐扬，自后□慕阁徒众，东西循环，往来教化，□

此碑文中所志关系明教的可汗为759年至780年间，名登里逻汩没蜜施颉咄登登蜜施合俱录毗伽可汗。沙畹因据摩尼教的突厥文残经，此王名号中有Zahag Imani一语，其义为“摩尼化身”，故认为此王所携归回鹘的明教必为摩尼教。其实此王可能原为摩尼教徒，而归国后改奉明教者，或此二教在回鹘同时并存，亦非为不可能的事。此碑文言回鹘“往者无识，谓鬼为佛”，当指回鹘原信奉摩尼，又言“今已悟真，不可复事……刻画魔形，悉令焚爇，祈神拜鬼，并……受明教，薰血异俗，化为茹饭之乡，宰杀邦家，变为劝善之国”，当指回鹘改奉明教。程序分明，不知过去诸学者何以有此误解。

前引胡三省引《唐会要》云，回鹘可汗王令明教僧进法入唐，大历三年为置大云光明寺，可见明教自回鹘入唐是在西历768年。而《新唐书》卷二一七上则载："元和初，再朝献，始以摩尼至，其法日晏食，饮水茹荤，屏湩酪，可汗常与共国者也。摩尼至京师，岁往来西市，商贾颇与囊橐为奸。"据《资治通鉴》及《佛祖统纪》载，回鹘始以摩尼至事在元和元年，即西历806年，比回鹘以明教入唐晚了三四十年，此可为摩尼教非明教的第一条证据。

《资治通鉴》胡三省注引李肇《国史补》云："蕃人常与摩尼僧议政，京城为之立寺，其法日晚乃食，饮水茹荤，而不食乳酪。"考李肇《国史补》撰述的年代应在825年前十年间，其与摩尼教入唐的年岁甚近，所述当然应该可靠，"其法日晚乃食"一语应本于摩尼教人日食一餐的习俗，摩尼教残经亦有"日一受食"一语可以为证。"不食乳酪"一事亦见于圣奥古斯丁的《外道论》（*De Haeresibus*）卷四十六。不过摩尼食荤，而明教则素食，此有前引碑文中"薰血异俗，化为茹饭之乡"一语可以为证，如此则明教当非摩尼。

五代宋元时的明教徒亦皆不食荤，此由以下诸记载可见，《旧五代史》卷十载，梁贞明六年（920年），"冬十月，陈州妖贼毋乙、董乙伏诛，陈州里俗之人，喜习左道，依浮屠氏之教，自立一宗，号曰上乘，不食荤茹，诱化庸民，糅杂淫秽，宵聚昼散，州县因循，遂致滋蔓。时刺史惠王友能恃戚藩之宠，动多不法，故奸慝之徒，望风影附”。《佛祖统纪》卷四十二亦记此事：梁贞明六年，“陈州末尼聚众反，立毋乙为天子，朝廷发兵禽毋乙斩之，其徒以不茹荤饮酒，夜聚淫秽，画魔王踞坐，佛为洗足，云佛是大乘，我法乃上上乘，其上慢不法有若此。”《佛祖统纪》卷四十八引《夷坚志》：“吃菜事魔，三山尤炽，为首者紫帽宽衫，妇人黑冠白服，称为明教会。”宋李心傅《建炎以来系年要录》亦载：“两浙州县有吃菜事魔之俗。”《佛祖统纪》卷三十九又引《释门正统》云：“其法不茹荤饮酒，昼寝夜兴，以香为信，阴相交结，称为善友。”又言：其徒“以不杀不饮不荤辛为至严。”又言：“此三者皆假名佛教以诳愚俗，犹五行之有沴气也，今摩尼尚扇于三山，而白莲、白云处处有习之者，大抵不事荤酒，故易于裕足，而不杀物命，故近于为善。”（《佛祖统纪》卷五十四）凡此记载皆可证明后日流行中国的明教，虽有摩尼、白莲、白云等名，其法皆不食荤，与中亚的摩尼教法相反，故与摩尼并非一教。明教在明代为白莲社，为明尊教，为白云宗，清代为白莲教，凡此皆假托佛教，皆为婆罗门教的异支，与西方记载所见的摩尼教大相径庭。

不过唐宋以来流传中国的明教既先盛行于回鹘，回鹘当时又信奉摩尼教，二者关系密切，故中亚的摩尼教曾吸收一部明教即婆罗门教的成分亦为无可置疑的事实。据劳费的《伊朗研究》（573页），回鹘摩尼教经典中有神名Azrva，又据劳费所引Gauthiot考证，此名源于康居字Zrw，此字在康居古代婆罗门经文中即为梵天神名。Zrw即Sarva，亦即中国所知的萨宝，如前文所考。

综上所考，萨宝即Sarva或康居Zrw的对音，亦即中亚即康居一带婆罗门教在中国的名称。萨宝在中国肇始于汉魏而盛行于隋唐，唐代以后为明教，又分为白云、白莲秘密宗派，至近世犹在民间保留一部势力。萨宝并不是摩尼教，更与波斯的拜火教无关。

景教碑上的两个中国地名

伯希和于1926年在法国考古研究院曾做一报告，其内容节略如下：

中国古基督教最重要遗物，就是781年所建的景教碑，此碑上著录一位Khumdan与Sarag的主教，前一名并见Simocatta的希腊文记载，与9世纪的阿拉伯著录，就是外人称呼唐代西京的名称，后一名或以为是长安一部分，或以为是疏勒，乃考义净的《梵语千字文》，其中著录的洛水或洛阳的梵文对称，则名婆哕诫（Saraga），如此看来，后一名当即为唐代东京洛阳。

Simocatta言Khumdan城为亚历山大所建，其地离Taugas不远，城有二河，两岸植柏，居民畜象，与印度往来，据说居民本为印度移民，因久在北方，故其色白，此处人有作丝的虫，丝作不同颜色，居民善畜此虫，且至勤奋，至于9世纪的阿拉伯记载，则皆不足以为考证的资料。如阿布赛德（Abusaid）

言其地离广州二月程，有街南北行。长安街东西行，疑此指后梁的汴梁，格儿德齐（Gardizi）则言其地离凉州不远，疑指宁夏，埃德里奚（Edrisi）则以之为长江，故皆不足为据。

根据此希腊记载，此城既相传为亚历山大所建，似当在新疆西部求之，这使我们想起来于阗城的不同名称："俗称涣那，匈奴称于遁，诸胡称豀丹，印度称屈丹。"就字音来说，Khumdan似即为于阗，《魏书》言于阗"城东二十里有大水北流，号树枝水，即黄河也，一名计式水。城西五十五里亦有大水，名达利水，与树枝水会，俱北流。"此与Khumdan城有二河的记载相符。《宋史》载开宝四年于阗献舞象，此与居民畜象的记载相符，于阗与印度早有往来，这更是人所共知的事实。于阗人一部为古代印度移民，当地且有阿育王太子在此建国的传说，于阗畜蚕始于5世纪，当时有Vijayjaya王娶中国公主，始将蚕种传入于阗，此后丝织即成为当地主要的工业。凡此皆与希腊记载相符，故于阗当为Khumdan。Khumdan若为于阗，则一并提到的Sarag当即疏勒，伯希和所引梵语中洛水为婆啰的证据似无疵可击，然而我们要知道疏勒也正是婆啰的对音，此名显由黄河而来，古代人以为黄河源出疏勒附近，蒙古语称黄为Sira，Sara，称浅黄色为Saragha，洛水所以在梵语中也名为婆啰者，则是因其为黄河支流的缘故，黄河上流在甘肃境内即名为疏勒河，可以为证，故洛水名为婆啰固无害于作为城名的Sarag为疏勒的说法。

景教碑是在长安金胜寺发现的。我们要记得金胜寺是在长安西门，当西北通新疆的大路上，而景教又是从疏勒和于阗传入中国本部的，碑上的叙利亚文很可能是先刻的，中文则是在长安后刻的，故两种文字内容不同。

东罗马的鸦片贸易

鸦片或作阿片或作阿芙蓉，原来是希腊字。古代希腊人与罗马人以之入药，由来已久，自1世纪至12世纪间，小亚细亚似为唯一的鸦片产地。印度有鸦片，只是最近几百年间的事，系由于回教势力的扩张，从大食方面传来的。中国近代有鸦片是由于葡萄牙人与英吉利人的海上贸易，此为人所熟知，无须更说。总之，亚洲东部种植鸦片始于近数百年内，鸦片原是西方的产物。

17世纪时，德国医士Kaemptor随瑞典王的使臣到波斯，留下关于亚洲西部出产药料的记载，他说鸦片在当地分为几等，最好的鸦片系用香料配合，名为Theriaca，是极贵重的药品。又据大食人的历史记载，最好的Theriaca来自报达附近。

Theriaca也是希腊字，大约原指以若干虫兽配合而成的药剂，罗马学者普林尼亦言此为六百种不同物品混合而制成的丸药，唯据不同的罗马记载，此药后成为一般解毒剂的通称，其内含成分亦因时而异，后日鸦片成为此药剂的主要成分，故Theriaca乃成为鸦片的代名词。

《职方外纪》“如德亚”国条载：“土人制一药甚良，名的里亚加，能治百病，尤解诸毒，有试之者，先觅一毒蛇咬伤，毒发肿胀，乃以药少许咽之，无弗愈者，各国甚珍异之。”此处的“的里亚加”亦即Theriaca的对音。

实则此药在隋唐时业已传入中国了，朝鲜《医方类聚》引《五藏论》云：“底野迦善除万病。”《五藏论》见《隋书·经籍志》，故此以鸦片为主体之药剂，至晚在隋代已传入中国。唐显庆年间苏恭等奉敕撰新修《本草》云：“底野迦味辛苦平无毒，主百病中恶客忤邪气心腹积聚，出西戎。”苏恭于本文下注曰：“出西戎，彼人云用诸胆作之，状似久坏丸药，赤黑色，胡人时将至此，甚珍重之，试用有效。”据东罗马时代的西方记载，当时此药的主要成分为蛇胆与鸦片，此与唐《本草》的记载相符。就“胡人时将至此”一句来看，当时东罗马“乾封二年遣使献底也伽”，底也伽与底野迦当为同名的异译。

宋仁宗时，苏颂的《图经本草》在“底野迦”条下注曰：“宋时南海亦或有之。”我们知道小亚细亚及如德亚一带当宋代已属大食，而前者为古代鸦片的唯一产地，故此时东罗马在东方的鸦片贸易亦当转入大食人手。大食人在东方的贸易多经南海，此后西方鸦片输入远东诸国乃经海道而不由陆道。

宋代东罗马遣使中国考

《宋史》载拂菻国即东罗马事如下：

拂菻国东南至灭力沙，北至海，皆四十程，西至海三十程。东自西大食及于阗、回纥、青唐乃抵中国。历代未尝朝贡，元丰四年十月，其王灭力伊灵改撒，始遣大首领你厮都令厮孟判来献鞍马、刀剑、真珠。言其国地甚寒，土屋无瓦，产金、银、珠、西锦、牛、羊、马、独峰驼、梨、杏、千年枣、巴榄、粟、麦，以葡萄酿酒。乐有箜篌、壶琴、小筚篥、偏鼓，王服红黄衣，以金线织丝布缠头，岁三月则诣佛寺，坐红床，使人舁之，贵臣如王之服。或青绿、绯白、粉红、褐紫，并缠头跨马。城市田野皆有首领主之，每岁惟夏秋两季得奉给金、钱、锦、谷、帛，以治事大小为差。刑罚罪轻者杖数十，重者至二百，大罪则盛以毛囊投诸海。不尚斗战，邻国小有争，但以文字来往相诘问，事大亦出兵，铸金银为钱，无穿孔，面凿弥勒佛，背为王名，禁民私造。元祐六年，其使两至。诏别赐其王帛二百匹、白金瓶、袭衣、金束带。

这段记载颇有若干地方值得注意。第一，拂菻国当时情况的描写与西史所载相同，吉朋（Gibbon）就有如下关于10世纪时东罗马服饰的记载："在种种颜色中，他（指东罗马皇帝）最喜欢辉赫的红色与较柔和的绿色，丝织多用金线……希腊贵族也模仿他们的君主，当他们穿着锦绣衣裳骑马在路上经过时，每每儿童们误认为是国王。"至于他们的缠头则是指当时东罗马模仿波斯国王的头饰，如吉朋所载："这是一种尖顶的丝布高冠，外面几乎完全为珠宝所隐盖，冠顶为一金圈与二金弧，尖端有一金球或十字架，两边有两串真珠下垂及鬓。"

王所去的佛寺当指圣莎飞亚大寺（St. Sophia），其所以在三月则当指复活节（Easter）的盛典而言。"城市田野皆有首领主之"，当指该时初兴的新贵族，即十字军时代欧洲的诸侯爵。灭力沙为Melik Shah的对音，即塞尔柱突厥当时的君主。在11世纪初年东罗马东南正是塞尔柱突厥的地方。

元丰四年为1081年，元祐六年为1091年，我们在《唐代东罗马遣使中国考》里已说明唐时数次遣使都在一百年内，此后三百年间未见来使，而元丰到元祐十年间，其使三至，其中原因似颇值得思考。

《宋史》所记的拂菻王灭力伊灵改撒，据沙畹考证，即是Melissenus Nicephorus Kaisar，这是完全不错的。此王即位于1080年，在Alexius即位前一年。Alexius即位是在1081年四月，故此次遣使当在1081年以前。当时东罗马方失去其最重要的阿那多尼亚州（Anatolia），突厥方建其鲁迷国（Roum）于小亚细亚，东起Euphrates河，西抵君士坦丁堡，北接黑海，南达叙利亚。据海都（Haiton）记载，其地出银铁铜铅，产葡萄粟麦，多牛羊名马，其言与《宋史》所言相合，可能当时东罗马使臣曾请中国出兵以图夺回此州，故详告以此州的财富。

我们知道当时塞尔柱突厥方征服耶路撒冷，Melissenus与Alexius都曾向外国乞援。在Alexius与富浪德伯爵（Count of Flanders）的信里，我们知道他也曾叙述东罗马的财富以图说动对方，东罗马遣使中国既当同一时间，显然也为同一目的。在Placentia会议里，Alexius的使臣申诉东罗马的危险，第一次遣使中国后十四年开始的十字军东征实际是援救东罗马，而不是为耶路撒冷。当时突厥帝国东达疏勒，如果当时中国出兵疏勒以牵制突厥，第一次十字军也许不致败得那样惨。

在1081年东罗马处境颇为危急，因为不但东方有突厥帝国，西方的罗伯吉士加（Robert Guiscard）也正在准备海陆军以图征服东罗马。当时东罗马内部也正动乱不宁，故Melissenus向中国乞援实为极自然的事。

十年后的两次遣使也当有同样意义。罗伯吉士加固然业已死了，不过东罗马的处境还是非常危急，因为过去突厥人没有海军，此时突厥人得若干希腊战俘帮忙，已造了二百只战舰。当时东罗马皇帝Alexius曾致书欧洲各国求救，故遣使中国亦必为同一目的。

关于东罗马使臣本人，过去诸汉学家亦曾有若干猜测，夏德以为你厮都令厮孟判当为一名Simon Pan的景教僧，唯来使据《宋史》记载为一大首领，且献鞍马、刀剑，则似应为当时西方的某侯爵，而非为景教僧。我们知道当时欧洲贵族的尊称为Maistre，此极可能即为“你厮都令”的本字，此名最后二字“孟判”令人又想起当时最著名的一门望族，即De Montfort。著名的十字军英雄Simon de Montfort的曾祖亦名Simon，此可能即为“厮孟”的原字。Simon de Montfort一世的时代正与遣使中国的时代相合，故极可能即为当时来中国的大使，因此，我们考证你厮都令厮孟判即为Maistre Simon de Montfort的译音。

《岭外代答》里关于东罗马的记载

宋周去非《岭外代答·自序》题淳熙戊戌冬十月五日，成书当在1178年。书中有一段关于大秦的记载，其文如下：

大秦国者，西天诸国之都会，大食蕃商所萃之地也。其王号麻啰弗，以帛织出金缠头，所坐之物则织以丝。有城郭居民。王所居舍，以石灰代瓦，多设帘帏，四围开七门，置守者各三十人，有他国进贡者，拜于阶之下，祝寿而退。屋下开地道至礼拜堂一里许，王少出，惟诵经礼佛，遇七日即由地道往礼拜堂礼佛，从者五十人。国人罕识王面，若出游骑马，打三檐青，马头项皆饰以金玉珠宝。递年大食国王号素丹遣人进贡，如国内有警，即令大食措置兵甲前来抚定。所食之物多饭饼肉，不饮酒，用金银器，以匙挑之。食已，即以金盘贮水濯手。土产琉璃、珊瑚、生金、花锦、缦布、红玛瑙、真珠。天竺国其属也。国有圣水，能止风涛。若海扬波，以琉璃瓶盛水，洒之即止。

这段记载又被赵汝适抄入《诸蕃志》，自序题宝庆元年九月，成书在1225年，比《岭外代答》约晚五十年。夏德与白鸟库吉都以为此文原出《诸蕃志》，其考据以《诸蕃志》的时代为根据，故其结论完全错误，博学如二君，竟未看过《岭外代答》，真可骇异。

夏德与白鸟都以大秦为叙利亚，夏德以麻啰弗为Melek的译音，白鸟则以为Muktodi的译音，其说极牵强附会。我们知道大秦为东罗马毫无可疑，故其王号麻啰弗，亦必是《岭外代答》成书时，1178年左右的东罗马皇帝。按当时东罗马皇帝为Manuel Comnenus，1143年至1180年在位，麻啰弗当然即是Manuel的对音。

这段记载里说大食素丹进贡，且国内有警，即令大食抚定，此事乍看似不可能，因为东罗马与伊斯兰教国原为仇敌，不过当麻啰弗在位时，东罗马确曾与大食联盟。我们知道1097年欧洲十字军恢复东罗马东南地方，此后大食不再为东罗马患，东罗马又感觉十字军的不便，以之为心腹大患，反与大食成立秘密联盟。当时东罗马且有伊斯兰教庙宇。麻啰弗的继承人爱薛（Isaac Angelus）且自言彼与沙拉丁（Saladin）通好，而为富浪人所责。我们又知道1097年十字军曾占领原属东罗马的于罗国（Edessa）；此国国王为希腊人，名谛奥多罗（Theodorus），为东罗马皇帝所任命，唯每年向大食纳贡以保持其独立的地位。十字军的首领保德文伯爵（Baldwin）杀此王而据有此国，至1151年麻啰弗在位时，大食遣将占金（Zengthi）夺回于罗国，又还给东罗马，只取若干金币作为酬报；所谓“国内有警，即令大食……抚定”，当即指1151年大食恢复于罗国事。

素丹的称号始于1002年竭慈尼（Ghazni）的王摩诃末（Mahmud），此后塞尔柱朝诸王皆受黑衣大食哈里发封为素丹。天竺为大秦属国的话似难解释，实则天竺当作天方，亦即阿拉伯的旧名，当地人民为东罗马臣属，9世纪至11世纪间，东罗马得天方助，曾屡败富浪人。圣水据《瀛涯胜览》在蓦底纳（Medina），《事林广记》谓在墨伽（Mecca），当从《事林广记》。

乣军二十五部考

日本箭内、羽田两学士关于辽金乣军的考证颇有新解。藤田丰八继之，考证乣军的乣亦即唐代的拓羯，又以其为古代塞种Sakae的转讹。乣军的名称是否源于塞种姑且不论，唯乣军的部族为突厥种，则确有相当根据。

《元史类编》世纪太祖九年条所载，“乣音冥，辽东君也，凡二十五部族”，原本于《续宏简录》所载，“乣音杳，辽东军也，二十五部族”，如羽田所言。箭内氏指出“乣音杳”当作“乣音查”，这也是不错的。《金史·兵志》载曰：“东北路部族乣军曰迭喇部，曰唐古部，二部五乣，户五千五百八十五。”唐古部又名唐兀惕部，曾建国于今陕西。迭喇部又名敌烈部，其名始见于《辽史》，据箭内氏考证，其古代居地与塔塔儿部完全相同，故迭喇部当即塔塔儿部。虽刺失德（Rashid-addin）《蒙古史》以迭喇为塔塔儿六部之一，而据我们考证，《元朝秘史》里塔塔儿六部中五部与Rashid-addin所言全同，而在迭喇部的地位则有阿鲁孩部。我们当从秘史，而以迭喇部为塔塔儿的异名。

《金史·内族襄传》载："或曰乣人与北俗无异，今置内地或生变奈何？襄笑曰，乣虽杂类，亦我之边民。"由此记载可知乣为杂胡。《蒙鞑备录》载，"鞑国所邻，前有乣族，左右乃沙陀等诸部"，亦足为证。《蒙鞑备录》又载：

> 至伪章宗立，明昌年间，不令杀戮，以是鞑人稍稍还本国，添丁长育，章宗又以为患，乃筑新长城在静州之北，以唐古乣人戍之，酋首因唐古乣叛，结即喇都乣、木典乣、咩乣、后典乣等俱叛，金人发兵平之，乣人散走，投于鞑人。且回鹘有田姓者，饶于财，商贩钜万，往来于山东、河北，具言民物繁庶，与乣同说鞑人治兵入寇，忒没真忿其欺凌，以此犯边，边州俱败死。

这里说唐古乣人戍长城，据剌失德记载，则戍长城者为汪古部。不过汪古部又作雍古，亦得为此处咩乣的对音。即喇都当即为克烈惕部，木典似即蔑儿乞部，咩如前说为汪古部，后典或为斡亦喇惕部的异译。这些部落恰巧都是金山以东的突厥种族。

我们知道铁木真伐金时曾得汪古部长阿喇忽失的帮助，不过这不是伐金以前的事，《蒙鞑备录》所言显指另一事。我们以为此即指1195年克烈部王罕弟札合敢不（Djagambou）投铁木真事。札合敢不幼为唐兀人所俘，久居其国，故有札合敢不的称号。刺失德言，札者犹言地，敢不犹言大将军。我们以为札合敢不的札当即是乣军的乣，札合敢不既久居唐兀地，其称号又有乣军将领的意义，其兄王罕又曾受金朝册封，札合敢不当即是《蒙鞑备录》所言的唐古乣。我们知道次年克烈部亦来投铁木真，此亦与喇都即为克烈部的考证相符。

刺失德在其《史集》第一篇里曾列举亚洲突厥种族。金山以东的突厥种族如下：

（一）札喇儿部　Djelair

（二）雪你惕部　Sounit

（三）哈亦仑部　Cairoun（为雪你惕部别支）

（四）塔塔儿部　Tatar

（五）蔑儿乞部　Merkit

（六）曲儿鲁惕部　Kourlout

（七）巴儿忽惕部　Bargout

（八）斡亦喇惕部　Ouirat

（九）忽里部　Couri

（十）忽阿喇失部　Coualasch

（十一）不里牙惕部　Bouriat

（十二）秃马惕部　Toumat

（十三）忽勒合真部　Coulatgchin

（十四）客儿木真部　Kermoutchin

（十五）兀儿速惕部　Ourassout

（十六）帖艮古惕部　Telenkont

（十七）客思的迷部　Kesstimi

（十八）兀良哈部　Ourianguit

（十九）忽儿罕部　Courcan

（二十）撒合亦惕部　Sacait

（二十一）克烈惕部　Kerait

（二十二）乃蛮部　Naiman

（二十三）汪古惕部　Ongout

（二十四）唐兀惕部　Tangout

（二十五）帖黑邻部　Tokrin

我们应还记得前面《续宏简录》所载乣军分二十五部族，我们又知道其中有迭喇部、唐古部等，与此处所载相符，然则剌失德所载金山东二十五部当即为乣军二十五部。

蒙古名称的原意及其来源

蒙古一名的原意为何，至今尚无定论。Rashid-adin言此名的原意为痴钝，而宋彭大雅《黑鞑事略》云："黑鞑之国号大蒙古，沙漠之地有蒙古山，鞑语谓银曰蒙古。女真名其国曰大金，故鞑名其国曰大银。"洪钧《元史译文证补》云："或以蒙古谓银亦曰蒙古，因疑达达抗金，故以银为国号，揣测附合，似是而实非。博明《西齐偶识》以为蒙古之称在金之先，此说近似。元时《西域史》解蒙古为孱弱，亦为鲁钝，此必是元人所自言，非拉施特哀丁所能臆造。"我们知道蒙古的名称在宋赵珙《蒙鞑备录》里作蒙古斯、《契丹国志》里作蒙古里、《契丹事迹》里作朦骨、《新唐书》作蒙瓦、《旧唐书》作蒙兀，所以蒙古的名称在女真称金以前，毫无疑问，如此则蒙古一名意义为银的假设本不能成立。唯白鸟库吉在他的《东胡民族考》里偏要"赞成《黑鞑事略》所谓蒙古为银的解说”，诚令人大惑不解。按满洲语的“银”为Menggun，女真语为“蒙古温”，在蒙古语里又作Munggu，Munggo，Monggun，唯绝无作蒙古或蒙古斯或蒙兀者，如此则音亦不类。我们现在再看看蒙文或满文里意作鲁钝孱弱而音近蒙古的字。《元史语解》说“凡物磨去棱角曰穆呼哩”，《清文汇书》说“凡方角改作圆，凡出的儿截平曰Muhuri”，此与拉施特哀丁所说“鲁钝”的意义相同，音又与《契丹国志》的“蒙古里”相近。又突厥的Jakut语谓“钝”为Mungur，此与蒙古的音亦相近，Kamandu语谓“钝弱”为Mokot或Mogus，此与蒙兀或蒙古斯的音相近。此字在东胡语里除“鲁钝孱弱”的意义以外，又有“头首”及“圆秃”的意义。此既与拉施特哀丁所说的意义相同，又与蒙古的音相似，故其为蒙古一名的原字似无问题。

我们知道蒙古人自称蒙古及大元可汗。元字的意义为头首又俗通圆，故元与蒙古实为同一名称，前者当即为Mungur的意译，后者则为同一字的音译。至于蒙古一名的来源，我们以为至少有三四个可能的解释。假如此名原为他族对蒙古的称谓，则可能其原意即为痴钝，因为在唐宋时蒙古属于文化落后的种族。又蒙古人须发甚少，且有秃头的习惯，故蒙古的原意亦可能为圆秃。若此名为蒙古人的自称，则其原意亦可能为头首或第一。新罗国称王曰麻立干，干即汗或可汗，麻立亦自Munguri转来，可以为证。

我们知道蒙古的来源可远溯至唐代室韦的蒙兀部，隋唐以前的蒙古当为蠕蠕的一部，我们因此想起蠕蠕始祖的名称木骨闾。《魏书·蠕蠕传》云："蠕蠕，东胡之苗裔也，姓郁久闾氏，始神元之末，掠骑得有一奴，发始齐眉，忘本姓名，其主字之曰木骨闾，木骨闾者首秃也。木骨闾与郁久闾声相近，故后子孙因以为氏。"白鸟库吉业已指出木骨闾即蒙文Munguri的对音。蒙古的国名既与此相同，蒙古在古代又为蠕蠕的一部，则其国名或即源于蠕蠕的始祖木骨闾，此亦为一可能的解释。

塔塔儿六姓考异

日本箭内亘的《鞑靼考》是一篇颇有价值的论文，然其中有一重大的错误，我国译者王静安与陈清泉先生皆未看出。剌失德（Rashid-addin）《蒙古史集》言塔塔儿分六族，箭内学士用成吉思汗《实录》对看，以为塔塔儿有七族，实在是错误的结论。

剌失德所言，据多桑译文如下："塔塔儿居捕鱼儿（Boguyir）湖畔，分六族，即Toutoucaliout，Eltchi，Tchagan，Cougin，Terete，Bercoui。"Beresin的译文略有不同，其六族如下Tutukulint，Ancki，Belye，Kiuin，Nereit，Bargui。我们试比较一下，便知二者完全相同，其中Belye与Tchagan的意义同为"白色"，故二者亦相等。

箭内氏引《秘史》卷一文如下："居于不余儿纳兀儿，阔连纳兀儿二湖间之兀儿失温木连者，有阿亦里兀惕，备噜兀惕之塔塔儿之民，俺巴孩合罕与之以女，自送其女前往时，塔塔儿主因之民，拿俺巴孩合罕，乞塔惕的阿勒坛合罕，率而往时……”又引卷五文如下：“狗之年秋，成吉思合罕，与察阿安塔塔儿，阿勒赤塔塔儿，都塔兀惕塔塔儿，阿鲁孩塔塔儿等塔塔儿，在答兰捏木儿格思……交战。”此两处言及的塔塔儿有阿亦里兀惕，备噜兀惕，主因，察阿安，阿勒赤，都塔兀惕，阿鲁孩。初看似为七族，其实这是译者的错误，箭内说：“汉译秘史脱误甚多，故吾人常用那珂博士译之《秘史》。”那珂博士在此处将一名译成两个，似乎不能说不是严重的错误，箭内学士居然也未看出，可谓疏忽之至。

按《秘史》卷一的主因即Couyin，卷五的察阿安即Tchagan，阿勒赤即Eltchi，这都是不成问题的，其余箭内氏全错，箭内氏以阿鲁孩为Bercoui，以备噜兀惕为Terate，以Toutoucaliout为阿亦里兀惕与都塔兀惕二族，实则箭内氏若有一点蒙古语的常识，便可知道这里的若干语尾的“兀惕”只是蒙古语的多数。去掉多数则备噜兀惕显然就是Bercoui，阿亦里兀惕就是Eltchi。都塔兀惕是Toutoucaliout本无问题。余上只有阿鲁孩与Terete，二者音虽不同，但地位相当。我们只要知道《秘史》卷一的阿亦里兀惕就是卷五的阿勒赤塔塔儿，则塔塔儿为六族本无问题，剌失德也没有记错，错误的还是翻译《秘史》的那珂博士。

不过剌失德言塔塔儿六族里有迭烈（Terete）一族，这却是记错了，应以《秘史》阿鲁孩为是。迭烈似为塔塔儿的别名，而不是塔塔儿的一部。

约翰长老的原名及其都城

关于约翰长老的传说，西方学者，尤其是伯希和氏，已大致考证清楚，汪古部多是基督教徒已无疑问，又其地在河套北边亦即天德军处，伯希和谓马可·波罗所言的Tenduc即“天德”的译音，诚为卓见。唯马可·波罗所言在天德军地的George王只是约翰长老的后裔，其居地未必与约翰长老的居地相同；据Odoric所言，约翰长老的都城为Tozan（又作Cosan），其地离契丹五十日路程，离此城数日路程有州名Kansan，伯希和谓Tozan可能为河套东北角的东顺城，除了译音略同外，此说似难成立。伯希和谓12世纪上半叶有一基督教徒是汗八里的视察员，其子骚马（Cauma）曾随一在汗八里以西十几日路程Kosang地方的马可（Markus）西游。此处的Kosang固可能为Oderic所言的Cosan或Tozan，唯伯希和言汗八里为北京似乎有误。按汗八里（Khan Palig）的原意为王城，建都北京是忽必烈时代的事，时在13世纪后半叶，在13世纪前半叶的蒙古都城应为和林，若Kosang在北京以西十数日路程则可能为东胜城，唯若在和林以西十数日路程则其地似不当在河套，伯希和以Cosan为东胜显然是根据一种误解，即以13世纪前半叶的汗八里为北京，这样，其所得的结论也当然是错误的。

元刘郁《西使记》云："自和林出兀孙，西行二百里，地渐高，入站经瀚海，地极高寒，虽寻暑雪不消，山石皆松文，西南七日过瀚海。"耶律楚材《西游录》云："戊寅春三月……达行在所，明年，大举西伐，道过金山，时方盛夏，雪凝冰积，斩冰为道，松桧参天，花草弥谷，金山而西，水皆西流入海，其西南有回鹘城，名别石把，有唐碑，所谓瀚海军也。"Tozen或Cosan如在和林西十数日路程，似乎即当在别石把（Bes Balig）即北廷附近。

《元史·哈剌亦哈赤北鲁传》载："哈剌亦哈赤北鲁……从帝西征，至别失八里东独山，见城无人，帝问：此何城也？对曰：独山城，往岁大饥，民皆流移之他所。然此地当北来要冲，宜耕种以为备。"此独山城即今古城南的松山，唐代曾设守捉，《唐书·地理志》云："又出谷口，经长泉、龙泉，百八十里至独山守捉；又经蒲类，百六十里至北廷都护府。"独山城既当北来要冲，字音又与Oderic的Tozen相符，其地又在和林即汗八里西十数日路程，很可能即是传说中约翰长老的都城。

Oderic的Tozen城又作Cosan，此名又令人想起辽代重要的可敦城，后唐庄宗同光三年（925）辽逾流沙始通西域，宋真宗咸平六年（1003）辽修可敦城，景德元年（1004）辽以可敦城为镇州军，徽宗宣和四年（1122）耶律大石自云中西走可敦城至北廷，可敦城与独山城似即同一地方，否则亦必相离不远。

据开元年间所撰《突厥阙特勤碑文》，突厥国语谓王后曰Katun，可敦即其译音。《唐书·突厥传》云："突厥阿史那氏，盖古匈奴北部也，居金山之阳，臣于蠕蠕，种裔繁衍，至吐门遂强大，号可汗，犹单于也，妻曰可敦。"《魏书·吐谷浑传》则谓王后为恪尊，《南齐书·魏虏传》又谓王后为可孙。可敦、恪尊、可孙皆一音之转，同为Katun的译音。若Oderic记载里的Cosan不误，则"可敦"或其转音"可孙"似即为其对音，如此则约翰长老的都城又得为辽国的可敦城，此与独山城又同为一地，在别失八里的东边。

北廷又为汉代车师后王地，地即今日的古城。《汉书·西域传》亦作后城，《匈奴传》又作后成，颜师古曰："后成，车师小国名也。"车师、古城、后成、后城亦得为Cosan或

Kosang的对音。

据Rubriquis记载，约翰长老即乃蛮王古出鲁克，他的地方原属Coir Khan，此当即为古儿罕，指耶律大石及其后裔，如《元朝秘史》所载，“乃蛮古出鲁克过委兀合儿鲁种，去至回回地面垂河，行与合剌乞塔种人古儿罕相合”。北廷为西辽重镇，乃蛮王为成吉思汗战败亦在此地附近，故约翰长老的都城当即指北廷。

北廷或别失八里又曾为宋代高昌回鹘王的避暑处，故Oderic的Cosan或Kosang一名亦得为高昌的对音。我们知道高昌回鹘多奉景教，如王延德《行纪》所载：“复有摩尼寺、波斯僧各持其法，佛经所谓外道者也。”德国考古团近年在高昌亦掘出景教经文甚多，《长春真人西游记》亦言丘处机抵北廷后，“迭屑头目来迎”。迭屑（Tersa）即景教长老。约翰长老若即当高昌回鹘地，则Oderic所言相离不远的Kansan当即为甘州的对音，指甘州回鹘地。

综上所考，约翰长老地指北廷附近似无疑问。Monte Corvino言约翰长老的后裔George死于1298年，此足证明其为汪古部的George王，汪古部固在河套附近，唯乃蛮与汪古部同为突厥种，本可能有亲属关系，George王地在天德军并不能证明约翰长老在同一地方。

我们其次要考虑的即是约翰长老原名的由来，按Oderic的法文原本，此名原作Penthexoire，后讹作Pretezan，Prester John，此Penthexoire一名西方学者都未能解释，我以为应当就是北廷州的对音，因基督教徒的附会，音讹而为约翰长老Prester John。

关于《元史》郭侃渡海收富浪的记载

《元史》卷一四九《郭侃传》载：

戊午，旭烈兀命郭侃西渡海，收富浪。侃喻以祸福，兀都算滩曰："吾昨所梦神人乃将军也。"即来降。

此事在旭烈兀攻下报达以后，亦即在1258年。过去西方汉学家多以为此事不可信，而认为此处记载必有讹误。欧洲所发现有关蒙古与欧洲交涉史料里亦未见有此事的记载，不过我们现在从中国史料里业已发现有关此事的另一记载，此新证据可以证明《元史》所言富浪人确指欧洲人，此事也绝对可信。

元中统四年即1263年写成的王恽《中堂事记》（见《秋涧先生大全文集》），于中统二年五月七日条下有这样的记载：

是日，发郎国遣人来献卉服诸物，其使自本土达上都已逾三年。说其国在回纥极西徼，常昼不夜，野鼠出穴，乃是入夕；人死，众竭诚吁天，间有苏者，蝇蚋悉自木出；妇人颇妍美，男子例碧眼黄发。所经涂有二海，一则逾月，一则期月可渡；其舡艘大可载五十百人；其所献盏斝，盖海鸟大卵分而为之，酌以凉醑即温，岂世所谓温凉盏者耶！上嘉其远来，回赐金帛甚渥。

按中统二年即1261年，发郎国显与富浪同为Frank的异译，其使自本土达上都已逾三年，则其起程年岁当为1258年，此正为旭烈兀命郭侃西渡海收富浪的年岁，此为同一事显然无疑。王秋涧为当时人，曾目击富浪使臣抵上都，其记载当然可信。发郎国“男子例碧眼黄发”的记载亦可证明发郎或富浪确指当时的欧洲人。此一条史料的发现，证明《元史》里旭烈兀命郭侃于戊午年西渡海收富浪的记载确有其事。蒙古人与欧洲人的交涉前此业已有过，而许多有关蒙古与欧洲交涉的史料还在陆续被发现中，更多的史料则早已亡失，故西方记载里不见此事并不足为奇。

明代拂菻通使考

《明史·拂菻传》记明朝与拂菻通使事：

元末，其国人捏古伦入市中国，元亡不能归。太祖闻之，以洪武四年八月召见，命赍诏书还谕其王曰："自有宋失驭，天绝其祀，元兴沙漠，入主中国，百有余年，天厌其昏淫，亦用陨绝其命，中原扰乱，十有八年。当群雄初起时，朕为淮右布衣，起义救民。荷天之灵，授以文武诸臣，东渡江左，练兵养士，十有四年，西平汉王陈友谅，東缚吴王张士诚，南平闽粤，戡定巴蜀，北定幽燕，奠安方夏，复我中国之旧疆。朕为臣民推戴即皇帝位，定有天下之号曰大明，建元洪武，于今四年矣。凡四夷诸邦皆遣官告谕，惟尔拂菻隔绝西海，未及报知，今遣尔国之民捏古伦赍诏往谕。朕虽未及古先哲王，俾万方怀德，然不可不使天下知朕平定四海之意，故兹诏告。”已而复命使臣普剌等赍敕书、彩币招谕，其国乃遣使入贡，后不复至。万历时大西洋人至京师，言天主耶稣生于如德亚，即古大秦国也。

洪武四年是1371年，这大概是东罗马最后一次与中国通使了。过去夏德等汉学家因利玛窦言如德亚为古大秦国，遂以拂菻为叙利亚，其实叙利亚（Syria）或如德亚（Judea）本为东罗马帝国的一部分，利氏所言，与吾人以拂菻为Byzantium的考证本不相冲突。

捏古伦的原文当是Nicholas，唯此人为东罗马商人，此名又极普通，故关于此人无从考证。夏德以此为Nicholas of Bantra，又有人以之为1333年的北京主教。其说皆难成立。

其实本文里值得注意者，倒是洪武四年遣使臣普剌的事。普剌似为波斯文Pulad的译音，如此则此人当为波斯人。此名在蒙古文里又作孛罗（Bolod），如《拂菻忠献王神道碑》（见程钜夫《雪楼集》）所言1285年出使波斯不回中国的孛罗丞相，及1314年奉使波斯的另一孛罗丞相，当皆为波斯人，元史宰相表又记有1330年至1340年的另一孛罗丞相，很可能此数人原是同宗，为明太祖出使的普剌也许就是《元史》里孛罗丞相的后裔，因其家熟习西域地理而被遣。

东罗马最后遣使来中国大约在洪武四年以后若干年。其时东罗马皇帝约翰（Paleologus）或麻努弗（Manuel）在位，突厥素丹白牙即的（Bayazet）已占领东罗马领土大部，东罗马领土仅余马耳马剌北岸到黑海长五十英里广三十英里的地方。当时中亚帖木儿帝国的扩展延迟了东罗马的灭亡，东罗马与中国通使当经帖木儿地。《明史》“哈烈”条言：“元驸马帖木儿既君撒马尔罕，又遣其子沙哈鲁据哈烈，洪武时撒马尔罕及别失八里咸朝贡，哈烈道远不至。二十五年遣官诏谕其王，赐文绮、彩币。”这似乎就是普剌使拂菻的事，如此则当在1392年，即东罗马麻努弗即位次一年。东罗马遣使入贡当在此后数年内，其时帖木儿方与白牙即的对战，据Clayijo记载，当时东罗马曾遣使至帖木儿帝国，遣使来中国可能即在同时。

明代记载中的西班牙斗牛风俗[①]

在张燮的《东西洋考》里同一条下，还提到在吕宋的西班牙人的斗牛风俗，也有些趣味：

> 先是吕宋国王兄弟，勇甚，既为佛朗机所戕，辄祟于国，国人每值死日，夷僧为摽牛厌之。摽牛者，栅木为场，置牛数十头于中，环射之，牛叫掷死，以此逐鬼云。

我们知道斗牛的风俗起源很早，在罗马帝国时代，就有人斗牛的表演。在西班牙斗牛的风俗至少可以远到11世纪，所以这里所说，在菲律宾的西班牙人斗牛是因为他们杀了吕宋国王兄弟，才用斗牛方式来驱鬼，显然是弄错了。这里所说的，把

---

① 原载《读书》1979年第4期。

几十头牛放在一起杀掉，也与真正斗牛做法不同，不过虽然传闻在细节上有误，但当时西班牙人把斗牛的习俗带到了菲律宾，这一点还是很可能的。

清初见于中国记载的东罗马

洪钧的《元史译文证补》里有一篇关于控噶尔的考证，博引诸说，至为精审，唯其中关于俄罗斯与土耳其战争的历史部分尚待考证，而控噶尔究竟是君士坦丁堡，抑是普鲁士，抑是匈牙利，亦尚有待证明。

1712年康熙曾遣使臣图理琛到俄罗斯去见土尔扈特（Tourgouth）酋长，命其归顺。抵俄国边境时，图理琛先被送到赛林京斯基城（Selinginsky），在托伯斯克（Toborsk）见了西伯利亚的总督噶噶林，告诉他比德第一方领大军出征，故不能亲自见他，又告诉他一些当时欧洲的情形，这些都记载在图理琛的《异域录》里，其言曰俄罗斯汗与西费耶斯科国王战胜，西费耶斯科国王“逃往图里耶斯科国拱喀尔汗所属鄂车科付之小城”。噶噶林又曰：“曩时我国曾与图里耶斯科国王控噶尔汗构兵，取其阿藻城。”图里耶斯科是土耳其，阿藻城亦即阿索甫城，Azov见洪氏考证。唯洪氏称："此为康熙五十年事，时比德第一，孤军深入，为土军所困，出赂行成，解围返地，乃得还。"又言："噶噶林所言，讳败为胜，未足为据。"这话却是错了。按阿藻城归俄远在康熙五十年以前，实在1696年7月。洪氏所言为1710年11月至1711年7月俄土战争时事，而噶噶林所说的则实系五年前事。

远在15世纪东罗马帝国为土耳其人所灭时，俄王伊凡第三娶了东罗马皇帝君士坦丁第十三的侄女索菲亚为后。此女是东罗马皇室最后遗裔，当时伊凡第三就自认为东罗马帝国的继承人，又因宗教的关系，自认为天主教的保护者，他就采用了东罗马帝国的象征，双头鹰的标记，从此俄罗斯就屡次向土耳其攻击，以图夺回君士坦丁堡。比德第一在1689年即位时，国土扩张，而北方波罗的海属瑞典，南方黑海属土耳其，阿藻城又是黑海的屏障，过去多次未能攻下，1695年比德第一进攻阿藻城，自率六万人，1696年7月阿藻城降，1699年订《伽若维兹条约》，土耳其承认阿藻城属于俄，这就是噶噶林所说的俄土构兵取阿藻城事。

图理琛所言俄国与西费耶斯科国战事，前人似未加以考证。西费耶斯科实即瑞典。这是说阿藻城降俄后几年的事。在1709年瑞典王查理攻俄，在著名的普尔陶瓦一战里，瑞典军全灭，查理逃到土耳其，住在比萨拉比亚的盘德城（Bender），英国的约翰孙曾有诗咏其事，福禄特尔亦曾为查理王作传，这在欧洲史上赫赫有名的瑞典王居然当时见于中国记载，实在是颇有趣味的事。当时比萨拉比亚为匈牙利一部，附属于土耳其。当时匈牙利名为Ugur或Ogur，鄂车当即为其对音。

匈牙利旧名鄂车，而当时匈牙利一名则指土耳其所据的东罗马旧疆，此亦即此处所言的拱喀尔或控噶尔，过去欧洲人认为土耳其人是匈奴的后裔，所以就名其国为Hungar，拱喀尔当即其对音。洪钧以内府舆图为证，俄罗斯西南黑海海峡内有红噶尔国，又言闻诸俄人，土耳其呼为鸿噶尔。鸿音转为拱，类似的例子甚多，如唐兀又作唐古特，蒙兀又作蒙古，哈萨克又作喀萨克，可以为证。噶尔或为伊兰语的Gar，如Kashgar；或斯拉夫语的Gorod，如Novgorod：其意皆为“城”。《瀛环志略》言：“土耳其城一名康思坦胎诺格尔，噶尔即格尔，上一字之讹为控，或由于转音省文。”此说颇为牵强。拱噶尔的拱字显为Hun即匈奴的对音，我们前面业已说过了。

椿园氏的《西域闻见录·外藩列传下》说：“鄂罗斯……西北邻控噶尔，……本控噶尔属国，称臣纳贡，由来已久。”又说：“控噶尔西界亦多其属国，岁修朝贡之礼如鄂罗斯。”这里的控噶尔则是土耳其人未来以前的东罗马帝国，因为土耳其并没有做过俄罗斯的宗主国。俞正燮《俄罗斯长编稿·跋》引佛书言："此阎浮提内有三大国，以昆仑为中，昆仑东及东南东北者，中国为一大国，昆仑西及西南者，天竺为一大国。昆仑北及西北者洪豁尔为一大国。"此处佛书似即指《十二游经》："东有晋天子，人民炽盛；南有天竺国天子，土地多名象；西有大秦国天子，土地饶金银璧玉。"故控噶尔或洪豁尔在清初记载里亦指东罗马帝国。

赵翼《檐曝杂记》说兆惠西征时，"闻西北有龚国者，其城周五百里，皆铜铸成"。龚国亦即拱噶尔。松筠《绥服纪略》诗注谓："相传空噶尔国最大，以铜为城，东西门相距若干路程，询英国使臣玛噶尔呢，乃知空噶尔本居海岛，恃水似有铜城之固。"而最有趣味的关于东罗马的记载却在椿园氏的《西域闻见录·外藩列传下》里，其文如下：

> 控噶尔，西北方回子最大之国，地包鄂罗斯东西界之外，称其王曰汗，其大头目亦谓之阿奇木伯克。所辖各城自万户至十余万户不等，均为其汗之阿拉巴图，合各城计之，小属于大，每一大城属小城或三或四以至十余，大城阿奇木伯克共计一千四百余员。建都之城名务鲁木，极广大，南北经过马行九十余日，东西亦然，城门二千四百，城内

大江三，山河薮泽不可胜计。宫室阔远深邃，绵亘数十百里，黄屋朱门，皆以金玉珠贝为饰，地产金银，多于石子，珊瑚、珠玉数见不鲜，自鸣钟表、绸缎、毡罽，尤多奇异，俗重大红宝石如拳如卵者，人人悬佩。黄金为钱，每文重二两许。居人田园、庐舍、坟墓、牧场各分地界，散布而居，各种公田，犹是古井田法。所辖之地有不富饶者，其汗闻知，辄亲从巡视，暗携金钱无算，潜抛掷于人烟聚集之区，如金银遍地，间有拾取者，尚谓无害。如拾取人多，甚至争拾，其汗则恻然而悯，惕然而惧，因广为施济，必致比户丰裕而后已。

这简直把土耳其或东罗马描写成理想的国土了，然而亦可见旧日大秦的盛名，在十七八世纪时尚远布而未衰。其国都名务鲁木即Rom的译音。Plano Carpino的游记载土耳其人称东罗马为Urum亦即Rom的转讹，在大食及波斯记载里，东罗马亦称为Hrom，多桑引土耳其记载里则言东罗马被称为Haroum，总之，在乌拉阿尔泰语系里，忌以R音为首音，常加以或U以图发音便利，如鞑靼语称Rus为俄罗斯（Urus），即其一例。

18世纪关于英国的中国记载

谢清高《海录》今有冯承钧注释本，据冯氏考证，谢清高粤人，十八岁随英吉利舶或葡萄牙舶出洋，在外十有四年，三十一岁而瞽，生乾隆乙酉（1765年），死时年五十七，即道光元年（1821年），其航海应在乾隆四十七年至乾隆六十年间（1782—1795年），疑其足迹仅止英吉利及葡萄牙，余国皆得之传闻，故其记载以关于二国者为最翔实，关于英国的部分里有不少当时的社会史料，而冯先生的考证过于简略，故重录其文如下：

> 英吉利国即红毛番，在佛朗机西南对海。由散爹哩向北少西行，经西洋吕宋、佛朗机各境，约二月方到。海中独峙，周围数千里。人民稀少而多豪富，房屋皆重楼叠阁。急功尚利，以海舶商贾为生涯，海中有利之区咸欲争之。

贸易者遍海内，以明呀喇、曼哒喇萨、孟买为外府。民十五以上则供役于王，六十以上始止。又养外国人以为卒伍，故国虽小而强兵十余万，海外诸国多惧之。海口埔头名懒伦，由口入，舟行百余里，地名论伦，国中一大市镇也。楼阁连绵，林木葱郁，居人富庶，匹于国都，有大吏镇之。水极清甘，河有三桥，谓之三花桥。桥各为法轮，激水上行，以大锡管接注通流，藏于街巷道路之旁。人家用水俱无烦挑运，各以小铜管接于道旁锡管，藏于墙内，别用小法轮激之，使注于器。王则计户口而收其水税。三桥分主三方，每日转运一方，令人遍巡其方居民，命各取水人家，则各转其铜管小法轮，水至自注于器，足三日用则塞其管。一方遍则止其轮，水立涸，次日别转一方，三日而遍，周而复始。其禁令甚严，无敢盗取者，亦海外奇观也。国多娼妓，虽奸生子必长育之，无敢残害。男女俱穿白衣，凶服则用黑，武官俱穿红，女人所穿衣其长曳地，上窄下宽，腰间以带紧束之，欲其纤也。带头以金为扣，名博咕鲁士，两肩以丝带络成花样，缝于衣上。有吉庆延客饮燕，则令女人年轻而美丽者盛服跳舞，歌乐以和之，婉转轻捷，谓之跳戏，富贵家女人无不幼而习之，以俗之所喜也。军法亦以五人为伍，伍各有长，二十人则为一队，号令严肃，无敢退缩，然唯以连环枪为主，无他技能也。其海艘出海贸易，遇覆舟必放三板拯救，得人则供其饮食，资以盘费，俾得各返其国，否则有罚，此其善政也。其余风俗大略与西洋同，土产金、银、铜、锡、铅、铁、白铁、藤、哆哆绒、哔叽、羽纱、钟表、玻璃、呀兰米酒，而无虎豹、麋鹿。

佛朗机在这里指法兰西，而非明末的葡萄牙，葡萄牙在此书里为大西洋国，清高所附舶路循妙哩士岛（Maurice）、峡山（Cape of Good Hope）、散爹哩（St. Helena）而至葡萄牙与英吉利。书中言妙哩士岛当时犹为佛朗机所辖，盖此岛先属法，至1810年始为英有。书中言散爹哩岛有英吉利兵镇守，即后日流放拿破仑地。西洋吕宋即西班牙，因西班牙据吕宋，故名西班牙为西洋吕宋。明呀喇为Bengal，书中言有总理一人谓之辣，殆即Lord的译音，即1786—1793年在任的印度总督Lord Cornwallis，曼哒喇萨即Madras，孟买即Bombay，海口埔头名懒伦，疑为Southampton的译音，清高经西班牙及法兰西境至英国，故必过英伦海峡，即此处所谓海口。论伦则为伦敦，清高在此登陆，足迹只在伦敦一处，故关于伦敦记载特详，而未言及他地，其言居人富庶匹于国都，则应为以王所居Windsor为国都的错误。城的大吏则指伦敦的Lord Mayor。城中河流显指Thames。三桥应指旧London Bridge，建立于13世纪（现在的伦敦桥为1831年建），旧Tower Bridge（现在的桥为1894年建），与旧Westerminster Bridge，即诗人Wordsworth所歌咏者（现在的桥为1862年建）。当时其他各桥尚不存在，故只有三桥。伦敦用自来水始于13世纪，从Paddington，引Tyburn水至伦敦城，此为当时他处所无，故清高讶为海外奇观。带头扣名为博咕鲁士则为英文Buctdes译音，所产米酒名呀兰似为Ale译音，此似为见于中国记载最早的英文字。

《皇清四裔考》里又有一段乾隆年间的英国记载：

> 英吉利一名英圭黎，国居西北方海中，南近荷兰，红毛番种也，距广东界计程五万余里，国中有一山名间允，产黑铅，输税入官，国左有那村，右有加利皮申村，皆设立炮台，二村中皆有海港，通大船，海边多产火石，王所居名兰仑，有城距村各百余里，王世系近者为弗氏京亚治，傅子昔斤京亚治，传孙非立京亚治，即今王也。

这段里的产黑铅地间允显指北方湖区的Keswick，当时英国产铅量为欧洲第一，Keswick附近Borrowdale的铅，尤为著名，间允依广东音为Kenwen，故为Keswick的对音。此记载当为另一广东水手所述，因此人似只到过北方，而未到过伦敦，而谢清高记载则只限于伦敦一地，此人登陆似在西岸，或即为Liverpool。国左的那村似为Lancashire，国右的加利皮申则似为Hampshire，因其由西岸登陆，故以Lancashire为左，Hampshire为右？兰仑亦即伦敦，其中所记二村距伦敦远近，皆误以一英里为一华里，三王名当即为First King George，Second King George，Third King George的音译。